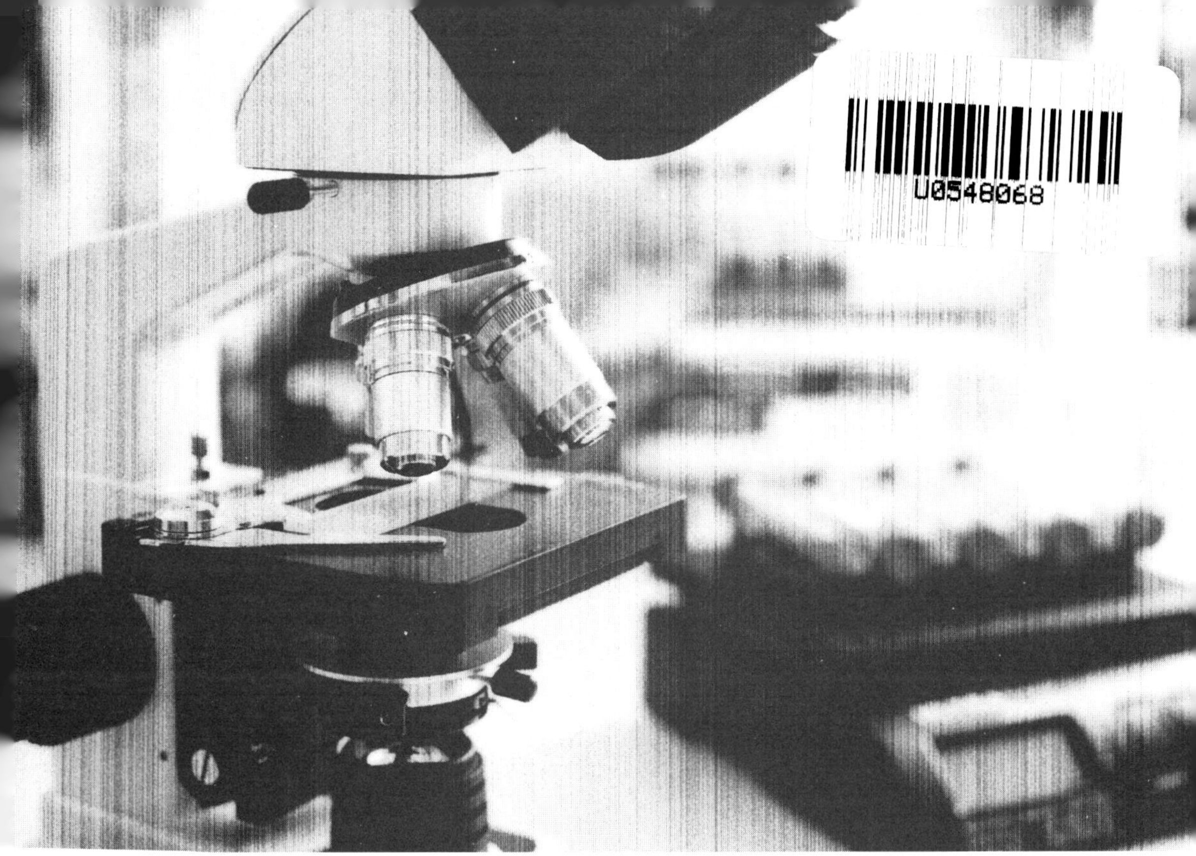

实用法医鉴定程序

邢树立　王军　主编

图书在版编目（CIP）数据

实用法医鉴定程序／邢树立等主编. —北京：知识产权出版社，2016.1

ISBN 978－7－5130－3874－4

Ⅰ.①实… Ⅱ.①邢… Ⅲ.①法医学鉴定 Ⅳ.①D919.4

中国版本图书馆 CIP 数据核字（2015）第 253397 号

责任编辑：齐梓伊　　**责任出版**：刘译文

文字编辑：王金之　　**封面设计**：张　悦

实用法医鉴定程序

邢树立　王　军　主编

出版发行：知识产权出版社有限责任公司　　**网　　址**：http://www.ipph.cn

社　　址：北京市海淀区马甸南村 1 号（邮编：100088）　　**天猫旗舰店**：http://zscqcbs.tmall.com

责编电话：010－82000889　　**责 编 邮 箱**：qiziyi2004@qq.com

发行电话：010－82000860 转 8101/8102　　**发 行 传 真**：010－82000893/82005070/82000270

印　　刷：三河市国英印务有限公司　　**经　　销**：各大网上书店、新华书店及相关专业书店

开　　本：787mm×1092mm　1/16　　**印　　张**：23.5

版　　次：2016 年 1 月第 1 版　　**印　　次**：2016 年 1 月第 1 次印刷

字　　数：354 千字　　**定　　价**：58.00 元

ISBN 978－7－5130－3874－4

编 委 会

序　言

2013 年 1 月 1 日实施的《刑事诉讼法》，把法定证据之一的鉴定结论修改为鉴定意见，同时规定："证据必须经过查证属实，才能作为定案的根据。"《刑事诉讼法》第一百八十七条第三款规定："公诉人、当事人或者辩护人、诉讼代理人对鉴定意见有异议，人民法院认为鉴定人有必要出庭的，鉴定人应当出庭作证。经人民法院通知，鉴定人拒不出庭作证的，鉴定意见不得作为定案的根据。"第一百九十二条第二款规定："公诉人、当事人和辩护人、诉讼代理人可以申请法庭通知有专门知识的人出庭，就鉴定人作出的鉴定意见提出意见。"

《刑事诉讼法》的上述规定，对司法实践中如何运用鉴定意见，特别是如何通过法律诉讼程序保障鉴定意见正确采信提出了一个新的课题。

首先，鉴定结论修改为鉴定意见，拓展了鉴定意见质证、存疑、修正以及否定等多种途径，鉴定脱去结论的外壳，显露出内在意见性质的构架，并以此接受诉讼各方面的质询，表达其程序上的完整和实体上的完善，本身必须经得起推敲。

鉴定意见具有自身的技术特点，存在天然的封闭性，《刑事诉讼法》规定的鉴定意见须经过质证、鉴定人出庭作证、控辩双方聘请专门知识的人员出庭协助质证等项程序，直指鉴定意见的要穴，明确了对鉴定意见内涵探究的路径。

出具鉴定意见的鉴定人出庭接受质证，增强了鉴定人的程序责任和举证义务，增加了控辩鉴三方直接面对鉴定意见的机会，为主审法官实时研判鉴定意见的证据性提供了空间，是鉴定意见在司法实践意义上的运用和历练，考量着其程序和实体的公正程度。

鉴于《刑事诉讼法》对鉴定意见有关的程序性规定，控辩双方针对案件中的鉴定意见，不仅在庭前深入研究和解析，以期洞悉专门性的问题，必要时聘请具有专门知识的人出庭协助质证，以期突破专门性的问题。

其次，鉴定意见的形成具有一定的规律性，对其进行质证也需要有一定的遵循。

以法医鉴定为例，其理论基础是法医学，实现其为法律服务目的的桥梁是法医鉴定，法医鉴定的实施则需要遵循诉讼程序和技术规则，具体到对人身伤亡类案件中法医鉴定意见的质证，如何体现程序和实体的有机统一，是《刑事诉讼法》中关于鉴定意见质证条款落地的问题之一。

法医鉴定在具体技术操作层面上，采取何种检验方法、针对何种检材样本、采用何种依据标准等技术规则，在嫁接到人身伤亡类案件的诉讼活动时，有其自身的规律性，如何约束这些属于自然科学范畴的问题，有关法律、法规、规章的规定显得相对宏观。

目前，医学院校中医学生以及法学院校中法学生，均设法医学课程作为必修或选修课程，法医学课程中虽然也有法医鉴定的相关知识，但数量有限并且分散，尤其是法学院的学生，学习法医学时没有医学基础，在司法实践中，接触到的是法医鉴定而非法医学，改善这种学非所用学不致用的情况应势在必行。

司法人员在办理人身伤亡类案件的过程中，对法医鉴定意见的形成程序、技术规则知之有限，应用有关法律、法规、规章中对其进行调控时不能游刃有余，存在现用现学的问题。

随着国家法治建设的健康发展，如何对法医鉴定意见进行质证已经成为法律界关注的热点问题之一。

面对法医鉴定意见质证的新课题，研究和解决的办法一定有很多，期望我们编写的这本《实用法医鉴定程序》，能够为此尽些微薄之力。

本书适应《刑事诉讼法》关于鉴定意见质证方面的规定，以法医鉴定意见为例，从法医鉴定的生成与发展、主体、程序、方法、标准以及法医鉴定意见书的构成、鉴定中有关方面的权利与义务、鉴定意见的评价等方面，以有关鉴定程序为主线，从实体与程序相结合的角度，逐一介绍法医鉴定中的委托、检验、鉴定、文书、存档、出庭、作证等流程，深入浅出地向读者展示目前在法医鉴定意见的质证过程中急需的操作程序和技术规则，是关于人身伤亡类案件诉讼活动中的一本专业性参考书籍。

本书的作者大都来自高等院校及公安、检察机关，在法医鉴定一线岗位上工作，多年来积累了一定的实践经验，熟悉法医鉴定的内涵，大家集思广益，共同编写了这本专门针对法医鉴定程序性问题的书籍，供司法人员、律师、有关诉讼参与人及医学、法学院校的学子们阅读与参考，以期为完善法医鉴定程序、改善法医学教育、提高法医鉴定意见质量作出我们的贡献。

此书在酝酿过程中，得到了国家检察官学院吉林分院、司法部司法鉴定管理局、中国法医学会、司法部上海司法鉴定研究所、武汉大学法学院、厦门大学法学院、深圳大学法学院、苏州大学法学院、澳门大学法学院、广东大学法学院、吉林省人民检察院、深圳市公安局及有关分局领导、学者以及诸多资深律师们的关怀和不吝赐教，在此一并表示感谢。

主编　于深圳

目　录

第一章　法医鉴定概况

第一节　法医鉴定发展历程

一、法医鉴定的发展

(一)法医鉴定的形成

1. 法医鉴定与医学的分离

法医鉴定是指由法医来进行鉴定。如何鉴定?这就要从法医鉴定的程序和实体上来了解法医鉴定的有关问题。

全国人大常委会颁布《关于司法鉴定管理问题的决定》(2005 年 2 月 28 日第十届全国人民代表大会常务委员会第十四次会议通过,自 2005 年 10 月 1 日起施行)中对司法鉴定的概念定义为:"在诉讼活动中鉴定人运用科学技术或者专门知识,对诉讼涉及的专门性问题进行鉴别和判断并提供鉴定意见的活动。"由此可见,法医鉴定是由具有专门知识的法医鉴定人,针对人身伤亡类案件中的某些专门性问题,通过相应的鉴别和判断活动而进行的一项司法鉴定工作。

法医鉴定自古有之,古代的法医鉴定人称为稳婆、杵作,近代的法医鉴定人称为检验吏,现代的法医鉴定人称为验尸官以及当代的法医鉴定人称为司法鉴定人,法医鉴定人在解决人身伤亡类案件中的损伤、死亡等专门性问题时，都是在运用本身所具有的专业技术知识，来完成鉴别和判断工作。

从这个角度上进行研究，可以得出一个规律，即每当有人身伤亡类案件发生，总会出现涉及法医学上的某些专门性问题，比如损伤程度、死亡原因等，而这些问题的解决一定需要具有医学（法医学）专门知识的人通过检验鉴定来完成。于是具有医学（法医学）背景的医务人员，参与到涉及人身伤亡类案件中专门性问题的检验或者鉴定，并由此发展开来，逐渐地形成一种由具有医学（法医学）背景的医务人员，以鉴定人的身份进行检验或者鉴定的模式。

这种模式随着时代的变迁逐渐地延续、完善而被固定下来，其既可以提高人身伤亡类案件的诉讼效率，又可以节约办案机关的人力、物力、财力等资本，久而久之，这种由医学（法医学）背景的医务人员参与的、专门解决人身伤亡类案件中专门性问题并出具鉴定意见的操作模式就被称为法医鉴定。

由于这些专门从事解决人身伤亡类案件中专门性问题的医务人员，对于涉及伤害程度、死亡原因等专门性问题的注意力，逐渐地从医学上的治病救人，转移到法医学上的检验检查伤情程度，分析确定成伤机制、原因等，并且与追究侵犯人身健康与生命权利的违法犯罪行为相联系，于是就形成了专门为法律服务而确定人身健康与生命权利是否受到了伤害，以及伤害的程度的一门学科技术，即法医鉴定技术，这种专司检验鉴定之职的技术与治病救人的医疗技术渐行渐远，并从医学中分离出来，形成一个相对独立的法医鉴定学科技术领域。

法医鉴定与医学分离的另一个缘故，是在人身伤亡类案件的诉讼过程中，随着诉讼程序的不断完善，专门从事解决人身伤亡类案件中专门性问题的医务人员，由早期的主要是医疗机构中的外科人员兼任兼做（临时聘请）的形式，逐渐过渡将其调人公检法机关，再过渡到由医学院校直接选录法医学专业的学生来做法医鉴定的模式，这种使医学（法医学）教育背景的人员离开医疗卫生系统，专门从事法医鉴定的做法，进一步促进了法医鉴定技术从医学体系中分离出来，并且逐渐形成了法医鉴定人、鉴定技术、鉴定程序等为法律服务的专业人员和技术领域。

2. 法医鉴定在法律体系中的专门性

法医鉴定是为法律服务的，但是由于专业的缘故，在人身伤亡类案件诉讼活动中存在一定的专门性和独立性。

首先，法医鉴定的专业性属于自然科学范畴的内容，在与社会科学属性的法律科学结合过程中，自然会涉及结合点、内容和过程等问题，由于两类学科内容的大相径庭，在操作流程上的结合可以通过程序规则逐渐完成。

从事法医鉴定的人员与从事法律工作的人员，在诉讼活动中所处的位置是有区别的，就某一案件全部诉讼活动而言，法医鉴定人及其专业性技术在法律体系中处于附属性、备用性的地位。

正是法医鉴定在法律体系中的专门性、独立性问题，从古代到近代，法医鉴定专门性对法律公正性的贡献作用也是客观存在的。比如张举烧猪的故事，记载了古代人利用活猪和死猪在火场中口中灰烬的有无现象，来区别生前或者死后烧死的情况，并由此创立了法医鉴定焚尸案件的一种专门性方法。例如，民国时期杨三姐告状的案件，描述了验尸官良心发现而拒绝贿赂，使冤案昭雪的故事。

在当代的社会中，各种思维理念在市场经济浪潮席卷下不断地发生碰撞，因此，法医鉴定领域也需要不断地适应法治建设进程的步伐，按照有关诉讼程序不断地进行调整和规范，防范由于专业缘故带来的专门性、独立性问题，形成法医鉴定质量方面监督上的盲区。

当下，法律的公正性随着法治建设已经从蓝图上的理念展开，发展到在司法实践中的逐渐铺就，原本存在于法律框架之内的法医鉴定，由于具有专门性、独立性的天然问题，理所当然地受到法律公正性的有序调整和制约，伴随着法律的完善和法治规范的进程，法医鉴定要注重鉴定程序，要引入非法证据排除机制等强化程序保证鉴定实体公正的观念已经成为趋势。

法医鉴定过程加强了与有关法律、法规、规章、制度的对接和融合，二者紧密联系，法医鉴定才能够得以正确实施，做到不仅仅是在名称上有“法”，而且在其实体上也蕴含着法律的成分，才能自觉提高程序性以规范其专门性独立性的泛化表现。

在法医鉴定的过程中，既有专业上的医学、法医学知识成分，又具有相应的法律职能成分，法医鉴定的具体操作把二者链接起来的同时，也连接了自然科学与社会科学两个学科，开辟了两种学科结合的广阔研究领域即法医鉴定领域。

正是通过这种操作过程上的链接，使人身伤亡类案件中的医学、法医学的各种信息，源源不断地输送到案件诉讼的法律框架之中，并且按照证据信息的程序性排列组合，有序转化为具有证明效力的鉴定意见证据。

其次，法医鉴定与法律有着很深的渊源，从古代《洗冤录》到当代《法医学》，都是围绕着针对案件事实的侦查勘验、鉴定伤亡的原因、机制等问题展开的，法医鉴定人都是直接参加或者参与到人身伤亡类案件中专门性问题诉讼活动之中的，所以每每提及法医鉴定，人们自然就会想到法律。

法医鉴定专门解决人身伤亡类案件中某些专门性问题，并为诉讼活动提供法医鉴定意见证据，因此法医鉴定人属于司法人员，即便在2005年全国人大常委会颁布《关于司法鉴定管理问题的决定》以后，允许社会上成立的司法鉴定机构，其机构和人员也归属于司法行政部门的管理序列，所以法医鉴定本身在法律序列之中，其职能是为法律服务的，其中蕴含的法律本色、法律程序不言而喻。

司法实践证明，法医鉴定与法律的联系多是表象上的，从法医鉴定人的学历上看，法医学是主修课程，法律课程的开设是有限的；从其从事的专业本身上看，法律对法医鉴定专业的规范和调整程度是有限的；从其专业操作层面上看，案件中专门性问题是交由法医鉴定人自行进行的技术操作，这些客观存在造成了二者的联系上疏密程度不一。

因此,从法医鉴定与法律联系的深度与广度上进行研究,法医鉴定在法律体系中的专门性如何与具体案件诉讼的普遍性有机地结合起来,则有着广阔的空间和地域,特别是在《刑事诉讼法》实施以后,对鉴定意见的质证、非法证据排除等规则的提出,要求身处法律之中的法医鉴定规范于诉讼程序,使二者的联系进一步从实质上融会贯通,已经是法医鉴定程序化进程的众望所归。

纵观改革开放以来,有关诉讼法律中对司法鉴定程序规范与调整的力度不断地加大,尤其 2013 年实施的《刑事诉讼法》,更是从具体的鉴定、质证、出庭等程序上对司法鉴定程序作出了新的规定,2014 年实施的《人体损伤程度鉴定标准》,从法医临床鉴定的实体内容上作出了更为科学规范的调整。

这些举措都强烈地释放着一种信号,即法医鉴定与法律的联系,需要不断深入地从鉴定程序和实体上确立结合点,促进法律程序向法医鉴定程序不断转化,使法医鉴定的专门性技术更好地按照法律程序规定的轨迹运作。

(二)法医鉴定的主体

法医鉴定是一项工作也是一种职业,自全国人大常委会颁布《关于司法鉴定管理问题的决定》以后,承担这项鉴定工作和职业的人员称为法医鉴定人,即法医鉴定的主体。

从古代的杵作到当代的法医鉴定人,从单纯"命理瞻伤"到专门"法医鉴定"的发展历程,折射出法医鉴定人成长与鉴定程序发展的历史进步。

1. 法医名称的演变

中国古代在"命理瞻伤"中开始出现"法医"这一职业。宋代的法医检验已出现了关于检验人员比如件作和稳婆,关于检验官职责、检验文件等的记录。《洗冤集录》即是产生于这个时期的著名法医学专著。元代检验制度中出现了检验吏，明清时期又相继出现了验尸官，检验采取通鼻无嚏、勒指不红、遍身如冰等检验死亡现象的方法。

从这时期开始，专门从事“命理瞻伤”工作的人员，其名称由稳婆、杵作、检验吏，逐渐演变为验尸官、法医。

最早记载与法医鉴定内容有关的书籍是《礼记》与《吕氏春秋》。在《吕氏春秋·孟秋纪》中记载：“命理瞻伤、察创、视折、审断、决狱讼、必端平。”说明在当时已经存在法医鉴定类的命理瞻伤检验鉴定工作。1975 年中国考古学界在湖北省云梦县睡虎地，发掘春秋末期至秦代的墓葬过程中出土了大量的秦代竹简，定名为《睡虎地秦墓竹简》或称《云梦秦简》。《云梦秦简》中与法医鉴定关系密切的有《法律答问》和《封诊式》两部分。宋、元、明、清时期我国古代的“命理瞻伤”工作又得到了进一步的丰富和发展。清末民初颁布的刑事诉讼律规定：遇有横死人或疑为横死之尸体应速行检验；检验得发掘坟墓、解剖尸体，并实验其余必要的处分；警官及检验官对于尸体非解剖不能确知其致命之由者，指派医士执行解剖。

新中国成立后，延续了之前的法医检验体系，专门从事“命理瞻伤”工作的人员统称为法医，法医主要配备在公安机关的侦查部门，改革开放以后，审判机关、检察机关、司法行政机关陆续设立法医工作岗位，2005 年全国人大常委会颁布《关于司法鉴定管理问题的决定》以后，包括法医在内的鉴定人又统称为司法鉴定人。

一般情况下，法医人员需要经过医学、法医学及相关法律等专业知识学习和培养，获得相应的学历后，再经过对法医鉴定赋有管理权限机关的授权即授予鉴定权利，才能获得法医鉴定资格，才能成为一名具有执法资质的法医鉴定人。

法医与医生是有区别的，在医学院校学习的初期阶段，两者所学习的基础医学科目大致相同，从后期的社会生产实习期间，学习的侧重点开始有所不同，做法医的医学生侧重法医学的学习，做医生的医学生则侧重临床医学的学习。

法医与医生，字面上仅一字之差，但在职业上却区别很大。正如法医学和医学一样，尽管二者同出一脉，母系学科相同，但其发展方向、研究和解决的问题却不尽相同。法医与医生在所学基础医学科目的基础上，法医朝着法医学、为法律服务方向研究和发展，医生则沿着医药卫生、治病救人方向研究和发展。

2005 年以前，公检法司机关内部均设有法医岗位，分别履行侦查、检察、审判、司法职能中的法医鉴定职能。

公安机关的法医承担案件侦查职能中的检验鉴定工作，检察机关的法医承担案件公诉职能中的鉴定审查工作，同时承担检察机关自行侦查案件中的检验鉴定工作，法院机关的法医承担案件审判职能中的鉴定审查工作，司法行政部门的法医承担监管（刑罚执行）场所案件中的检验鉴定工作。为了更好地开展法医鉴定工作，许多地方的司法机关还增设了法医助理岗位，在法医鉴定时协助完成一些辅助性的工作，如录像、文案等。

在司法实践中，法医鉴定人从事法医鉴定工作须在司法鉴定机构内进行，此时法医具有双重身份，既是解决人身伤亡类案件中专门性问题的法医鉴定人，同时又是接受鉴定委托的具有执法性质的司法人员。

在进行法医鉴定的过程中，法医运用医学、法医学的理论、技术和方法，依据相关的法医鉴定标准，将解决的案件中专门性问题的结果，转化为具有证明效力的法医鉴定意见，并在鉴定结束后出具法医鉴定文书。

2005 年以后，依据全国人大常委会颁布的《关于司法鉴定管理问题的决定》，随着法治建设的发展，法医鉴定已经成为形成法定证据之一的即鉴定意见的专项工作，从这个高度上去认识，通常称谓的法医不等于法医鉴定人。

通常称谓的法医除法医鉴定人外，还包括医学院校教授法医学课程的教职人员、退休的法医人员等，他们可以接受咨询、聘请鉴定，但不具备出具证据学意义上的法医鉴定意见文书的资格。

法医鉴定人需要具备医学、法医学教育背景，在具体的司法鉴定机构中从事法医鉴定活动等条件，并经过鉴定管理机关授权，获得鉴定执业资格证书以后，才能成为法医鉴定的主体即法律意义上的法医鉴定人。

2. 法医身份的多重性

综观我们国家的法医鉴定人，从其学术出身方面考察，首先属于医学人员，即首先是学习医学的，当代的法医鉴定人还需要系统地学习法医学及相关法律知识，其次是鉴定专业技术人员，在从事解决人身伤亡类专门性问题的鉴定过程中，既要以技术人员身份运用医学、法医学理论知识解决问题，又要以司法人员身份运用法律程序规范检验鉴定过程。

从其鉴定职能方面考察，法医鉴定人是配合司法机关的办案人员或者民事案件的委托人，通过检验鉴定的方式解决人身伤亡类案件中某些专门性问题，因此法医鉴定人从事的检验鉴定工作，是人身伤亡类案件诉讼工作的一部分，出具的鉴定意见书是法定证据的一种，所以其职能身份是司法机关的法医鉴定人，同时具有司法人员的属性，在进行法医鉴定的时候，其鉴定职能具有执法性质。

从其隶属关系方面考察，工作在司法机关内部的法医鉴定人隶属于所在的行政机关，具有行政序列的相应科处等职级，在公务员法规定序列中属于专业技术人员，所以又属于行政官员或者参照公务员序列的机关事业编制人员。

由此可见，法医鉴定人由于具有一定的医学学历，所以具有相应的技术职称，由于身处司法行政机关，具有一定的行政职级，由于从事解决案件中专门性问题的鉴定工作，所以又具有相应执法性质的职能身份。

如此多重身份，其形成的隶属管理体系也是多重的，就其医学学历而言，应属于医药卫生部门管理，但是其从事的专业却是法医鉴定工作，医药卫生部门对其管理出现缺位。就其法医鉴定专业而言，应属于社会团体的法医学会管理，法医学会对其管理主要表现为自愿参与学术活动。就其所在司法机关来说，应按照司法人员序列管理，其鉴定专业又非法律的主流行业，如果说按照行政序列管理，法医鉴定人又是专业技术人员，这种状况既是由于法医鉴定所处的位置所决定的，又与法医鉴定人身份的多重性有关。

二、法医鉴定及法医学教育

（一）法医鉴定教育

1. 法医鉴定是法医学内容的实现

在法医学理论体系和技术操作中，原本就存在关于法医鉴定问题，比如检验检查损伤的形态、解剖尸体组织器官的方式等。学习法医学和进行法医鉴定的目的，原本就是在法医学理论的指导下，获得法医鉴定的结果即鉴定意见。这种工作程序从远古一直延续至今，已经成为实现法医学教育目的、转化法医学理论体系于法医鉴定实践的主要途径和手段。

法医鉴定教育是法医学教育的必要补充，其教育内容和方法一直蕴含在传统的法医学教育之中，并将继续影响着法医鉴定教育及法医学教育的进程。

法医学内容的发展进程需要众多科学家不懈的努力，不可能在短时间内有明显的建树，因此其内容的丰富、发展是一个平缓渐进的过程。

法医鉴定的发展进程与时政的进步和法治建设紧密联系在一起，因法治建设的需要而调整法医鉴定的格局、程序等情况时有发生，所以法医鉴定的内容需要不断地调整，不断地按照法治建设的进程向法医鉴定人传授、教育已经成熟的和正在发展的鉴定知识，因此法医鉴定教育的发展先于法医学教育。

改革开放前，法医鉴定过程中法医人员无需被授予鉴定权，既没有法医鉴定人的概念，也没有明确的鉴定标准条文作为依据，法医鉴定教育尤其是程序性教育呈不规范状态。

随着法治建设的发展和完善，特别是2005年全国人大常委会颁布《关于司法鉴定管理问题的决定》和2013年实施的《刑事诉讼法》，把法医鉴定格局、机构、人员、鉴定人出庭作证、鉴定结论修改为意见并经过质证等问题，上升到法律程序的层面加以确定、规范，法医鉴定开启了全新局面。由此，法医鉴定中的某些操作流程不再是简单的技术操作，而是以法律、法规、规章、制度等形式固定下来，成为在法医检验检查的过程中，在形成鉴定意见及制作鉴定文书时，需要以形态化、标准化、数量化的形式加以表达的程序性要求，如在法医鉴定文书中需要明示检验鉴定中使用的方法、标准，检验鉴定中所见到客观现象，需要用影像技术加以固定并作为附录，在庭审中予以质证等。

上述关于法医鉴定方面的知识和发展，均需要不断地通过法医鉴定教育的形式，向在校学习的法学、医学、法医学学生和工作在法医鉴定一线的鉴定人，从事咨询的法医人员以及有关诉讼参与人员进行灌输。

2. 法医鉴定程序瞻望

法医学中某些理论上的叙述和法医鉴定操作中的公认流程，形成了既依附于法医学又属于职业鉴定技能技术的范畴，这就是法医鉴定程序及其技术。

把法医鉴定中的某些操作性问题用程序性架构加以规范，使之能够与案件的诉讼程序有机地结合起来，是法医鉴定为法律服务的进步象征，也是法治在鉴定体系中进步的标志之一。

法医学、法医检验等实体性内容经过鉴定技术的职业技能操作，不断地在司法实践中重复和实现，这种技能技术的操作流程又经过若干历史阶段的洗礼和不断地规范与塑形，已成定势并具备了上升为法医鉴定程序的条件，特别是在改革开放以来，在法治建设有序发展和规范完善进程中，法医鉴定程序的诉讼化，已经显现在具体人身伤亡类案件的检验鉴定操作之中，并且有相当部分的技术操作流程已经得到了相关诉讼法律的调整和规范，以程序的形式固定下来。

规范、公认的法医鉴定技术操作经过不断地筛选、积累，为设立成系统的法医鉴定程序提供了丰厚的理论基础和成熟的技术条件，法医鉴定处于人身伤亡类案件的检验鉴定活动之中，形成规范于案件诉讼程序之内的，同时兼有专门性特点的法医鉴定程序已经是蓄势以待。

（二）法医学教育

法医学是运用医学、生物学及其他自然科学的理论和技术，研究和解决与法律有关联的医学问题的一门学科。它是随着社会发展、诉讼活动完善、法治建设进步而逐步发展起来的。

1. 医学院校的必修课

法医学是在医学的基础上发展起来的，是医学的一个学科分支，医学院校中一般均开设法医学课程，并将其作为医学生必修课，这是因为法医学需要依赖于基础医学和临床医学各个学科作为基础，才能深入系统地进行学习，传统概念上的法医人员，许多就毕业于医学院校、出身于医疗机构之中。在医疗实践活动中，作为医生免不了接触到涉及法律关系的损伤与死亡等问题，学习法医学知识可以帮助医生识别医事涉法问题。因此，法医学课程一直作为医学教育的必修课保留下来，并结合医学生社会生产实习进行法医学实践性教育。

但是，传统的法医学教育在法医鉴定尤其是程序方面的教育所占比例较少，医疗实践证明，随着自然科学学科的细化，在人身伤亡类案件的诉讼活动中，由医生亲自操作法医鉴定的情况越来越少，原因之一是医生对法医鉴定程序的了解越来越少，因此在法医学的教育中，注意增加法医鉴定知识教育，增加法医学理论与鉴定实践结合的程序性知识教育，是传统法医学教育改革一个方向性选择。

2. 法学院校的选修课

多年以来，在法学院校学习法律的学生，把法医学作为其选修课程已经是一种常态，因为刑法中规定，涉及人身伤亡类问题的解决需要进行法医鉴定，这种鉴定活动需要运用法医学知识和技术作为支撑，所以法学院的学生把法医学作为选修课是有必要的。问题是适用于医学院校学生学习的法医学课程，原封不动地用于法学院校学生的学习，其教与学、学与用的过程都在一定程度上存在脱节的问题，尽管是作为选修课，但是囫囵吞枣式的教学在所难免，没有一点医学基础的法学生，学习法医学多感觉新鲜好奇，于日后的司法实践活动益处甚微。

司法实践证明，法学院校的学生毕业以后，无论是在司法机关从事法律工作，还是从事律师工作，都不可能亲自运用法医学知识进行法医鉴定的具体操作，与工作关系密切的是法医鉴定程序性问题，这是法学院校毕业的学生一直面对的学与用相矛盾的现实问题。而当下法学院的法医学教育恰恰忽视了这个问题，仍然在单一地教授着法医学课程，忽视了法医鉴定尤其是程序性知识的教育，针对法学院校学生的法医学教育比较僵化，与司法实践脱节的现状，应该成为法学院校进行教育改革的着眼点之一。

无论是医学生的必修课，还是法学生的选修课，传统的法医学教学模式一直沿革着，在法治建设蓬勃发展的今天，新的挑战摆在了法医学、法医鉴定教育面前，法医学在司法实践中的应用，越来越多地要受到法医鉴定程序的规范，即便是医学院校毕业的医学生，在从事法医鉴定工作的过程中，也在不断地进行着法医鉴定程序性知识的实践学习，以适应法治建设中的鉴定工作需要，因此法医学教育如何适应法医鉴定的需要有相当大的研究和拓展空间。

第二节 法医鉴定格局

一、改革开放前的法医鉴定

新中国成立之初,法医鉴定格局比较单一,主要存在于公安机关内部的侦查工作中,其鉴定机构大部分以刑警队的技术科室或者侦查组队的组织形式出现,法医人员大部分来自部队复员转业、医学院校的医务人员,仅有少部分是经过法医学培训、具有医学背景的医学人员。

1950 年,卫生部《解剖尸体规则》规定,法医鉴定根据需要应当进行尸体解剖,1956 年教育部组织编写了医学院校使用的《法医学》教材,对医学生进行法医学教育,此后有大量的法医学学生陆续进入公安机关,以法医的身份从事法医鉴定工作。

1976 年"文化大革命"结束后,在恢复公检法三机关的建制过程中,检察机关和审判机关开始组建本系统的法医鉴定队伍,形成了分别与公检法三机关侦查、检察、审判职能相适应的法医鉴定格局,由此标志着我们国家在计划时期法医鉴定工作开始全面发展。

1979 年国家颁布实施了《中华人民共和国刑法》和《中华人民共和国刑事诉讼法》,为法医鉴定工作奠定了进一步发展的基础和条件。同年 9 月,卫生部重新发布试行《解剖尸体规则》,1980 年 5 月,公安部发布《刑事技术鉴定规则》,规定了尸体和物证检验的程序、鉴定的要求以及法医人员出庭作证等问题。

1985 年中国法医学会在洛阳召开成立大会。1986 年国家级法医学术刊物《中国法医学杂志》创刊,成为法医鉴定学术交流的重要领域和平台。这一时期公检法三机关的法医鉴定人员或者机构,承担着与本系统诉讼职能相适应的鉴定职能，这种鉴定格局在相当长的一段时期内，发挥了为法律提供技术支持、鉴别判断技术证据的重要职能，也为法医鉴定程序的发展完善积累了宝贵的经验。

二、改革开放后的法医鉴定

改革开放后，法医鉴定工作得到了长足的发展。公安、检察、法院系统自上而下地建立了法医鉴定机构，司法行政部门也设立了法医鉴定或者司法鉴定委员会，全国各省市的法医学会、法医门诊、创伤医院、指定医院以及医学院校的法医系、法医教研室先后建立并开始承担法医鉴定工作。

这一时期，法医鉴定的机构出现了泛化的倾向，与此同时，人民群众法律意识的提高和国家法治建设进程的加快，对法医鉴定提出了公开、公平、公正的要求，由于鉴定机构泛化带来的多样性，公检法三机关自侦自鉴、自检自鉴、自审自鉴等问题，多头鉴定、重复鉴定、鉴定否定鉴定、因鉴定而出现错案等情况时有发生，在不同程度上影响和制约了人身伤亡类案件的诉讼活动。随着改革开放的日臻发展，不断有与司法鉴定有关的法律、规章、规则及规章制度问世，如公检法机关的刑事技术规定、实施刑事诉讼法的规则、解释，法医鉴定细则、受理案件鉴定规定等，目的均是对出现在法医鉴定过程中的种种情况、问题加以规范和调整。

纵观改革开放前后法医鉴定工作的发展历程可以发现，这一时期尚未形成体系性的法医鉴定程序，围绕着实体内容单一地开展专业技术实践和研究，仍然是法医鉴定工作的主流，规范和保障法医鉴定实体公正的程序性研究和发展比较滞后，国家立法机关和有关部门对于这类问题已经有所意识，相继出台了鉴定机构、鉴定人管理等规范性文件，但是从诉讼的意义上进行考量，急需对法医鉴定的程序进行格式化操作，理顺和完善法医鉴定的具体流程和秩序，以法律或制度的框架规矩法医鉴定的技术专门性，最终形成程序与实体二者良性互动的法医鉴定程序。

(一)2005年后法医鉴定格局

全国人大常委会在《刑法》《刑事诉讼法》《民事诉讼法》等法律中规范司法鉴定的基础上,2005年颁布实施了《关于司法鉴定管理问题的决定》,从国家立法的高度,规定了司法鉴定机构设置、鉴定人的资质、职能和责任等问题,统一了此前各地关于司法鉴定管理问题的区域性规章制度,使我国的司法鉴定工作,包括人身伤亡类案件中的法医鉴定工作,在程序上有了上位法性质的权威性规则。

自《关于司法鉴定管理问题的决定》实施以后,法医鉴定人的概念开始出现,法医鉴定人在进行对案件中专门性问题鉴定的同时,更加注重了程序上的规范性、合法性问题,注重了法医鉴定的操作过程是否遵循程序格式制度等问题,这种意识不仅可以影响法医鉴定的具体专业操作环节,而且直接把程序性的正面效能潜移默化地传递到鉴定结果或意见之中,有效地提高了法医鉴定工作的质量。

法医鉴定人在鉴定工作中程序意识的提高,是法医鉴定工作一个重要的亮点,是法医鉴定工作有序诉讼化的进步标志,使法医鉴定的专门性帷幔得到了必要的透明,是促进专门性公开进而促进具体鉴定公正的重要举措。

《关于司法鉴定管理问题的决定》实施以后,法医鉴定的格局改革为公安、检察机关保留内设的法医鉴定机构,履行对刑事案件中涉及人身伤亡类专门性问题的鉴定职责。审判机关、司法行政机关不得设立司法鉴定机构,允许社会上成立司法鉴定机构,承担公安、检察鉴定机构管辖以外的案件中专门性问题的鉴定工作。

以《关于司法鉴定管理问题的决定》作为基本框架,公检法司机关相继出台了有关司法鉴定工作的管理规定或细则,法医鉴定工作由此进入了有序发展、良性运作的正确轨迹。

《关于司法鉴定管理问题的决定》从宏观上确定了司法鉴定工作改革、发展的框架和方向,基本解决了在司法鉴定工作中比较突出的自侦自鉴、自检自鉴、自审自鉴类问题(公安机关的自侦自鉴、检察机关的自检自鉴、审判机关的自审自鉴),开启了具有中介性质的社会司法鉴定机构的窗口,在一定程度上解决和规避了司法鉴定程序中的条块分割、相互掣肘、多点重叠、功效低能等问题。

在《关于司法鉴定管理问题的决定》的框架内,法医鉴定中程序意识问题的研究和探索,也得到了充分的重视和培育,法学院校中有关诉讼理论方面的研究,开始触及鉴定程序等有关问题,特别是关注法医鉴定程序方面的研究氛围在法学理论界中不断涌动和形成。

沿着诉讼程序和法医鉴定程序相结合的脉络,法医鉴定程序中的鉴定提起、方法、顺序、客观、保真、可重复、溯源等理论问题,按照诉讼法律统领、具体鉴定程序跟进的互补原则,将诉讼程序的主线贯穿于法医鉴定程序之中,使之既能够体现法律的规范作用,又能够发挥法医鉴定的专门性职能作用,二者在诉讼与鉴定的结合点上形成互补性,是目前诉讼法学关于鉴定程序研究的重点课题之一。

《关于司法鉴定管理问题的决定》在宏观上对司法鉴定工作进行的调整,为法医鉴定程序理论形成奠定了法律基础,上述提及的法医鉴定程序工作中许多具体问题,正在各方面的关注下做进一步地完善调整和细化。为此最高人民检察院、公安部、司法部相继出台了关于司法鉴定管理及法医鉴定工作方面的可操作性规定。

(二)2013 年后法医鉴定调整

2013 年 1 月 1 日实施的《刑事诉讼法》,明确规定了非法证据的排除程序和鉴定人出庭作证并接受质证的程序,在具体的司法实践活动中,司法机关在侦查、起诉和审判人身伤亡类案件的诉讼活动中,对法医鉴定意见类证据的举证、质证概率越来越多,标志着人身伤亡类案件诉讼活动中民主化程度的提高和进步,也标志着法医鉴定在诉讼层面上的程序化步伐。

法医鉴定过程有没有程序可以遵循,法医鉴定的程序是何种类型的程序,是法医鉴定自身程序还是司法诉讼程序,或者二者兼有之,种种探讨和研究直指法医鉴定程序的目的价值和程序价值,法医鉴定质量以及程序上的保障措施受到了前所未有的关注。

法医鉴定是一项专业性操作工作,其过程所形成的法医鉴定意见,是法定证据之一,是法医学的理论、法医鉴定的操作技术与案件诉讼证据程序的结合体,因此,研究法医鉴定及其程序问题二者的结合点应成为选项。

第三节 法医鉴定机构及人员

一、法医鉴定机构

法医鉴定需要以鉴定机构的名义进行,全国人大常委会《关于司法鉴定管理问题的决定》明确规定:“法人或者他组织申请从事司法鉴定业务的,应当具备下列条件:有明确的业务范围;有在业务范围内进行司法鉴定所必需的仪器、设备;有在业务范围内进行司法鉴定所必需的依法通过计量认证或者实验室认可的检测实验室;每项司法鉴定业务有三名以上鉴定人。申请从事司法鉴定业务的个人、法人或者其他组织,由省级人民政府司法行政部门审核,对符合条件的予以登记,编入鉴定人和鉴定机构名册并公告。省级人民政府司法行政部门应当根据鉴定人或者鉴定机构的增加和撤销登记情况,定期更新所编制的鉴定人和鉴定机构名册并公告。”

法医鉴定机构是法医鉴定工作的最基本单位,是形成法医鉴定意见并对其负有证明责任的基本组织形式。

法医鉴定机构需依法申请设置成立，并承担在被批准范围内与其鉴定能力相适应的人身伤亡类案件的法医鉴定工作。

自2005年实施全国人大常委会颁布的《关于司法鉴定管理问题的决定》，从立法的层面上对司法鉴定的格局进行改革和调整，明确了法医鉴定机构的设置及其属性。

公安机关、检察机关根据侦查工作的需要设立鉴定机构，不得面向社会接受委托从事司法鉴定业务，人民法院和司法行政部门不得设立鉴定机构。个人、法人或者其他组织申请从事司法鉴定业务的，由省级人民政府司法行政部门审核，对符合条件的予以登记，编入鉴定机构和鉴定人名册并公告。

为了便于司法行政部门统一对司法鉴定机构进行管理，也考虑到公安、检察机关鉴定机构和力量的资源问题，《关于司法鉴定管理问题的决定》的配套文件规定，对于设立在公安、检察机关内部的法医鉴定机构，亦应到当地司法行政部门进行登记注册，以便司法行政部门统一向社会公布鉴定机构的名册。

法医鉴定机构按照设置布局分属于三个管理系列，公安部负责管理公安机关的法医鉴定机构，最高人民检察院负责管理检察机关的法医鉴定机构，司法部负责管理社会法医鉴定机构。三个系列的鉴定机构分别由各自的管理机构颁发鉴定机构资质证书，证书上标明鉴定机构的业务范围等相应资质，此外为了在名称上体现资质注册上的统一模式，在鉴定机构的名称前均冠以司法二字，如××人民检察院司法鉴定中心。社会法医鉴定机构一般以某某省的中文名加鉴定机构名称命名，而不以行政区类别、城市名称或地域名命名，如广东××司法鉴定所。

法医鉴定机构之间没有隶属关系，接受委托从事司法鉴定业务，不受行政地域范围的限制。

(一)司法机关法医鉴定机构

1. 公安机关法医鉴定机构

公安机关自上而下设有法医鉴定机构,机构管理序列隶属于刑事侦查部门,设有单独的办公机构和名称,如××刑事技术处、队,刑事技术研究科,司法鉴定中心等。

公安机关的法医鉴定机构设有法医临床学、法医病理学、法医人类学、法医物证学等专业门类。其职能主要是承担刑事案件中的法医鉴定取证工作,尤其是基层公安机关人身伤亡类案件的法医鉴定工作,是其刑事技术机构的主要工作。

公安机关的法医鉴定机构,按照编制配备行政管理人员、专业技术人员、后勤保障人员,配备车辆及必要的技术设备。随着公安业务的需要和刑侦技术的发展,公安机关不同规模的法医鉴定机构互为补充,形成横纵网格化的技术体系,为公安业务提供强有力的刑事技术保障。

为了更好地开展刑事技术工作,部分公安机关的刑事技术部门设有刑事技术研究基地,如法医鉴定的解剖基地、牙齿比对、颅像重合实验室等。

隶属于公安部门的科研院校中设有专门从事刑事技术科学的教学研究机构,承担公安机关刑事技术的理论研究、课题设计、技术攻关和刑技人员培养等工作,并开展对外技术协作与学术交流、研修、互派学者等国际刑事技术交流协作活动。

公安机关法医鉴定人设有固定的学术考核及晋职晋级机制,按照技术职级设有法医师、主检法医师、副主任法医师、主任法医师四个技术级别,对于突出贡献者设有津贴、称号等奖励机制。

(1)国家级公安机关的法医鉴定机构。

国家级公安机关的法医鉴定机构,如公安部刑事技术局、所属科研院所等,负责全国刑事案件中法医鉴定和指导工作,承担重大疑难刑事案件中的法医检验鉴定和会检工作，编制公安机关法医鉴定工作规划和总结。汇集全国公安机关法医检验鉴定的有关数据、鉴定实务、典型案件等，规划制定法医鉴定工作的发展框架，了解和掌握法医鉴定的前沿知识和动态，形成适应中国特色的公安机关法医鉴定工作，是公安机关法医鉴定的领导和指挥机构。

同时国家级公安机关的法医鉴定机构办有专门的学术期刊，进行论文刊载、学术争鸣、案件论证、资料综述、国内外学术交流等活动，组织协调全国范围内的法医鉴定尖端科学技术问题的研究攻关等工作。

(2)省级公安机关法医鉴定机构。

各省、自治区、直辖市公安厅、局均设有法医鉴定机构，按照刑事技术的专业职能分别设有法医病理、法医临床、法医物证等专业，同时设有相应的法医实验室。省级公安机关的法医鉴定机构是国家法医鉴定工作的中坚和骨干力量，发挥着承上启下的重要作用，对上向国家级公安机关法医鉴定机构负责，对下指导基层公安机关法医鉴定机构工作，同时需要完成大量的疑难案件中的法医检验鉴定工作。

省级公安机关的法医鉴定机构中，汇集了区域内大批法医鉴定工作的精英，通过对人身伤亡类案件中疑难问题的检验鉴定，为案件侦查提供线索、方向、性质等方面的技术支持，并形成和积累大量法医鉴定方面的知识和经验，极大地丰富和发展了法医鉴定工作。

(3)基层公安机关法医鉴定机构。

各地市、县、区级公安机关均设有法医鉴定机构，是基层公安机关刑事技术工作的重要组成部分和对法医鉴定工作重视的标志，也使法医鉴定的价值在刑事案件侦查中得到充分体现。

基层法医鉴定机构处在刑事技术工作的前沿位置，是公安机关解决人身伤亡类案件中专门性问题的主阵地，基层法医鉴定人最早接触案发现场，直观法医鉴定客体的原始现状，因此，对与法医鉴定的具体操作及其程序性问题研究最具有话语权。

基层公安机关的法医鉴定机构设在刑警队内或单独成立技术科、技术队，所属法医鉴定人均系专职技术人员，其工作职能是在办案人员的统一指挥下，按照公安机关刑事案件现场勘查规则，负责对人身伤亡类案件中的专门性问题进行现场勘查、技术取证、检验鉴定工作，并出具法医鉴定意见文书。

公安机关法医鉴定机构在组织结构上呈正三角形状态，即基层公安机关的法医鉴定机构数量多、分布广，构成正三角形的底边，国家级公安机关法医鉴定机构构成正三角形的尖端，这种结构模式与公安机关办理刑事案件的现状相适应，大量的法医鉴定任务均由基层公安机关鉴定机构完成，效率高、节奏快。

在技术力量的配置上呈倒三角形状态，即高精尖的技术力量和设备集中在国家级、省级公安机关，由此构成倒三角的底边，侧重解决重大、疑难、复杂、少见的技术性问题，基层公安机关法医鉴定机构的技术力量和设备简便实用，构成倒三角的尖端，侧重解决常见的法医鉴定问题和负责滤过重大疑难的法医鉴定问题后，及时准确地委托到上级公安机关的法医鉴定机构中去进行鉴定。

(4)公安机关法医鉴定范围。

①刑事案件侦查阶段涉及人身伤亡类专门性问题；

②交通事故案件中涉及人身伤亡类专门性问题；

③公安机关管辖范围内各类责任事故案件中人身伤亡情况的鉴定；

④公安机关管辖范围内的法医物证检验等鉴定；

⑤公安机关职能部门委托鉴定的除明显属于法定自诉案件以外的人体损伤程度等鉴定。

2. 检察机关法医鉴定机构

检察机关的法医鉴定机构，是伴随着检察机关在人身伤亡类案件中监督职能的不断加强与完善，而逐渐地发展和建设起来的。

在改革开放初期，检察机关的法医鉴定机构主要负责检察机关自行侦查案件中人身伤亡类专门性问题的检验鉴定，尤其是为涉及人身伤亡类案件责任事故的侦查工作提供技术支持。这一时期，相当一部分检察机关并没有单独设立法医鉴定机构，许多法医人员零散地分布于侦查批捕、起诉或者法纪（反贪局的前身）等检察业务部门，其鉴定程序主要是以所在部门赋予的、对案件中专门性问题或者相关证据的审查程序，并没有相应的有针对性的鉴定程序。

随着检察业务不断发展和壮大，特别是20世纪80年代，国家陆续颁布实施有关诉讼程序方面的法律法规，检察机关的法医鉴定工作随着诉讼法律的完善开始逐步走向正规，鉴定程序开始逐步地建立、健全和完善，事实上的法医鉴定程序诉讼模式开始显现。

各级检察机关相继成立了专门的鉴定机构，自上而下设有法医鉴定机构，然后是规模不断地扩大，尤其是以省、市级两级检察机关为主，开始设立了不同门类的法医鉴定分支学科机构，比如法医病理鉴定、法医临床鉴定等机构，在改革开放初期，这种势头很好地适应了检察业务工作的开展，有力地配合了检察机关对涉及人身伤亡类案件的查办工作。

这一时期，检察机关相继出台了一些规范性法医鉴定文件，如《检察机关法医鉴定规则》《检察机关法医文证审查规定》等，用以规范法医鉴定的具体操作性工作。

2000年以后，由于责任事故的侦查工作从检察机关的管辖中划出，检察机关法医鉴定工作直接到案发现场检验检查的情况明显减少，检察机关法医鉴定主要是配合审查公安机关移送批捕、起诉案件中的涉及人身伤亡类问题，在一定意义上是通过协助办案机关审查案件，间接地履行法医鉴定中的法律监督职能。

2005年以后，全国人大常委会颁布的《关于司法鉴定管理问题的决定》

明确规定,检察机关内部设立的法医鉴定机构,主要职能是为检察机关自行侦查的案件提供技术鉴定支持,而检察机关自行侦查的案件除反贪、渎职和监管场所等几个部门以外,应用法医鉴定工作的部门较少,法医鉴定的工作量明显减少,相应地,基层检察机关的法医鉴定工作,无论从在机构上还是在人员上都进行了收缩。许多基层检察机构因为受到编制、人员等方面的限制,法医鉴定机构或撤销或并入其他部门,县、区检察机关设有法医鉴定机构的已经寥寥无几,检察机关的法医鉴定机构主要存在于地市级以上的检察机关中,专业门类也有所缺项。

检察机关法医鉴定机构的职能,由对自行侦查的案件进行检验鉴定,逐渐转入协助检察业务部门审查进入检察机关的涉及人身伤亡类案件证据方面的法医鉴定意见。

出于审查案件中法医鉴定意见类的证据角度,检察机关法医鉴定机构的工作程序也悄然发生了某些转变,比如,检察业务部门委托法医鉴定机构审查案件中专门性问题的提起委托时间、委托问题等,都与法医鉴定人直接参与在人身伤亡类案件的侦查有所区别,法医鉴定人参与人身伤亡类案件的侦查,法医鉴定是查明案件事实的必经程序和环节,而协助检察业务部门审查人身伤亡类案件时,法医鉴定人审查案件中专门性问题只是一个协助环节。因此检察机关的法医鉴定机构在一定程度上发挥着协助的作用。

(1)国家级检察机关法医鉴定机构。

最高人民检察院设有法医鉴定机构,是全国检察机关法医鉴定机构的技术中心和指挥部门,承担着全国检察机关办理人身伤亡类案件中,重大疑难专门性问题的检验鉴定任务。同时负责组织制定全国检察机关法医鉴定的发展规划,指导鉴定工作、检查鉴定质量、实验室建设、开展国内外学术交流、继续教育培训等工作。

(2)省级检察机关法医鉴定机构。

省级检察机关根据案件诉讼活动的需要,均设立法医鉴定机构,鉴定机构一般由机构负责人、法医鉴定人、内勤人员组成。开展对检察机关自行侦查的、批捕起诉的人身伤亡类案件中专门性问题的鉴定和审查工作。

检察机关自行侦查案件涉及人身伤亡类专门性问题时,检察机关法医鉴定机构与公安机关法医鉴定机构行使的职权基本一致,即进行检验鉴定和出具法医鉴定意见文书。对于在批捕或者起诉环节中的人身伤亡类案件,检察机关法医鉴定机构主要是协助检察业务部门,审查案件卷宗中的法医鉴定意见类文字材料、图片,不出具鉴定意见文书,即所谓的法医文证审查工作。

省级检察机关法医鉴定机构,在承担本级检察机关法医鉴定机构的职能以外,还负有省域内检察机关法医鉴定中疑难复杂问题的解决和协调职责,省域内法医鉴定工作遇到技术上的疑难问题,按照逐级委托的鉴定程序,送省级检察机关法医鉴定机构进行检验鉴定。

省级检察机关法医鉴定机构,负有指导省域内法医鉴定工作建设和开展的职责,如法医鉴定工作的布局、鉴定人的继续教育、鉴定的管理、鉴定资料的汇总、典型案例备案等。

省级检察机关法医鉴定机构,一般设立法医病理学和法医临床学专业,同时根据自身的条件设有法医鉴定实验室、鉴定基地等,配备与鉴定工作相适应的检测仪器设备。

(3)基层检察机关法医鉴定机构。

基层检察机关设有法医鉴定机构的较少,与国家对司法鉴定宏观布局的调控和基层检察机关法医鉴定的工作量偏少、人员编制和设备资金的限制以及解决问题的能力等诸多因素有关。

改革开放初期,基层检察机关比较普遍地设立了法医鉴定机构,经过一段时期的司法实践发现,在基层检察机关设立法医鉴定机构有许多规模、人员与所需要鉴定的工作不匹配、不适应等问题。

改革开放后，在基层检察机关设立法医技术室，配备专职或者兼职法医技术人员，对于进入基层检察机关的人身伤亡类案件中的专门性问题，进行初步的、预测性过滤和筛查，不出具鉴定文书，发现问题后按照逐级委托的鉴定程序，将疑难问题委托到上级检察机关法医鉴定机构进行鉴定，这种做法比较符合基层检察机关自身条件和解决案件中专门性问题能力的实际情况，与检察机关的科技生产力相适应，为基层检察机关普遍采取和接受，司法实践中证明是一种适用有效的法医鉴定工作模式。

(4)检察机关法医鉴定范围。

①对进入检察机关的人身伤亡类案件中法医鉴定意见的审查；

②检察机关自行侦查案件中人身伤亡类问题的检验鉴定；

③上级交办或者控申、监所(刑事执行)办案中涉及人身伤亡类问题的检验鉴定；

④进入起诉阶段的医疗、交通事故等案件中的法医鉴定类意见的审查；

⑤正在服刑或者正在保外就医期间的罪犯就医情况的审查和鉴定。

3. 审判机关选定法医鉴定机构

(1)审判机关撤销内设法医鉴定机构。

2005年以前，审判机关法医鉴定机构基本上与检察机关内设法医鉴定机构相一致，审判机关自上而下基本上均设立法医鉴定机构，称谓为技术处或者法医室，配备一定数量专职法医人员，负责进入审判机关的人身伤亡类案件中的专门性问题审查、检验鉴定工作，在特定历史时期内，发挥了审查鉴定案件中专门性问题，提高人身伤亡类案件审判质量的积极作用。

2005年全国人大常委会颁布《关于司法鉴定管理问题的决定》，规定审判机关不得设立司法鉴定机构，由此，全国各级审判机关撤销原来的法医鉴定机构，出于安置原法医人员和审判机关仍然需要审查、研判法医鉴定意见的考虑，审判机关设立了司法技术证据协助机构，承担进入审判机关的法医鉴定意见的审查工作。此类机构已经不具有原来的检验鉴定职能,而是向中立的审判职能靠拢,是审判机关法医鉴定工作回归中立、公正的重要表现。

(2)审判机关设立司法技术证据协助部门。

审判机关设立司法技术证据协助部门,对于帮助审判人员解决人身伤亡类案件中的专门性问题发挥着积极的作用,是审判机关撤销法医鉴定机构以后处置案件中法医鉴定类问题的一种过渡和救济办法。

审判机关法医鉴定机构在结构上发生的这种变化,是适应司法体制改革需要,尤其是法医鉴定程序向诉讼化迈进的需要,是法医鉴定目的和程序性价值的重要体现,对法医鉴定价值的理性定位和完善具有重要的启迪和引领作用。

进入审判环节的人身伤亡类案件中专门性问题,经过办案人员或者司法技术协助部门审查以后,对于发现需要进行鉴定或者重新鉴定的,可以采取按照案件移送途径退回进行补充鉴定或者重新鉴定,也可以协助诉讼主体委托经司法行政部门登记公告的,或者经审判机关指定的法医鉴定机构进行重新鉴定。

(3)审判机关选择或指定法医鉴定机构。

审判机关选择或指定法医鉴定机构是审判机关在不能自行鉴定的情况下,有针对性地选择和指定的法医鉴定机构,在需要的时候通过随机抽取进行检验鉴定。选择和指定的范围一般限定在司法行政部门登记公告的法医鉴定机构内,要求该法医鉴定机构鉴定资质和信誉情况良好,能够胜任审判阶段法医鉴定工作。

(二)司法行政部门管辖法医鉴定机构

1. 设立社会法医鉴定机构

根据《关于司法鉴定管理问题的决定》的相关规定,审判机关、司法行政机关不得设立法医鉴定机构,个人、法人或者其他组织,可以申请成立与其鉴定资质相适应的司法鉴定机构,从事相关的司法鉴定工作,由司法行政部门负责登记注册管理。

由此社会上成立了具有中介性质(第三方)的法医鉴定机构,并且迅速发展起来。

《关于司法鉴定管理问题的决定》规定:“个人、法人或者其他组织成立的法医鉴定机构,须经省级人民政府司法行政部门审核,对符合条件的予以登记,编入社会鉴定机构登记名册并予以公告。个人、法人或者其他组织成立的法医鉴定机构,应当同时具备下列相关条件,才可以在司法行政部门登记注册。(1)有明确的业务范围;(2)有在业务范围内进行司法鉴定所必需的仪器、设备;(3)有在业务范围内进行司法鉴定所必需的,依法通过计量认证或者实验室认可的检测实验室;(4)每项司法鉴定业务有三名以上鉴定人。申请从事法医鉴定业务的个人、法人或者其他组织,由省级人民政府司法行政部门,对从业鉴定人和鉴定机构的资质条件进行初审、年度审查,符合从业条件的登记名册并以公开的形式,向社会公告。”

这种登记、公告的管理方式,是司法行政部门对社会上成立的法医鉴定机构管理的一种方式,从长远的观点分析,亦是司法鉴定机构改革过程中一种过渡性的管理方式。

实行司法行政机关登记公告的模式管理,是一种程序上的管理,相应的实体方面管理比如鉴定质量考核、鉴定人继续教育培训等管理方式,应当及时地加以跟进,以提高社会法医鉴定机构的鉴定质量。

为了充分发挥公安、检察机关法医鉴定机构的技术力量,在审判机关撤销了法医鉴定机构,社会上法医鉴定机构没有完全覆盖或者全面运作的过渡时期,按照中政委的意见,公安、检察机关的法医鉴定机构,也需要到同级司法行政部门登记名录,以便于司法行政机关统一向社会公示,并且接受相关办案机关办理疑难案件的鉴定委托事宜。

2. 社会法医鉴定机构类型

司法行政部门管理的法医鉴定机构主要有几类：

(1)独立法人(科研院所大专院校)组织；

(2)三人以上的个人合伙成立的机构；

(3)其他社会组织如法医学会等成立鉴定机构。

按照地域政治、经济资源分布状况特点，发达省份和地区成立的社会法医鉴定机构比较多，所开展的鉴定业务以法医病理、法医临床类、法医物证类鉴定为主。

按照《关于司法鉴定管理问题的决定》的相关规定，司法行政部门管理的社会法医鉴定机构之间没有隶属关系，全国范围内的社会法医鉴定机构，均按照司法部《司法鉴定程序通则》的规定开展法医鉴定业务工作。

由于地域、机构和人员资质等诸多问题，就法医鉴定能力而言，社会法医鉴定机构之间是不平衡的，有些处于基层或者偏远地域的法医鉴定机构，不能够充分解决案件中有关专门性问题，因此一些复杂疑难的法医鉴定案件，仍然需要委托法医鉴定设备齐全、法医鉴定人资质较高的鉴定机构进行检验鉴定或者复核鉴定。

为均衡全国范围内的法医鉴定资源，使司法机关、案件的当事人充分享受到高端的法医鉴定带来的实惠，《关于司法鉴定管理问题的决定》规定，社会法医鉴定机构在接受委托鉴定时，不受地域范围和案件管辖上的限制，放开法医鉴定资源和地域上的配置，给法医鉴定工作注入了蓬勃的生机和活力。

司法行政部门管理的社会法医鉴定机构，受理业务范围内的法医鉴定工作主要是民事案件、刑事自诉案件及非侦查阶段、医疗纠纷、工伤事故、劳动能力等方面的法医鉴定，也受理公安、检察、审判机关委托的法医鉴定工作。

司法实践证明，社会法医鉴定机构是我们国家司法鉴定体制改革的有益尝试,是司法鉴定工作重要组成部分和有生力量。在简化法医鉴定的委托程序、便利当事人咨询、取证、拓展鉴定领域等方面作出了有益的探索和尝试。社会法医鉴定机构是一件新生事物,在其发挥积极作用的同时,也有需要调整和完善的问题。如参与刑事案件中专门性问题的鉴定、鉴定的实体公正系数、鉴定责任追究、鉴定程序监管问题等。

3. 大专院校法医鉴定机构

分布在大专院校、科研院所中的社会法医鉴定机构,虽然其鉴定工作的管理归属于司法行政部门,但与个人合伙成立的法医鉴定所仍有所不同,虽然在经济上自负盈亏,但在隶属关系上尤其是体制的管理上,仍属于大专院校、科研院所所有。法医技术力量的雄厚、科技水平的先进,就其所处的位置来说,不仅是社会法医鉴定机构的骨干成分、公众的信任所在,也是公安、检察、审判机关在解决案件中专门性问题时,主要选择的外包鉴定机构和聘请鉴定人的依靠力量。

所以,如何整合社会法医鉴定机构的有关鉴定资源,使其更加有利于人身伤亡类案件诉讼活动的需要,将成为社会法医鉴定机构管理和改革的探索思路。

(三)外包法医鉴定机构

法医鉴定作为一项专业技术工作,凡能够承担并完成人身伤亡类案件中某些专门性问题鉴定任务的单位、部门或机构,如法医学会、法医学院校、医学科研院所、临床医院以及某些与法医鉴定技术有关联的科研机构比如化学、考古研究所等,均可以接受办案机关的委托,成为法医鉴定工作的外包机构。

从一定意义上讲,除具有案件主办权的公安机关、检察机关外,其他承办法医鉴定事宜的鉴定机构均应属于法医鉴定的外包机构范畴。

法医鉴定的外包机构可以分为固定性外包机构和临时性外包机构,如医学科研院校的法医学教学或研究部门、临床医院的某些科室等，其本身就是从事法医学教学与科研工作的机构，在全国人大常委会《关于司法鉴定管理问题的决定》颁布后，基本上都取得了司法行政部门颁发的法医鉴定机构资质许可，这一类机构是法医鉴定外包时相对固定选择的，此外针对少见疑难的专门性问题则选择临时性外包鉴定机构。

1. 固定性外包鉴定机构

固定性或经常性外包鉴定机构之一当属法医学会，法医学会是隶属于民政部门管理范畴的社会性学术团体，但同时又是法医界社会活动的常设学术性机构，因此是法医鉴定外包事宜选择概率较高的机构。全国地级以上的行政区域大部分设有法医学会，作为法医界有关鉴定事务商榷、学术交流、工作研讨的平台。

国家级法医学会暨中国法医学会设有学术性常设办事机构，其职能是通过召开全国性法医会议、举行理论研讨、组织交流访问等方式，负责组织全国法医界工作者开展学术理论和典型案例交流和研讨、重大疑难问题的鉴定和会检等活动。

中国法医学会主办《中国法医学杂志》和《刑事技术》等刊物，主要刊登和发表国内法医界的学术动态、研究成果和论文案例，是国家法医鉴定事业成长发育的园地。它以民间社团的组织形式，与国际上法医同行们互通有无进行科技交流活动，为中国法医鉴定事业的发展和进步发挥了积极的促进作用。

中国法医学会设有学会章程、办会宗旨、会员条件和活动议事等内容规划，面向全国的法医鉴定工作者，定期不定期地举办各种类型学术期刊、会议、培训班，针对刑事案件侦查工作的需要，适时地介绍实用快捷的技术工作指导，发挥着组织法医鉴定人继续教育工作的作用。这对于在业务上属于自然科学范畴，而在工作中又处在社会科学范畴中的法医鉴定人来说，解决因技术上主管上级不明确造成的继续教育流失等问题，对于不断地完善和提高法医鉴定人的鉴定质量和水平十分有利。

中国法医学会设有法医鉴定中心,承接全国范围内各类法医疑难案件的检验鉴定工作,在解决案件中专门性问题方面做了大量卓有成效的工作,是法医鉴定工作外包的首选机构。

一般情况下,案件主办机关将人身伤亡案件中涉及的法医鉴定问题中的疑难复杂部分如病理组织学部分,外包给法医学会的鉴定中心。遇有重大疑难的问题也可以将法医鉴定工作全部外包。

在法医鉴定机构按照《关于司法鉴定管理问题的决定》的规定,作为一种法定的鉴定机构形式固定下来以前,公检法司机关办理案件的过程中,许多需要解决的重大疑难的法医鉴定问题,多数选择外包到法医学院校或者科研院所,是一种常见的固定性外包形式。

2005 年以后按照《关于司法鉴定管理问题的决定》的规定,法医鉴定机构依照公安、检察机关、司法行政部门三个系列固定下来以后,相当一部分法医学院校或者科研院所,在原来教学科研鉴定的基础上进一步明确司法鉴定的职能,同时获得了相应的法医鉴定机构资质,接受各级办案机关委托鉴定而成为名副其实的外包鉴定机构。这对于充实、完善和加强法医鉴定工作起到了积极的促进作用,也为法医鉴定的外包工作得以实施奠定了法律上的基础。

医学院校与科研院所在法医鉴定过程中,应逐步完善法医鉴定程序意识。法医鉴定工作的外包,虽然是法医鉴定的技术部分,但是其承载的仍然是案件的侦查、举证工作,其操作流程应符合人身伤亡类案件的诉讼程序,以示对鉴定意见负责公允。

医学院校与科研院所在完成教学与科研工作的同时,承担相应的法医鉴定工作,不仅使法医鉴定的理论研究与技术操作得到了进一步发展,而且可以不断积累法医鉴定的实际案例,形成教学研究与检验鉴定的良性互动,极大地促进了法医鉴定教育工作的发展。

2. 临时性外包机构

临时性外包机构是法医鉴定过程中不常用的一些科研部门或机构，但是遇到少见特殊的专门性问题时，又必须委托这些部门或机构帮助进行鉴定，比如生物检材种属或骨龄鉴定等所涉及的考古研究机构就属于这种情况。

临时接受法医检验鉴定的外包机构，在某些专门性问题的研究和解决上具有领先优势，如组织生物检验、电子显微镜检验等，这些检验机构是法医鉴定工作中的预备队。

3. 损伤医院

损伤医院是指专门接收人体损伤治疗的医疗机构，这类医疗机构可划归到临时性外包鉴定机构或固定性外包鉴定机构的范畴。

临时性损伤医院属于距离案发现场较近，临时应急抢救治疗之需的医院。

固定性外包机构类型的损伤医院，是在法医鉴定外包发展早期阶段出现的一个事物。在这个阶段，各地相继出现损伤医院、损伤病房、损伤门诊等若干形式的、专门用于接收人身损伤类案件中损伤情况的诊疗机构。

设立损伤医院的目的，是规范人身损伤类案件中涉及的医疗专业性问题，如病历的书写、损伤情况的描述等，在损伤医院中，人体损伤情况需要按照法医鉴定的侧重点进行描述和书写，使之更靠近法医鉴定专业技术性操作程序，以保证人体损伤情况不因医务人员惯例上的注意而被忽略和更替，造成病历记载上出现变异影响到法医鉴定意见的质量。

因为普通医院的执业宗旨是治病救人，对于涉及人体损伤类问题的描述，与法医鉴定有某些区别，如法医鉴定侧重描述伤口的长度、深度、边缘、创口等，而医疗机构则侧重伤口是否感染、愈合等情况。

损伤医院的建立，可以在第一时间内记录和观察到用于法医鉴定的损伤原始状态，便于规范人身损伤类案件的医疗行为、医疗资料等方面的问题,进而有利于法医鉴定人在检验鉴定中正确加以摘录和采用。

此外,就法医鉴定机构的资质与科研水平而言,不能做到案件中遇到的所有专门性问题都迎刃而解,有些不经常出现的专门性问题或者疑难问题,需要聘请具有相应技术能力的医学院校协助解决,设立损伤医院类的验伤机构既是法医鉴定中检验、固定原始损伤状态的一种外包形式,也是运用医学院校的科技力量,从损伤的初期就介入专门性问题解决的一种实用做法。

外包鉴定具有相对性,所谓固定性的外包单位,是由于其技术能力、鉴定资质、信誉等方面因素而被选择的概率增高。

无论是哪一种外包形式,都存在着资源共享、优势互补的问题,选择外包机构进行鉴定,主要是以案件中出现的专门性问题的类型所决定的,而不应该以人为的意志为转移,否则就会影响鉴定意见形成的公正性。

外包鉴定通常是将案件中需要解决的专门性问题的某一部分外包出去,比如活体损伤中的CT、核磁等检查,尸体检验中的病理阅片等,如果将需要解决的专门性问题全部外包出去,必须做到对鉴定程序的全程掌控,对案件中专门性问题的鉴定管理具有主动权。

二、法医鉴定人

《关于司法鉴定管理问题的决定》规定:"法医鉴定人具备下列条件之一的,可以申请登记从事司法鉴定业务:

(一)具有与所申请从事的司法鉴定业务相关的高级专业技术职称;

(二)具有与所申请从事的司法鉴定业务相关的专业执业资格或者高等院校相关专业本科以上学历,从事相关工作五年以上;

(三)具有与所申请从事的司法鉴定业务相关工作十年以上经历,具有较强的专业技能。

因故意犯罪或者职务过失犯罪受过刑事处罚的,受过开除公职处分的,以及被撤销鉴定人登记的人员,不得从事司法鉴定业务。"

法医鉴定人是法医鉴定工作的主体,在法医鉴定过程中发挥着主导和关键性的作用,由于法医鉴定人的参加,人身伤亡类案件中专门性问题才能够得以解决,才逐渐形成了法医鉴定这项专业性工作。

狭义上的法医鉴定人是指参加法医鉴定工作的主体人员,具有医学教育和法医学教育背景资历的,具有一定法医鉴定资质和技能并获得法医鉴定授权的,在相关鉴定机构从事专门鉴定工作的法医专业技术人员。

但是,司法实践证明,任何一件人身伤亡类案件中专门性问题的法医鉴定,都是由一系列的检验鉴定环节组成的,都是由办案人员、法医专业技术人员以及其他技术辅助人员组成的,这些人员都需要参加或者参与到法医鉴定工作中来,在具体案件诉讼的法律关系上,对于法医鉴定意见都负有一定的权利、责任和义务,因此都应该属于广义上的法医鉴定人。

首先,确定人身伤亡类案件中是否有需要解决的专门性问题的这项工作,是由办案人员来完成的,办案人员认为有问题的就提起法医鉴定程序,认为没有问题或者问题已经解决就不需要提起法医鉴定程序,因此办案人员应该是法医鉴定的决定人员。

在法医鉴定的过程中,有一些检验鉴定实体上的内容,需要实时地通过视听手段予以固定,并形成相应的视听资料,这项工作由专门从事视听工作的技术人员来完成,他们参与法医鉴定的主要检验过程甚至是全程,也属于法医鉴定人员范畴或者称鉴定技术辅助人员。

在法医鉴定的过程中,遇有法医鉴定人不能够解决的某些专门性的问题时,需要聘请具有相应专业知识的人员参与检验鉴定,这些具有专门知识的人员以专家、顾问身份参与到法医鉴定中来,应属于专家鉴定人。

由此可见,法医鉴定人包括法医鉴定的决定人员、专职或兼职法医鉴定人、法医专家鉴定人和法医鉴定辅助人员等。

(一)法医鉴定决定人员

法医鉴定工作是伴随着刑法、刑事诉讼法的发展而发展的,刑法中规定致人重伤处以刑罚,如何来确定是否达到重伤的程度,于是法医鉴定人走进了解决人身伤亡类案件中专门性问题的诉讼程序之中。

在人身伤亡类案件诉讼的初期阶段,法医鉴定人是接触不到案件中专门性问题的,这是因为人身伤亡类案件中是否存在需要法医鉴定人解决的问题是一个未知数,只有当办案人员认为案件中存在某些专门性的问题并且需要解决的时候,才会提起法医鉴定的程序,此时才能够将案件中的专门性问题提交给法医鉴定人进行鉴定。

所以,法医鉴定的第一个环节是由法医鉴定的决定人员来决定是否进行法医鉴定,由此得出人身伤亡类案件的办案人员是法医鉴定决定人员的概念。

1. 办案人员

《刑事诉讼法》有关条款规定,为了查清案件中的某些专门性问题,在办案人员的主持下,指派或者聘请具有专门知识的人员进行解决。由此明确了对于案件中的专门性问题是否进行法医鉴定,其决定权利在于办案人员。

2005 年以前,人身伤亡类案件中专门性问题的鉴定均需要办案机关提起,即便是民事案件中的当事人要求进行民事损伤事宜的法医鉴定,也只能通过办案人员委托才能提起,案件的当事人不能亲自委托或者决定法医鉴定,但可以向办案机关提出要求鉴定的申请,经过批准后由办案人员进行委托鉴定,所以办案机关或者办案人员是法医鉴定的决定人员。

2. 委托人

2005 年,《关于司法鉴定管理问题的决定》对司法鉴定格局进行了调整,社会上成立了司法鉴定机构,主要承担着从审判机关分离出来的法医鉴定工作,秉承民事案件中“谁告诉谁举证”的原则,将相当一部分案件中法医鉴定的决定权回归于案件的当事人。

按照司法部《司法鉴定程序通则》的有关规定，社会司法鉴定机构可以接受案件当事人个人的委托，并且需要与委托人签订委托合同后进行鉴定，由此可见，民事案件中当事人可以自主决定是否进行法医鉴定，并选择法医鉴定机构，因此是法医鉴定的决定人员。

在人身伤亡类案件的诉讼过程中，办案人员或当事人（委托人）成为法医鉴定的决定人员，在决定是否提起法医鉴定程序时，在审查人身伤亡类案件中的相关证据过程中，选择哪些问题作为专门性问题进行鉴定，是需要具有一定的专门性知识的。如在颅脑损伤类案件中，颅脑损伤是否构成重伤需要进行法医鉴定后加以确认，这已经成为一种常识，但是如果案件中已经有了一个重伤的鉴定意见，办案人员或当事人可能运用已有的鉴定意见将案件诉讼下去，也可能针对已有的鉴定意见，通过审查提出重新进行鉴定或者补充鉴定的申请，然后再决定专门性问题是否已经解决，案件是否诉讼下去。

这样的过程看上去很简单，但其中却存在着一定的变数，而这种变数来源于办案人员或当事人所具备的法医鉴定知识的储备情况，来源于对案件中某些专门性问题审查的严谨程度，如对已有的鉴定意见的认识、重新或者补充鉴定的条件问题等，其中包括具体鉴定人资质、鉴定经费、被鉴定人配合与否等因素。

司法实践证明，虽然案件中专门性问题存在于案件的事实之中，这种存在是以不同的状态和形式存在的，或者显性的隐性的，或者单独的复合的，或者部分的全部的，均不尽一致。

办案人员或当事人对于法医鉴定方面的知识有限，不能够苛求非法医专业的办案人员或当事人精通法医鉴定技术，所以对于案件中专门性问题的确定，以及由此引申的是否决定提起鉴定等问题，经常表现为不确定性，有些案件中专门性问题反反复复地进行鉴定，造成重复鉴定、多头鉴定，而有些案件中专门性问题始终得不到有效的解决，对需要鉴定问题的认识仅仅停留在表面上或者单一效果上。

法医鉴定的决定权属于办案人员或当事人，是案件的侦查、审查、审判活动的诉讼程序和需要所决定的，问题是办案人员或当事人在处理案件的专门性问题是否需要鉴定的决定中，应注意在案件的诉讼程序与法医鉴定的程序统筹兼顾问题上，特别需要吸收法医专业人员参与，以便能够正确地决定采取解决专门性问题的方式方法。

法医鉴定决定人员在对案件中相关证据的审查程序过程中，应该引入对案件中专门性问题审查机制，通过法医鉴定人审查程序对案件中的专门性问题进行过滤，以避免造成某些纰漏。例如，一件审查司法精神病鉴定意见的案例，办案人员认为原鉴定机构没有经过检验检查程序就形成了鉴定意见，准备对原鉴定意见提起重新鉴定程序，通过引入法医鉴定人协助审查机制，发现被鉴定人在接触原鉴定机构的鉴定人开始之际，就已经处于被检查的状态之中了，只是这种专业上的检验检查呈潜移默化形式，外行人不易察觉而已。

法医鉴定人参与审查机制需要提倡和推进，办案人员或当事人在筛查案件中有关专门性问题的过程中，为法医鉴定人提供一个协助审查案件证据的环节和接口，通过专业性的分析和解释，充分地了解相关的法医鉴定知识，同时增加办案人员或当事人在鉴定决定权上的把握程度，减少对人身伤亡类案件中专门性问题审查的偏颇或遗漏。

（二）专职法医鉴定人

1. 专职法医鉴定人的条件

法医鉴定人是构成法医鉴定工作的支撑点，法医鉴定人对案件中专门性问题的鉴定具有主导权，是生成法医鉴定意见的主要完成者，所形成的鉴定意见文书是人身伤亡类案件诉讼中重要的法定证据之一。

在法医鉴定程序中，没有法医鉴定人的参加就构不成法医鉴定的完整流程，法医鉴定人是法医鉴定程序的承载者，为此，在法医鉴定机构中，均设有具有法医鉴定资质和资格的专职法医鉴定人。

改革开放以前，专职法医鉴定人分别由部队复员转业、院校毕业分配、定向选调等途径进入司法机关，虽然在某种程度上存在着法医鉴定技术上的参差之处，但在计划经济时期，却是司法机关开展法医鉴定工作的主力军，在人身伤亡类案件的侦查、起诉和审理活动中，对于保障和提高案件的诉讼质量发挥了极其重要的作用。

此期间的专职法医鉴定人即是通常称谓的法医，主要集中在公安机关设置的法医鉴定机构中，负责在人身伤亡类案件的侦查中，运用相关的法医学理论和鉴定技术进行现场勘查检验以及收集、提取有关的人身伤亡类法医鉴定证据，并制作法医鉴定结论文书，供侦查机关使用。

改革开放初期，检察机关和审判机关随着案件诉讼工作的需要，根据自身职能设置法医鉴定机构，选调或者招录专职法医鉴定人，专门从事审查进入本机关诉讼环节的法医鉴定证据，同时开展对人身伤亡类案件中专门性问题的检验鉴定工作。

随着法治建设的完善和科学技术的发展，司法机关对于法医鉴定人的选调和招录模式也发生了变化，从医疗卫生系统选调和医学院校中招录医学生成为主要途径。

改革开放以后，大部分医学院校在医学教育中，开设必修类法医学专业课程，对医学生进行法医学专业教育，部分医学院校还成立法医教研室或者设立法医学系，成批次地培养法医学各个层级的专业人员，毕业后充实到司法机关或者社会法医鉴定机构，经过鉴定管理机关的授权成为专职法医鉴定人。

鉴于法医鉴定人在法医鉴定过程中的重要作用，法医鉴定人首先需要懂法，懂得法医鉴定之法，法医鉴定之法既有医学、法医学的检验检查方法，又有法医鉴定过程中的法律法规之法，二者不可偏废，所以法医鉴定人不仅需要具备专业上的资历、学历，而且需要具备法律方面的资历、学历，才能够胜任法医鉴定工作。

2. 专职法医鉴定人的职能

司法机关中的专职法医鉴定人，隶属于行政管理序列，有关行政职级、工资档案、职务升迁等归人事干部部门管理，所以具有行政职能。技术上隶属关系按照公务员法的分类管理规定，具有技术型干部的属性，但同时不评定技术职称，所以在其专业技术职能上没有明确的主管上级。

司法机关中专职法医鉴定人因职能的缘故均具有双重身份，在机关内属于公务员序列，具有相应的警官、检察官、法官的法律职称，在专业技术工作上又属于技术序列，具有相应的法医系列的技术职称。

在解决案件中专门性问题范畴内，专职法医人员需要履行案件诉讼和法医鉴定职责，具有执法人员所属的相应色彩。在解决专门性问题的过程中，专职法医鉴定人则属于专业技术人员，具有相应的技术色彩。

这种双重职能、双重身份同时存在，角色互换时容易造成混淆，体现在法医鉴定过程中的角色转换，是案件的执法者还是鉴定的操作者，有时很难分清楚。

司法实践证明这种角色混淆的状况，是既当裁判员又当运动员的现实窘境，有悖于诉讼法中程序与实体对立统一的关系，在法医鉴定的具体操作程序中缺乏制约和监督，因此存在着职能边界不清、影响公正之虞。

按照全国人大常委会《关于司法鉴定管理问题的决定》的规定，法医鉴定中每一个专业门类需要配备三名以上专职法医鉴定人。所以一份法医鉴定意见文书，一般由两名以上专职法医鉴定人共同参与完成。分别负责鉴定文书的统筹布局与综合归纳、补充、复核等工作，最终形成完整的法医鉴定意见文书。

专职法医鉴定人在解决案件中专门性问题过程中，是以“专对专”的方式进行,即运用专门性知识解决专门性问题,专职法医鉴定人运用所具备的专业知识技术,在其掌握的知识技术领域,自主地解决案件中的专门性问题,非专业人员对于其鉴定意见形成的内涵了解是有限的。

专职法医鉴定人遇到疑难或者不能胜任的鉴定问题时,寻求解决的途径存在着无序性、随机性,如聘请和如何聘请外包鉴定的问题等。诚然,这与案件中是否存在专门性问题是相关联的,但是法医鉴定专业管理上的无明确主管上级也是形成这一问题的原因之一。

依据全国人大常委会《关于司法鉴定管理问题的决定》成立的社会法医鉴定机构,管理上隶属于司法行政部门,但是这种管理也只是行政审批类型的管理,诸如专职鉴定人职能资质、资格备案,鉴定范围管理等,至于法医鉴定技术、鉴定质量上的管理则比较市场化,技术高、质量好就有市场,在专职鉴定人职业操守、鉴定程序管理上则倾向于自主自治的趋势。

鉴于上述情况,专职法医鉴定人的理性自律和程序性意识的具备,对于公正地进行法医鉴定是非常必要的。对法医鉴定的操作流程和鉴定人资质、信誉档案的建立,改变双重职能身份、专业归口管理等,都是法医鉴定程序上需要研究和解决的课题。

(三)兼职法医鉴定人

1. 兼职法医鉴定人的由来

司法实践证明,人身伤亡类案件中出现何种类型的专门性问题,是不依办案人员、委托人员和法医鉴定人的意志为转移的。

对于司法机关的专职法医鉴定人来说,由于具体的专业、学识等因素,案件中某些专门性问题的解决往往超出其自身所具有的鉴定能力范围。针对这种情况,为了解决案件中的专门性问题,需要聘请具有相应专门性知识的人员帮助鉴定,于是法医鉴定人的行列中出现了聘请式的法医鉴定人即兼职法医鉴定人。

被聘请的具有相应专门性知识的人员，分布在社会上哪些行业部门中，完全由案件中专门性问题的种类和性质所决定，也就是说案件中专门性问题涉及哪方面，就需要聘请相关专业技术人员参加鉴定工作，案件中专门性问题的广泛性，决定了聘请兼职鉴定人的分散性。

兼职法医鉴定人的分散性，带来了兼职法医鉴定人操作检验的不确定性。表现为兼职法医鉴定人进行鉴定的时候，是在司法机关内还是在兼职法医鉴定人的单位，在向其移交鉴定材料时，是鉴定案件的全部卷宗材料，还是仅仅涉及人身伤亡情况的材料等，实践证明这些都是视具体鉴定情况而决定的，目前尚没有统一的规定。

因此，兼职法医鉴定人在参加鉴定的过程中，需要了解与法医鉴定相关的法律程序和规则，比如聘请关系的确立、鉴定证据的举证责任等，尤其是要了解掌握法医鉴定程序、标准以及法医鉴定过程中权利与义务的实现等。

由于兼职法医鉴定人其本职工作不是法医鉴定工作，只是其所具有的专业知识涉及案件中的专门性问题，被临时聘请参与鉴定而已。因此在进行鉴定的过程中易出现临时性意识、忽视程序及权利、义务等问题，所以兼职法医鉴定人属于鉴定机构完成鉴定的权宜之计。

2. 兼职的方式

兼职法医鉴定人聘请方式有两种：临时性聘请方式和相对固定性聘请方式。

临时性聘请即一案一聘请的情况比较多见，因为案件中专门性问题复杂多样的缘故。相对固定的聘请方式，是针对某些专门性问题出现的概率较高，被聘请鉴定人资质等条件比较适合鉴定，而采取聘请关系持续一段时间的方式。

采取一案一聘请的临时方式参与鉴定的兼职法医鉴定人，在案件中专门性问题鉴定结束后，聘请关系即宣告终止，聘请关系发生在专门性问题的鉴定期间，此种聘请方式灵活便捷，是司法机关经常采用的一种聘请模式。

相对固定性的聘请关系，是选择那些鉴定资质与专职鉴定人接近的、适合做某一专业类型的技术人员，例如，死亡案件中的病理组织学鉴定，通过发放聘请书的形式把聘请关系相对固定下来，当案件中出现与其专业相吻合的专门性问题时，不需要临时寻找即聘请固定式的兼职法医鉴定人参加鉴定，在案件中的专门性问题鉴定结束期间，聘请关系仍然存续。

相对固定的兼职法医鉴定人，还需要参加司法机关鉴定部门的有关培训活动，以增强鉴定的程序性素质。

兼职法医鉴定人从事法医鉴定活动时，一般是通过专职法医聘请或者办案人员直接聘请的途径，接受司法机关的委托以后开始从事鉴定活动的。具体操作程序是，专职法医或者办案人员通过案件主办部门，向选定的具有专门知识的鉴定人，发出聘请参加法医鉴定工作的委托书，具有专门知识的人员在接受委托以后，一般应该向所在单位或者部门报告，此时相应的鉴定权利和义务在委托和接受委托中生成，聘请关系随即成立，于是具有专门性知识的人员转变为兼职法医鉴定人，参加解决案件中某些专门性问题的鉴定活动。

（四）法医鉴定辅助人员

1. 法医鉴定辅助人员类型

顾名思义，法医鉴定辅助人员就是在法医鉴定过程中，辅助法医鉴定人进行检验鉴定的人员，包括法医助理、照录像人员、现场记录人员、文案人员等。

这些人员虽然不直接参加法医鉴定意见的形成过程，但是在法医检验的过程中，某些资料、数据的采录、取得，往往出自他们的技术操作，并且构成法医鉴定意见形成的重要因素。

在法医鉴定辅助人员之中，有一类专家型的辅助人员，属于资深的医学、法医学方面人才，以专家库成员的形式为法医鉴定机构所聘用，作为一种应急的储备力量，在遇有某些疑难复杂的鉴定问题时，启用这类人员辅助鉴定，此类人员与临时聘请的兼职鉴定人相似又不尽相同，这类专家库形式的辅助人员，不参加出具具体的鉴定意见文书，只是针对性指导而已。

2. 法医鉴定辅助人员培训

法医鉴定辅助人员虽然不具有法医鉴定的资质、资格，但是，在法医鉴定过程中，因为其操作行为不同程度地反映到具体的检验鉴定中来，所以潜移默化地影响着法医鉴定程序性或者实体性的内容形成。如法医鉴定过程中提取的检材，由法医鉴定辅助人员负责固定，如果固定液配制的浓度、剂量等具体操作技术不标准，将影响下一个环节对检材的检验鉴定质量。再如法医病理标本取材的位置、病变部位范围的划定等操作出现偏差，那么再好的仪器设备、再精湛的检验技术都派不上用场。

由此可见，法医鉴定辅助人员操作的到位与否、影像资料采集的清晰程度等辅助过程，需要通过视听手段予以实时的记录和固定，以便在复核鉴定或者责任溯及时备查。

法医鉴定辅助人员在法医鉴定的过程中，参与或独立完成检材、样本提取，资料、图片分类存档等具体辅助操作性工作，是把鉴定程序和实体结合在一起的桥梁和纽带，因此对其进行有关法医鉴定程序和技术知识的培训十分必要。训练有素的法医鉴定辅助人员，在法医鉴定工作中可以保障鉴定决定人员、专职法医鉴定人的鉴定意图得到有效的贯彻和实现，进而达到规范检验鉴定的目的，所起到的辅助作用不可小视。

目前法医鉴定辅助人员的队伍建设，虽然尚处在起步阶段，但已非常普遍，相当部分的法医鉴定机构都设有此类岗位，因此重使用轻程序性教育的现象也十分普遍，法医鉴定辅助人员的资质认定标准也参差不一，不同程度地影响法医鉴定辅助人员工作的标准性。

医学院校中法医鉴定机构的鉴定辅助人员学历及资质层次较高，多是具有专科以上学历的医学或法医技术人员，在实际工作中承担着相当规模的技术与实验工作。

工作在法医鉴定一线的法医鉴定辅助人员比如法医解剖基地的辅助人员，来源更多元化，有在法医鉴定辅助工作中积累丰富经验的技术人员，有医学院校毕业的医学生，还有招录的城乡务工人员，因此，技术基础和水平导致辅助鉴定的能力良莠不齐。

重视对法医鉴定辅助人员鉴定程序和技术能力的培训，使其辅助能力水平达到应有的程度，是保证法医辅助鉴定工作健康有序发展的必要措施。

(五)法医鉴定专家库人员

为了提高和保证法医鉴定的质量，建立医学及法医学方面鉴定专家队伍，按照专业门类将其储备在法医鉴定技术的专家库内，以便遇到重大疑难的专门性问题时应急使用，是促进法医鉴定及教育和实践培训工作发展的通行做法。

法医鉴定专家队伍按不同的标准可以分为本系统和跨行业的、现职和退休的、理论前沿和鉴定一线的、资深和基础的专家队伍等系统内的专家队伍熟悉案件鉴定的具体情况，可以轻车熟路地参加到解决案件的专门性问题中来。资深的和从事法医学基础理论研究的专家，可以从更深层面上考虑案件中专门性问题的形成原因和机制，总之，不同专业的法医鉴定专家，按照门类组成鉴定专家库，是法医鉴定工作的必备预备队和应急力量，是法医鉴定工作“传帮带”重要的基础性人力资源，无论是医务人员还是专兼职法医鉴定人，其法医鉴定实践经验的积累是专家库的宝贵财富，在丰富、完善和发展法医鉴定程序和技术等方面均具有基础性的作用。

建立法医鉴定专家库，充分发挥专家型鉴定人的作用，是法医鉴定工作的长久之计。

（六）法医鉴定人资质

1. 政治资质

政治资质是指法医鉴定人自觉维护法律尊严的行为修养和宗旨意识。法医鉴定人在政治上要立场坚定，拥护党的方针政策，严格遵守法律法规，严格依法办事。要有大局观念，规范地履行自己的职责，遵守司法机关的办案纪律，遵守法医鉴定中的有关程序、规章和制度，在鉴定工作中自觉维护公平正义的原则，恪守法医鉴定的客观科学性。

政治资质是法医鉴定人应有的综合素质修养，尤其是工作在司法机关的法医鉴定人，在法医鉴定的过程中，能够接触到被鉴定人及其家属、代理律师及有关的诉讼参与人员，各种诉求都会集中反映到所要鉴定的问题上，法医鉴定人必须表现出应有的政治素质，以鉴定标准为基础，以鉴定程序为框架，保持鉴定的中立立场，不能偏袒任何一方。

良好的政治资质，要求鉴定人做到热情地接待与鉴定有关的诉讼参与人员，注重密切联系实际的工作作风，在进行法医鉴定的过程中，以人为本，悉心倾听被鉴定人的各种诉求，耐心地对其讲解可以与之交流的鉴定知识，平等地与其进行沟通，自觉地在鉴定过程中维护政法机关和鉴定机构的形象和声誉。

2. 信誉资质

信誉资质是指法医鉴定人内在的价值观念，是一种自我约束的职业伦理修养，是在自觉的基础上形成的自我约束的品德素质。作为法医鉴定人必须具备良好的信誉资质，必须正直忠诚，诚实守信，有良好的职业道德观念和信誉基础。把有关诉讼参与人员的利益放在第一位，关心被鉴定人的疾苦。在法医鉴定工作中自觉抵制各种介入因素和不良作风，始终坚守职业的道德及责任底线，自觉维护法律赋予的鉴定中的公平正义。

信誉与道德密切相连，有道德守信誉应该是法医鉴定人的基本信誉资质表现,守信誉讲诚意,对于责任敢于担当,不推诿不搪塞,认真负责地解决案件中专门性问题,是良好信誉资质的构成条件。

良好的信誉资质是在日常工作和生活中个人修养的点滴积累和表现,法医鉴定人在工作中要注意政治理论的学习,并在政治理论的指导下,在生活中注重理性管控自己的行为底线,形成正派的生活作风。自觉抵制各种歪风邪气,具有耐得住寂寞、耐得住清贫、耐得住诱惑的定力,对于所从事的法医鉴定工作的目的和程序价值有足够的认识和理解,自觉服从于职业道德规范和约束,做到内在气质和外在行为表现相一致。

3. 业务资质

业务资质是指法医鉴定人从事本职工作的技术水平及相应的资质,是一种职业的硬性需求和实力,法医鉴定人必须具备良好的业务素质,才能够胜任鉴定工作。业务资质的形成,需要法医鉴定人具备一定的教育背景、大量的实践锤炼、相关技术能力的积累,以及各种必要的考核、培训和确认,同时还需要具备相应的程序管控能力。

业务资质是一种综合能力的体现,其考核指标主要是驾驭法医鉴定工作的业务能力,比如实施鉴定过程中的临场处突能力,解答法医鉴定相关问题的能力,回应有关诉讼参与人质证的预判能力,出庭作证的举证能力等。

娴熟的业务资质可以避免因为委托人对法医鉴定意见的不当理解,而引起缠诉和久拖不决的争议、上访等事情的发生。

法医鉴定的文字工作也是衡量业务资质的指标之一,法医鉴定人在进行检验鉴定以后,需要形成具有一定分析论证性质的、逻辑性严谨的鉴定意见文书。业务资质中文字能力的强弱,在一定程度上反映出鉴定意见行文的质量问题,充分说理的分析论证,可以使鉴定意见的观点论据符合逻辑推导的系统链条,令人信服的证据之间的依附关系,更是法医鉴定意见中文字组织形式的不懈追求。

所以法医鉴定人的业务资质不仅是单一业务能力问题,更是考量法医鉴定人综合素质不可或缺的内容。

第四节　法医鉴定目的及种类

一、法医鉴定的目的

法医鉴定的目的是指在人身伤亡类案件中法医鉴定人运用专门性的理论知识和技术，按照一定的程序、标准，在进行具体的验伤或者检验解剖尸体以后，完成解决案件中专门性问题并出具法医鉴定意见文书的任务。

（一）检验损伤形态

法医鉴定人检验损伤的形态时，首先进行物理学上的检验，针对损伤情况重点查验其形态特征，描述和记录能够反映损伤面貌的各种征象，这一步骤中是在检验之中查验，而非在检验之中鉴定，所以一定要秉承检验的原意，切忌把检验变成鉴定，在检验中进行定性和下结论，避免在检验过程中形成某种管状意识的视觉注意，避免出现先入为主的思维定式，在检验过程中已经确定了某种诊断性的结果，这应该成为法医检验的一种基本操作理念。比如电击伤的检验，应该描述皮肤变色与否、变色区域皮下组织是否隆起等征象，然后在形成鉴定意见书时才能得出符合电击所致电流斑的鉴定意见。

多数情况下，法医鉴定人在参与解决案件中专门性问题时，由于案件诉讼环节中的案情介绍等缘故，在着手解决问题的初期，就可能对人身伤亡类问题的某些认识、观点或者意识已经形成，尤其是法医鉴定人自身的经验和阅历，会自觉不自觉地把已有的定势化思维或理念，与检验的损伤情况进行对号入座或者嫁接，形成某些在检验之前认为的或者框架性的意见。

法医鉴定人在检验中要清醒地认识到，法医检验之所以称为检验，就是需要仔细的查看、仔细的校验，即便已经发现可以认定的检验结果时，也不要马上下结论性的意见，而是把如何检验的过程记录下来，把检验到的损伤形态描述下来，如检验到一种锐器损伤，描述和记录其形态为皮肤裂创，创角锐，创缘整齐，创面平整，创腔没有组织间桥等特征即可，而在检验中不需要将其记录为锐器伤，认定这种损伤是否为锐器伤，是在鉴定意见书中的分析说明和鉴定意见部分才能完成的工作。

因为法医检验的过程是检验而非鉴定，况且某些检验过程中出现的状态并非一种损伤所特有，如扼颈致死的案例中有出现出血点现象，而此现象非扼颈死亡方式所特有，许多急死案例的检验都可能出现这种现象。

正是因为法医检验中强调检验过程的含义，所以要避免在检验过程中出现验中有鉴的问题，造成先入为主或者套用已有的经验，对检验的损伤情况进行对号入座式的标记，如此这般就将失去法医检验的真实意义，例如，在病理检验中检验到了肺水肿的现象，就直接记录为肺水肿，而没有依次描述肺泡壁血管扩张充血、肺泡腔膨满胀大空亮，其内充填淡粉色均质无结构的物质的过程，就是典型的在检验中鉴定的例证。

如果在法医检验的过程中，出现检验中有鉴定性质的记载，或者有边检验边鉴定之类的弊病，就混淆了先检验形态和后鉴定性质的逻辑顺序关系，法医检验的表现形式是形态特征，法医鉴定的表现形式才是得出结论，如果二者混淆，所带来的问题是，要么有先入为主之嫌，要么有对号入座之嫌，无论哪种做法都使鉴定意见的公正性大打折扣。

所以一切鉴定意见、结论都必须在检查检验结束之后作出，这也是认识一般事物发展的客观规律所在。

法医检验的过程中，出现已知的或未知的、认识的或不认识的问题是经常发生的，法医鉴定人必须秉承知之为知之、不知为不知的实事求是态度，详细描述和记录检验所见损伤形态特征，不能用鉴定代替检验，必须做到认真负责，如实检验鉴定，严格尊重法医鉴定程序规则。

(二)预期、推测损伤及死亡情况

法医检验其原本的含义是仔细地进行检查，但并不排斥其中也有预期、推测、验证的意思，也就是说在法医检验中，法医鉴定人有意识主动地去观察、验证被检查的损伤情况是否出现所预期的现象，这种预期是前辈的经验、公认的理论和案例佐证了的现象，出现了的称为阳性所见，没有出现的称为阴性所见，这是法医检验中的实践性衡量标准。

法医鉴定人需要对损伤的部位、数量、形态、毗邻关系、程度等进行逐一的查验，并要形成原始的描述性检验记录，这其中存在着已经验证了法医鉴定人预期的某些现象，但此时也只能进行形态上的描述，不能进行概念上的定性，例如，法医鉴定人从案情中预期、推测损伤可能是棍棒类物体所致，在检验中也发现了棒打中空现象，但是在检验的描述和记录中只能描述为；皮肤损伤的形态为两侧边缘红肿隆起、中间呈条带状苍白的现象。为鉴定意见认定为棍棒类损伤埋下伏笔、留下余地。

在法医检验步骤中，详细描述损伤形态和预期、推测成伤机制二者是紧密联系的，描述形态的前提是为了更好地预期、推测成伤机制，二者在检验的具体过程中互为呼应、互为依存，不可以偏废或者倒置。

法医鉴定人在检验中，要充分考虑到一种损伤可以是多种致伤物所致，一种致伤物可以形成多种损伤的因果关系，运用医学和法医学理论知识、技术，全面、准确地对所检验对象进行有顺序的记录，缺项、漏项或者主观臆断都是应该避免的。例如，一件枪弹贯通双下肢形成四个创口的案例，被鉴定人声称是两枪形成的，法医鉴定人没有受这种意识的影响，经反复检验创口、创道变异状态，最后认定为一枪贯通所致。

在法医检验的具体操作中，尚没有在鉴定操作程序的层面上形成系统的硬性规定和要求，因此某些人身伤亡类案件中出现的一些争议，原因之一往往是在法医检验的过程中，存在着检中有鉴、鉴中有验、预测预期与结论定性相混等不规范的操作因素所造成的，例如，一件腹膜后血肿的案例，法医鉴定人根据案情预测了血肿的问题，在检验过程中也出现了血肿的征象，只是在记录中没有描述血肿隆起、颜色、波动等具体征象，由于所拍照的图片显示不清楚，在复核成伤机制的鉴定讨论过程中，导致鉴定意见的形成上缺乏形态学依据而造成诉讼上的困难。

（三）回答委托要求

法医鉴定的重要目的之一是法医鉴定人运用法医学及相关学科知识、技术将人身伤亡类案件中专门性问题与委托要求联系起来，回答鉴定委托方提出的委托要求。

法医鉴定回答委托要求的过程，总体上可以分为两个大的步骤，即回答委托要求与在鉴定意见中引入鉴定标准或依据。

法医鉴定是紧紧围绕着鉴定的委托要求进行和展开的，委托要求是案件中专门性问题的载体所在，法医鉴定的全部过程只有通过委托要求才能够与案件事实联系起来，所以法医鉴定离开了回答委托要求的终极目的就失去了进行鉴定的意义。

为了完成委托要求，法医鉴定人必须将检验中的阳性与阴性所见，按照一定的逻辑规律、一定的证据链条串联起来，形成一个有机的证据体系，这就是为什么在法医检验中，一定要重视检验损伤形态的关键，有了符合规律的成体系的形态征象，法医鉴定人在鉴定意见形成之前，通过科学理论的分析，把检验到的形态征象，引入鉴定的标准或者依据之中，法医鉴定意见的形成有检验的事实、有鉴定的标准依据，用以回答委托鉴定要求就掷地有声。

目前法医鉴定的程序和操作规则，正随着司法体制的改革和建设，在不断地发展和完善。为了充分地实现法医鉴定的目的价值，法医鉴定过程中的某些做法需要进一步完善和强化，并应以程序或制度的形式固定下来，才能发挥更大的积极效能。

早在出现法医的时代就伴随有法医鉴定工作，只是早期的法医鉴定工作，一直以与检验相混淆的形式处于法医检验之中，隐含在人身伤亡类案件的侦查活动之中，没有形成相对独立的状态而已。

在法医鉴定发展的历史进程中，经历了从自发式向自治式发展，又从自治式向规范性发展的阶段。

自发式发展阶段，法医在进行检验鉴定过程中，如何审查、采用法医鉴定的材料，如何进行检验鉴定等均由法医自行决定，不同的法医针对同一人身伤亡类案件中专门性问题，完全可能作出不同的法医鉴定结果，鉴定结果可以是结论式的也可以是意见式的。就其法医鉴定的委托而言，可以是书面的也可以是口头的，法医鉴定文书可以是手写的也可以是打字的、印刷的，采用的鉴定资料可以附卷也可以不附卷，鉴定文书与否存档等问题，均处于一种杂乱无序的状态。

自治式发展阶段，法医鉴定人在进行检验鉴定过程中，有了明显的规范鉴定的意识。例如，集体研究检验鉴定中的疑难问题，在地缘区域内统一法医鉴定中的某些做法，在委托法医鉴定和发放法医鉴定文书时，需要案件主办机关和鉴定主管机关签批等。

在法医鉴定自治性发展的基础上，出现了纵向的系统内管理，横向的部门间协调关系的规范性发展倾向，法医鉴定的程序性问题被提上议事日程。法医鉴定的委托及回答要求的过程，需要有关诉讼程序的调整和规范，注重规范性、程序性的鉴定模式，已经成为包括法医鉴定人在内的法律界各个方面的共同认识和期待。

二、法医鉴定的种类

(一)法医病理学鉴定

1. 概念

法医病理学是研究并解决与法律有关的人身伤亡类问题发生发展规律的一门学科。

2. 内容

法医病理学主要研究的客体是死亡及各种损伤形态及形成机制,研究死亡的客体包括死亡学说、征象及死后变化、生理反应等,研究损伤的客体包括物理因子(机械、高低温、电击等)及化学因子(化学物、药物、有毒动植物等)引起的损伤等,法医病理学虽然不以研究疾病的发生发展规律为主要目标,但是许多疾病的发生具有重要的法医学意义,比如猝死、伤病关系等均属于法医病理学研究的内容,所以法医病理学是以病理学为基础,在法医检验鉴定的实践中主要侧重研究与法律有关的死亡、损伤等问题。

3. 目的

(1)鉴定死亡原因;

(2)鉴定死亡方式;

(3)鉴定死亡时间;

(4)鉴定个人识别;

(5)鉴定脑死亡;

(6)鉴定损伤时间;

(7)鉴定伤与病的关系;

(8)鉴定和推断致伤物;

(9)鉴定死亡及成伤机制等。

(二)法医临床学鉴定

1. 概念

法医临床学是应用临床医学的理论和技术,研究并解决与法律有关的人体伤残及其机能变化等问题的一门学科,研究的客体是生活的人体即活体。

2. 内容

法医临床学研究的客体是人的活体,包括疾病、伤残、劳动能力、智能和精神状态、年龄、性别、性问题、个人识别、亲子鉴定及其机能变化等。

3. 目的

(1)鉴定损伤程度;

(2)鉴定诈伤或造作伤;

(3)鉴定虐待行为;

(4)鉴定妊娠、分娩、流产、堕胎等;

(5)鉴定性问题;

(6)鉴定劳动能力等;

(7)医疗纠纷的鉴定等。

(三)法医人类学鉴定

1. 概念

法医人类学是应用人类学知识研究并解决与法律有关的医学问题的一门学科。

2. 内容

法医人类学主要研究的客体包括尸体腐败、白骨化或火烧、炸毁、腐蚀、碎尸后的残骸,鉴定身源、解释损伤和死亡原因,确定是否为受害者、受难者、失踪者,为侦察破案提供人类学方面的线索和证据,可分为种属鉴定、性别鉴定、年龄鉴定、身长鉴定和种族鉴定等。

3. 目的

(1)鉴定是否人骨;

(2)鉴定是一人骨还是多人骨;

(3)鉴定性别;

(4)鉴定年龄;

(5)鉴定种族;

(6)鉴定身长;

(7)鉴定有无损伤以及性质、时间等;

(8)鉴定死亡的时间;

(9)鉴定死亡原因;

(10)鉴定骨骼先天畸形或病理改变等。

(四)法医精神病学鉴定

1. 概念

法医精神病学是研究并解决与法律有关的精神疾病和精神卫生问题的一门学科。

2. 内容

法医精神病学研究的客体是当事人或犯罪嫌疑人在进行违法或犯罪行为的前后和过程中,其精神状态以及行为等问题,确定有无行为能力,有无指定监护人的必要,应否负法律责任及应负多少等问题。

当司法机关怀疑当事人、证人、检举人等的精神状态不正常时,有时也需要进行精神状况的鉴定。

3. 目的

(1)鉴定被鉴定人精神状态;

(2)鉴定精神疾病类型及程度;

(3)鉴定在实施违法犯罪行为时的精神状态;

(4)鉴定有无责任能力和行为能力等。

(五)法医物证学鉴定

1. 概念

法医物证学是运用医学的、生物学的、化学的和其他自然科学的理论和技术研究并解决与法律有关的物质证据问题的一门学科。

2. 内容

法医物证学所研究的客体是人体组织器官或分泌物、排泄物,其中最常见的是血液(血痕),其次是精液(或斑)、阴道液(或斑)、唾液(或斑)、毛发、牙齿及骨骼等。

各种致伤物特别是粘有或者疑似血液时也是物证学研究和鉴定的对象。

3. 目的

(1)鉴定是否血液、精液、阴道液或唾液;

(2)鉴定是否是人血;

(3)鉴定血型;

(4)鉴定年龄、性别等。

(六)法医牙科学鉴定

1. 概念

法医牙科学是应用牙科学的理论与技术研究并解决与法律有关的医学问题的一门学科。

2. 内容

法医牙科学研究的客体是牙齿,利用其特征性和稳定性进行同一性对比认定,法医牙科学的个人识别作用仅次于指纹学,牙齿的生理特征、病理特征具有其排他性。

牙釉质是身体最坚固的组织，埋葬许多世纪的古代人，牙齿仍可保留下来。当颜面、指纹等特征因腐败、损伤、火烧或爆炸而不复存在时，牙齿仍保留有鉴定价值的认证部分。

3. 目的

法医牙科学鉴定的任务主要是进行个人识别，其任务是鉴定年龄、性别、种族、种属、地域、职业（或习惯）、血型、修复特征、牙齿损伤及咬痕等。

现代法医牙科学不仅限于把牙齿及其修复特征作为研究对象，而且扩大到更广泛的领域，比如研究对比硬腭嵴、唇纹等进行识别，使法医牙科学又进一步发展成为法医口腔学。

（七）法医毒物分析学鉴定

1. 概念

法医毒物分析学是从事毒物分离和提取的法医毒理学的分支学科，目的是为确定是否中毒或者中毒死亡提供重要的科学证据。

2. 内容

法医毒物分析学研究的客体是从人体内外提取的检材中分离毒物及其代谢产物，采取技术手段通过净化、提纯、分离等过程，筛选用于检验分析的提取物，对分离净化出来的提取物（毒物或者代谢产物）进行定性分析和定量测定鉴定。

从人体内外的检材中分离和净化毒物及其代谢产物是法医毒物分析学中的重要环节，从大量含蛋白质、脂肪类、糖类的生物组织中分离提取微量毒物，研究其来源、种类、化学结构、理化性质、代谢及衍生物等，是一项十分精细、复杂和严谨的工作。

3. 目的

（1）鉴定检材中是否含有毒物；

（2）鉴定是何种毒物（定性）；

(3)鉴定组织和体液中毒物的含量(定量)；

(4)鉴定是否足以引起中毒或中毒死亡。

(八)法医毒理学鉴定

1.概念

法医毒理学又称法医中毒学,是研究因自杀或他杀以及意外灾害引起中毒的一门学科。有时也涉及药物瘾癖和处理毒物违章所造成的公害,以及违反食品卫生法律所造成的食物中毒等。

2.内容

法医毒理学主要研究的客体是鉴定毒物的性质、来源、进入体内的途径,作用机理、中毒症状、在体内的代谢和排泄、中毒量、致死量、中毒时生理病理机能变化等。

3.目的

(1)鉴定是否中毒；

(2)鉴定何种毒物中毒；

(3)鉴定中毒或死亡机制；

(4)鉴定毒物何时、从何途径进入体内；

(5)鉴定中毒的方式或性质；

(6)鉴定毒物引起的生理病理变化。

第五节　法医鉴定意见

一、法医鉴定意见表达形式

法医鉴定意见的表达形式大体有两种情况:一种情况是以呈现检验检

查原貌为特征的鉴定报告形式，即法医鉴定人把检验到的征象以文字记录的方式予以报告，这种表达形式中没有分析讨论的过程，不加入法医鉴定人的意见成分。另一种情况是以鉴定意见的形式将鉴定结果呈现出来，鉴定意见是经过分析论证以后得出的结果，正是因为属于意见的形式，所以根据其中肯定性成分的含量多少，分为肯定性、否定性和不确定性鉴定意见三种。

（一）法医鉴定报告

在法医鉴定的过程中，经常会出现某些阳性所见或者阴性所见的征象，令法医鉴定人不能够解释其形成原因、机制等内在的逻辑关系，而就其所见所闻的原本征象以报告的形式，向委托鉴定方提交一份法医鉴定报告文书。

法医鉴定报告是区别于鉴定意见的文书形式，其传递检验的原本面貌，因此只进行描述或者表述而不作出分析意见，甚至不阐述或者至少不完全解释所报告的原本征象产生原因、发展机制等情况。

所以法医鉴定报告类文书不是论证或者鉴定意义上的文书，委托鉴定方运用这类反映检验检查原始状态的报告文书，可以与案件中其他的证据互相印证串联形成证据链。

（二）法医鉴定意见

2013 年实施的《刑事诉讼法》把法定证据之一的鉴定结论修改为鉴定意见。

这种修改对于法医鉴定结果的实际应用具有重大的意义，尤其是拓宽了法医鉴定程序的展开在诉讼活动中的区域和比重，鉴定结论修改为鉴定意见，意味着法医鉴定意见作为证据使用的过程中，必须拆解其形成的过程、构架、依据等内容，并且经过解析、辩论、质证等环节后才能决定是否作为定案的根据。

法医鉴定意见是把检验检查中所见到的阳性和阴性征象,进行逐一分析研判之后,从中找出与案件事实和委托要求之间相互依存的逻辑联系,在互为前提条件的基础上,通过依附机制的链接与相应的鉴定依据和标准予以串联,形成论证性、综合性鉴定意见。

由此可见,法医鉴定意见中至少包含着检验所见、分析判断、标准依据三种成分,这三种成分中包括了检验检查中所有的主客观内容。法医鉴定人是将其组合成鉴定意见的主导者,由于法医鉴定程序规范的宏观性和法医鉴定技术的专业性缘故,介入法医鉴定意见之中并左右意见形成的各种因素在所难免,区分这种介入因素的主观意识或者技术使然往往是徒劳的,所以将鉴定结论修改为意见既使法医鉴定回归于本源,又使使用者获得对其质疑回旋的空间。

法医鉴定人在形成鉴定意见前,首先通过书面的形式形成分析意见,在此基础上提炼出正式的回应委托要求的鉴定性意见文书,有时需要进行必要的实验室检查,以获取相关的实验室数据,来进一步佐证和完善形成鉴定意见的各种条件。法医鉴定过程一般由两名法医鉴定人参加,在各自形成分析意见的基础上,再集体讨论研究案件中的专门性问题是否得以解决,讨论研究中各自发表意见,阐述观点,互相交换分析情况,互相讨论研究鉴定中的难点、疑点,以及鉴定意见对于案件诉讼可能引发的反应等,最后形成明确的统一的鉴定意见。

如果参加检验检查的法医鉴定人,对鉴定意见的讨论研究达不成一致,则在案件讨论记录上应当注明。如果出现原则性的分歧,需要在鉴定意见书上分别注明并签名盖章,也可以采取送上一级鉴定机构进行复核鉴定的方式加以解决。

法医鉴定意见是法医鉴定工作完成的终结性标志,是法医鉴定的目的所在,法医鉴定意见须以文字的形式载于法医鉴定文书中,不能以口头或者其他文字形式表示和传递。

法医鉴定意见可以分为肯定性、否定性或者不确定性三种形式，肯定性形式多以鉴定结论的形式出现，《刑事诉讼法》将鉴定结论改为鉴定意见，但并不影响在鉴定意见中结论性成分以肯定性的方式存在。

二、法医鉴定意见表达类别

（一）肯定性意见

肯定性法医鉴定意见与以前的鉴定结论相似，是以肯定的表述形式回答委托鉴定要求的，这类鉴定意见一般是检验检查准确、程序清楚、鉴定意见依据的标准成条文式，如依据《人体损伤程度鉴定标准》××条鉴定的轻重伤之类鉴定意见即属于肯定式类别。

当法医鉴定人确认委托鉴定要求的问题已经得到解决，并且对解决过程抱有信心的时候，尽管其形成鉴定意见没有成条文式的依据标准，也常采取肯定性意见的形式加以表达。例如，某案件中被害人死于失血性休克，检验检查尸体时发现重要器官破裂，伤口角锐、边齐等锐器创的特点，即可形成锐器所致损伤的肯定性鉴定意见。

肯定式鉴定意见便于办案人员、委托人及其他诉讼参与人员理解与使用，是法医鉴定意见中常见的、应该提倡的表达类别。

（二）否定性意见

否定性鉴定意见是以否定的形式回答委托鉴定要求，这种否定性的表达实际上也是肯定性鉴定意见的一种。

当法医鉴定人认为委托鉴定的要求不能够解决时，多采取否定性的判断形式形成鉴定意见，例如，鉴定意见表达为某某死亡原因与四肢所受损伤无关，这种表达形式从字面理解为否定性，实际上是一种肯定性的演绎和延伸。

否定性意见另一种表达形式,即法医鉴定人的判断虽然肯定了被检验检查情况的存在,但却使用否定性的表达形式。这种情况在法医鉴定意见书中经常出现,例如,通过普通显微镜检查心脏传导系统时没有发现问题,但在形成鉴定意见时不使用“心脏传导系统正常”之类的肯定性表达方式,反而采取“心脏传导系统未见异常”的否定性表达方式。此种表达方式的初衷是因为法医鉴定人认知视野和认知技术均具有发展性,非肯定式的表达方式的潜意是指未见异常不代表没有异常,只是此方法检查未见异常,所以采取非肯定式表达。采取肯定之否定的思维方式来形成鉴定意见,不是玩文字游戏,而是为法医鉴定意见的质证预留适宜的辩证空间。

(三)不确定性意见

当法医鉴定人通过检验鉴定了解了所委托的鉴定要求可能存在时,或者现有的客观条件不具备确定其所委托鉴定的要求是否存在时,则使用可能性判断,形成不确定性意见。例如,“头部受到这种程度的损伤,受害人可能会发生意识丧失”。实际上鉴定人不确定受害人是否发生意识丧失。

不确定性鉴定意见多采取有条件性的判断思维形式,即当法医鉴定人确信所要鉴定的问题需要遵循一定的条件才能发生,而这一条件当时又未被遵循时,则采取条件性判断形式,形成不确定性鉴定意见。例如,“若受害人得到及时的救治,则其是可能获得生存的”。而事实上受害人的生命没有得到及时救治,其生命也没有获得生存。

不确定性意见属于推导性鉴定意见,鉴定意见的语气经常表达为不肯定或不否定的状态,例如使用不排除、不确定之类的词句等。并且在法医鉴定意见的末尾,多注有“请结合案情使用鉴定意见”的字样,在鉴定意见的举证、质证过程中,需要有其他证据的支持才能形成证据链条。

正因为如此,不确定性法医鉴定意见也为人身伤亡类案件的诉讼提出了某些方向性思路,例如,“若受害人得到及时的救治,则其可能获得生存的"鉴定意见中,提出了为什么没有得到及时的救治,其生命为什么没有获得生存的疑问,而这个疑问就是案件诉讼需要追究的方向性问题。

再如一位老者服用中草药三日后出现昏迷并入院治疗,十余天不治身亡,法医鉴定人通过病理学检验后出具了死于心力衰竭的鉴定意见,所服用的中草药因为技术手段问题不能确定其毒性作用,遂写成不构成直接死亡原因。事后死者家属反复上访告状,问及是否检验确定了中草药对死者机体的致病作用,鉴定人无语。如果采取不能确定所服中草药是否构成致死原因的表达方式,则可以避免由此鉴定意见引发的上访告状之诉。

(四)复合性意见

复合性鉴定意见是指鉴定意见的形成是由两部分意见合并形成的,许多在外包检验鉴定的基础上形成的鉴定意见,就属于复合性的鉴定意见。

因为外包单位所进行的检验检查结果,不是严格意义上的法医鉴定意见,只是法医鉴定意见的半成品,外包鉴定机构只是将检验检查的报告结果,送交给委托其检验鉴定的办案机关或者法医鉴定机构,然后再由法医鉴定机构的专职法医鉴定人引用其报告结果,形成完整的法医鉴定意见。

例如,法医鉴定中的病理组织学报告,多半是由办案机关或者鉴定机构外包到医学院校的病理教研室负责检验检查之后,形成病理组织学报告提供给专职法医鉴定人,再由法医鉴定人在制作法医鉴定意见书时加以引用,这种类型的法医病理鉴定意见就属于复合性意见。

复合性的鉴定意见形成的另一种情况是,办案人员或者委托人向法医鉴定机构提供被鉴定人临床住院病历及诊断资料,再形成法医鉴定意见由法医鉴定人加以引用。

对于这类医疗上的资料,在引用时需要注意筛选和过滤,因为治疗上的因素而对原始损伤的影响问题,既不能因为治疗的缘故致使损伤情况好转而减轻鉴定的等级程度,也不能因为治疗的缘故致使损伤情况恶化而加重鉴定的等级程度，需要按照损伤发生、发展及其转归的规律加以认定，并将其原貌引入鉴定意见之中。

法医鉴定意见的肯定性与否定性的形式，在司法实践中应用方便，能够提高案件的诉讼时效并且很少引发歧义，所以，法医鉴定人应尽可能地创造条件使法医鉴定意见采取肯定性、确信性判断形式出现，减少不确定性的法医鉴定意见形式，以增加法医鉴定意见在司法实践中的应用价值。

第二章　法医鉴定程序

第一节　法医鉴定程序渊源

法医鉴定程序是法医鉴定人在法医鉴定过程中应当遵循的秩序和流程，是法医鉴定规定性的动作，与法医鉴定的质量密切相关，在不同的历史时期中、不同的法律背景下，其内容及其表现的形态、方式亦有不同。

在法治建设日益发展完善的今天，法医鉴定的程序更加受到重视，对于保障人身伤亡类案件中专门性问题的公正解决，保障法医鉴定目的价值的实现，发挥着至关重要的作用。

追溯法医鉴定程序的渊源，深入了解法医鉴定程序发展的脉络，是研究、规范、丰富和发展法医鉴定程序的基础，是程序价值在法医鉴定意见质量中升华的必经之路。

一、法律法规规定的鉴定程序

（一）全国人大常委会《关于司法鉴定管理问题的决定》中的鉴定程序

《关于司法鉴定管理问题的决定》是司法鉴定程序的基础性法律法规，自 2005 年 10 月 1 日实施之日起，从根本性上对司法鉴定的程序进行了调整和规范，作为改革开放以来司法鉴定改革原动力，其从立法的层面上高屋建瓴地规划了我们国家司法鉴定的蓝图，也为法医鉴定从程序的高度上确定了发展方向。

1. 鉴定机构设置

《关于司法鉴定管理问题的决定》首先从鉴定的基本格局上确定了公安机关、检察机关内部鉴定机构的性质，解决了审判机关自审自检的弊端，开创了社会司法鉴定机构的新模式，从而使全国的司法鉴定工作有了法律程序性的遵循。

该决定构建了公安机关、检察机关和社会司法鉴定机构三大服务于人身伤亡类案件诉讼活动的鉴定体系，明确了公安机关、检察机关内设的鉴定机构只服务于本系统案件侦查工作，司法行政部门注册的司法鉴定机构可以受理社会上委托鉴定，从司法鉴定格局的规划上，规范并厘清了司法鉴定工作的开展，进而奠定了司法鉴定管理上的程序性构架。

2. 鉴定程序构架

《关于司法鉴定管理问题的决定》在司法鉴定的概念、登记管理部门、鉴定机构、鉴定人准入条件、鉴定业务范围以及鉴定机构、鉴定人权利、义务和责任等方面，都作出了明确的程序性规定。

《关于司法鉴定管理问题的决定》以法律的刚性要求对法医鉴定的程序做出了规范，使法医鉴定按照程序性的轨迹运行，遵循鉴定机构依法律设立、鉴定人依规则鉴定、鉴定事项依程序提起等规定开展工作，使人身伤亡类案件中专门性问题的科学公正解决有了程序性的保障。

（二）《刑事诉讼法》中的鉴定程序

全国人民代表大会2012年3月1日修改颁布，2013年1月1日开始实施的《刑事诉讼法》，对有关鉴定的程序进行了调整和修改，使鉴定工作在与诉讼程序的结合时更具有可操作性。

1. 技术性证据的调整

《刑事诉讼法》在证据条款中，除增加视听资料、电子数据为第八种证据，细化了勘验、检查、辨认和侦查实验等笔录为一大类证据外，还将鉴定结论修改为鉴定意见，这是对包括法医鉴定结论在内的司法鉴定结论的重大调整，使法医鉴定的过程及意见在诉讼程序中，尤其是在具体证据的质证环节必须加以展开，以接受有关各方的辩议、疑惑、质证。

鉴定结论与鉴定意见不仅是字面上的变化，更是在诉讼程序上为保证鉴定意见的公正性预留了巨大空间，《刑事诉讼法》第 48 条规定，可以用于证明案件事实的材料都是证据，但是证据必须经过查证属实，才能作为定案的根据。该条款进一步明示了把鉴定结论修改为鉴定意见，使其能够在证据的查证、质证方面，将鉴定意见形成的过程，在法庭上进行展示成为现实和必经程序，这是鉴定意见在证据学意义上公开、公平、公正的表现。

鉴定结论与鉴定意见相比较，在字面上的含义是十分清楚的，但是作为通过一定的鉴定程序和实体操作之后，形成的法医鉴定结果，其本质的内涵差别是有限的。

因为法医鉴定需要经过程序上提起和实体上检验，在这个过程中委托鉴定的机关、实施鉴定的机构、鉴定人等，从鉴定资质、素质方面进行考虑，形成所谓鉴定结论的条件都是缺乏刚性的，定性为鉴定意见更切合实际，也更加科学和客观，在诉讼程序中亦便于接受各方的质证。

2. 鉴定的监督程序

《刑事诉讼法》第 126 条　侦查人员对于与犯罪有关的场所、物品、人身、尸体应当进行勘验或者检查。在必要的时候，可以指派或者聘请具有专门知识的人，在侦查人员的主持下进行勘验、检查。

第 128 条　侦查人员执行勘验、检查，必须持有人民检察院或者公安机关的证明文件。

第 129 条　对于死亡原因不明的尸体，公安机关有权决定解剖，并且通知死者家属到场。

第130条　为了确定被害人、犯罪嫌疑人的某些特征、伤害情况或者生理状态，可以对人身进行检查，可以提取指纹信息，采集血液、尿液等生物样本。

犯罪嫌疑人如果拒绝检查，侦查人员认为必要的时候，可以强制检查。

检查妇女的身体，应当由女工作人员或者医师进行。

第131条　勘验、检查的情况应当写成笔录，由参加勘验、检查的人和见证人签名或者盖章。

第132条　人民检察院审查案件的时候，对公安机关的勘验、检查，认为需要复验、复查时，可以要求公安机关复验、复查，并且可以派检察人员参加。

第133条　为了查明案情，在必要的时候，经公安机关负责人批准，可以进行侦查实验。

侦查实验的情况应当写成笔录，由参加实验的人签名或者盖章

侦查实验，禁止一切足以造成危险、侮辱人格或者有伤风化的行为。

上述这些规定，明确了进行勘验或者检查与犯罪有关的场所、物品、人身、尸体时，包括法医鉴定人在内的有关鉴定人，应当遵循的程序，从勘验、检查的时机、方式、人员（包括批准人员、主持人员、见证人员等）到勘验、检查过程中出示有关证件、制作有关文书以及备忘、注明等都有所规范，这些规范中具有明显的监督和接受监督成分，法医鉴定人严格遵守可以规范鉴定程序、端正鉴定行为。

《刑事诉讼法》对涉及勘验、检查检验、实验等技术鉴定类操作程序的调整与规范，力求以程序的公正保证实体的公正，以程序的框架稳定实体内容的外延，尤其是诸如法医鉴定类等自然科学知识，在法律效果向鉴定技能的转变过程中，存在某些变数和不确定性因素，更需要程序上有所遵循、参照和对应，强化过程的监督性、方式方法的合法化。

3. 具体鉴定程序

《刑事诉讼法》在鉴定的章节中，用五项条款的篇幅规定了鉴定的具体操作程序。

第 144 条　为了查明案情，需要解决案件中某些专门性问题的时候，应当指派、聘请有专门知识的人进行鉴定。

第 145 条　鉴定人进行鉴定后，应当写出鉴定意见，并且签名。

鉴定人故意作虚假鉴定的，应当承担法律责任。

第 146 条　侦查机关应当将用作证据的鉴定意见告知犯罪嫌疑人、被害人。如果犯罪嫌疑人、被害人提出申请，可以补充鉴定或者重新鉴定。

第 147 条　对犯罪嫌疑人作精神病鉴定的期间不计入办案期限。

第 192 条　法庭审理过程中，当事人和辩护人、诉讼代理人有权申请通知新的证人到庭，调取新的物证，申请重新鉴定或者勘验。

公诉人、当事人和辩护人、诉讼代理人可以申请法庭通知有专门知识的人出庭，就鉴定人作出的鉴定意见提出意见。

法庭对于上述申请，应当作出是否同意的决定。

第 2 款规定的有专门知识的人出庭，适用鉴定人的有关规定。

上述条款规定了鉴定提起的主体，是对案件中专门性问题赋有处分权利的人员，鉴定的目的和鉴定人的责任是解决案件中专门性问题，鉴定人的义务是进行鉴定并写出鉴定意见、出庭作证、接受质证等，而且在质证的环节中规定了控辩双方可以申请法庭，通知有专门知识的人出庭就鉴定人作出的鉴定意见提出意见，从而使鉴定在操作层面上有了更加明确的遵循。

4. 鉴定意见采信程序

《刑事诉讼法》第 187 条　公诉人、当事人或者辩护人、诉讼代理人对鉴定意见有异议，人民法院认为鉴定人有必要出庭的，鉴定人应当出庭作证。

经人民法院通知，鉴定人拒不出庭作证的，鉴定意见不得作为定案的根据。

这项条款规定了对鉴定意见使用的严格标准,如果鉴定人无故不出庭作证,不仅违反诉讼程序的规定,而且所作出的鉴定意见将不得作为定案的根据。

(三)最高人民法院《关于适用〈中华人民共和国刑事诉讼法〉解释》中的鉴定程序

最高人民法院在《关于适用〈中华人民共和国刑事诉讼法〉解释》(以下简称《刑诉解释》),以单独设立章节的形式,对包括鉴定意见在内的技术性证据的审查程序,作出了明确的规定。

1. 物证、书证的程序性审查

《刑诉解释》规定对物证、书证在程序上应当着重审查以下内容。

(1)物证、书证是否为原物、原件,是否经过辨认、鉴定;物证的照片、录像、复制品或者书证的副本、复制件是否与原物、原件相符,是否由二人以上制作,有无制作人关于制作过程以及原物、原件存放于何处的文字说明和签名。

(2)物证、书证的收集程序、方式是否符合法律、有关规定;经勘验、检查、搜查提取、扣押的物证、书证,是否附有相关笔录、清单,笔录、清单是否经侦查人员、物品持有人、见证人签名,没有物品持有人签名的,是否注明原因;物品的名称、特征、数量、质量等是否注明清楚。

(3)物证、书证在收集、保管、鉴定过程中是否受损或者改变。

(4)物证、书证与案件事实有无关联;对现场遗留与犯罪有关的具备鉴定条件的血迹、体液、毛发、指纹等生物样本、痕迹、物品,是否已作DNA鉴定、指纹鉴定等,并与被告人或者被害人的相应生物检材、生物特征、物品等比对。

(5)与案件事实有关联的物证、书证是否全面收集。

上述规定从诉讼程序的层面上，明确了对物证、书证原件、复印件的鉴定、比对的步骤，对物证的收集保管、书证的制作传递的步骤，同时指出了每一步骤的具体操作节点，比如原件与复件的相符、二人以上制作、制作过程签名、物证及书证的清单、保管及变损登记等。这些具体的明示与要求，在审查法医鉴定依据的材料和检验鉴定的操作以及鉴定意见的形成过程中，比较清晰明了且容易把握，是构成法医鉴定程序诉讼化的基础性资源。

2. 鉴定意见的程序性审查

《刑诉解释》第84条　对鉴定意见在程序上应当着重审查以下内容：

(1)鉴定机构和鉴定人是否具有法定资质，

(2)鉴定人是否存在应当回避的情形，

(3)检材的来源、取得、保管、送检是否符合法律、有关规定，与相关提取笔录、扣押物品清单等记载的内容是否相符，检材是否充足、可靠，

(4)鉴定意见的形式要件是否完备，是否注明提起鉴定的事由、鉴定委托人、鉴定机构、鉴定要求、鉴定过程、鉴定方法、鉴定日期等相关内容，是否由鉴定机构加盖司法鉴定专用章并由鉴定人签名、盖章，

(5)鉴定程序是否符合法律、有关规定，

(6)鉴定的过程和方法是否符合相关专业的规范要求，

(7)鉴定意见是否明确，

(8)鉴定意见与案件待证事实有无关联，

(9)鉴定意见与勘验、检查笔录及相关照片等其他证据是否矛盾，

(10)鉴定意见是否依法及时告知相关人员，当事人对鉴定意见有无异议。

3. 勘验、检查笔录的程序性审查

《刑诉解释》第88条　对勘验、检查笔录应当着重审查以下内容：

(1)勘验、检查是否依法进行，笔录的制作是否符合法律、有关规定，勘验、检查人员和见证人是否签名或者盖章，

(2)勘验、检查笔录是否记录了提起勘验、检查的事由,勘验、检查的时间、地点,在场人员、现场方位、周围环境等,现场的物品、人身、尸体等的位置、特征等情况,以及勘验、检查、搜查的过程;文字记录与实物或者绘图、照片、录像是否相符;现场、物品、痕迹等是否伪造、有无破坏;人身特征、伤害情况、生理状态有无伪装或者变化等,

(3)补充进行勘验、检查的,是否说明了再次勘验、检查的原由,前后勘验、检查的情况是否矛盾。

4. 技术性证据排除规定

《刑诉解释》第 85 条　鉴定意见具有下列情形之一的,不得作为定案的根据:

(1)鉴定机构不具备法定资质,或者鉴定事项超出该鉴定机构业务范围、技术条件的,

(2)鉴定人不具备法定资质,不具有相关专业技术或者职称,或者违反回避规定的,

(3)送检材料、样本来源不明,或者因污染不具备鉴定条件的,

(4)鉴定对象与送检材料、样本不一致的,

(5)鉴定程序违反规定的,

(6)鉴定过程和方法不符合相关专业的规范要求的,

(7)鉴定文书缺少签名、盖章的,

(8)鉴定意见与案件待证事实没有关联的,

(9)违反有关规定的其他情形。

上述规定是专门针对鉴定意见的审查程序,从鉴定机构资质、鉴定人责任义务、鉴定检材事项、鉴定意见的形成、鉴定程序、实体以及使用等方面分别作出了排除性规定。

《刑诉解释》第 86 条　经人民法院通知,鉴定人拒不出庭作证的,鉴定意见不得作为定案的根据。

鉴定人由于不能抗拒的原因或者有其他正当理由无法出庭的，人民法院可以根据情况决定延期审理或者重新鉴定。

对没有正当理由拒不出庭作证的鉴定人，人民法院应当通报司法行政机关或者有关部门。

第 89 条　勘验、检查笔录存在明显不符合法律、有关规定的情形，不能作出合理解释或者说明的，不得作为定案的根据。

第 87 条　对案件中的专门性问题需要鉴定，但没有法定司法鉴定机构，或者法律、司法解释规定可以进行检验的，可以指派、聘请有专门知识的人进行检验，检验报告可以作为定罪量刑的参考。

对检验报告的审查与认定，参照鉴定意见、勘验、检查笔录的有关规定。

经人民法院通知，检验人拒不出庭作证的，检验报告不得作为定罪量刑的参考。

（四）最高人民检察院《人民检察院刑事诉讼规则（试行）》中的鉴定程序

最高人民检察院在《人民检察院刑事诉讼规则（试行）》［以下简称《刑诉规则（试行）》］中，用一个节段的内容（第八节鉴定）对有关鉴定事宜作出专门规定，在鉴定审批、选择鉴定人、鉴定监督、回避等方面都进行了明确。

1. 鉴定审批

《刑诉规则（试行）》第 247 条　人民检察院为了查明案情，解决案件中某些专门性的问题，可以进行鉴定。

第 252 条　对于鉴定意见，检察人员应当进行审查，必要的时候，可以提出补充鉴定或者重新鉴定的意见，报检察长批准后进行补充鉴定或者重新鉴定。检察长也可以直接决定进行补充鉴定或者重新鉴定。

第 254 条　人民检察院决定重新鉴定的，应当另行指派或者聘请鉴定人。

从上述规定可以看出，由于人民检察院有内设的鉴定机构，而且其鉴定机构的鉴定职能具有侦查性质,所以进行鉴定时需要经过批准,尤其是对鉴定意见进行审查后,需要进行补充或者重新鉴定时,必须报请批准。

鉴定审批程序是检察机关监督职能所决定的,检察人员对于鉴定意见进行审查,无论是内设鉴定机构的鉴定意见,还是随案件进入检察机关的其他鉴定机构的鉴定意见,审查过程本身是一种监督,审查后提起的相关鉴定程序也是一种监督,因此需要履行审批程序。

2. 鉴定人责任

《刑诉规则(试行)》第248条　鉴定由检察长批准,由人民检察院技术部门有鉴定资格的人员进行。必要的时候,也可以聘请其他有鉴定资格的人员进行,但是应当征得鉴定人所在单位的同意。

具有刑事诉讼法第28条、第29条规定的应当回避的情形的,不能担任鉴定人。

第249条　人民检察院应当为鉴定人进行鉴定提供必要条件,及时向鉴定人送交有关检材和对比样本等原始材料,介绍与鉴定有关的情况,并明确提出要求鉴定解决的问题,但是不得暗示或者强迫鉴定人作出某种鉴定意见。

第250条　鉴定人进行鉴定后,应当出具鉴定意见、检验报告,同时附上鉴定机构和鉴定人的资质证明,并且签名或者盖章。

多个鉴定人的鉴定意见不一致的,应当在鉴定意见上写明分歧的内容和理由,并且分别签名或者盖章。

第251条　鉴定人故意作虚假鉴定的,应当承担法律责任。

《刑诉规则(试行)》中规定了检察机关法医鉴定人的责任条款,对鉴定资质、回避事宜、鉴定过错等方面做了相应设置,用以约束鉴定人的鉴定行为。

3. 鉴定意见告知

《刑诉规则(试行)》第253条　用作证据的鉴定意见,人民检察院办案机关应当告知犯罪嫌疑人、被害人，被害人死亡或者没有诉讼行为能力的，应当告知其法定代理人、近亲属或诉讼代理人。

犯罪嫌疑人、被害人或被害人的法定代理人、近亲属、诉讼代理人提出申请，经检察长批准，可以补充鉴定或者重新鉴定，鉴定费用由请求方承担，但原鉴定违反法定程序的，由人民检察院承担。

犯罪嫌疑人的辩护人或者近亲属以犯罪嫌疑人有患精神病可能而申请对犯罪嫌疑人进行鉴定的，鉴定费用由请求方承担。

告知程序即是检察机关尊重犯罪嫌疑人、被害人权利的体现，对于法医鉴定意见而言，犯罪嫌疑人、被害人只有获得相应的信息才能够行使相应的权利，如果不及时告知，犯罪嫌疑人、被害人就有可能错过或者丧失行使相应权利的机会，所以法医鉴定人必须在规定或者约定时限内完成鉴定，并及时将鉴定文书送达，以便有关部门履行告知程序。

4. 鉴定意见询问

《刑诉规则(试行)》第368条　人民检察院对鉴定意见有疑问的，可以询问鉴定人并制作笔录附卷，也可以指派检察技术人员或者聘请有鉴定资格的人对案件中的某些专门性问题进行补充鉴定或者重新鉴定。

公诉部门对审查起诉案件中涉及专门技术问题的证据材料需要进行审查的，可以送交检察技术人员或者其他有专门知识的人审查，审查后应当出具审查意见。

第369条　人民检察院审查案件的时候，对公安机关的勘验、检查，认为需要复验、复查的，应当要求公安机关复验、复查，人民检察院可以派员参加；也可以自行复验、复查，商请公安机关派员参加，必要时也可以聘请专门技术人员参加。

第370条　人民检察院对物证、书证、视听资料、电子数据及勘验、检查、辨认、侦查实验等笔录存在疑问的，可以要求侦查人员提供获取、制作的有关情况。必要时也可以询问提供物证、书证、视听资料、电子数据及勘验、检查、辨认、侦查实验等笔录的人员和见证人并制作笔录附卷，对物证、书证、视听资料、电子数据进行技术鉴定。

第371条 人民检察院对证人证言笔录存在疑问或者认为对证人的询问不具体或者有遗漏的，可以对证人进行询问并制作笔录附卷。

第372条 讯问犯罪嫌疑人或者询问被害人、证人、鉴定人时，应当分别告知其在审查起诉阶段所享有的诉讼权利

第373条 讯问犯罪嫌疑人，询问被害人、证人、鉴定人，听取辩护人、被害人及其诉讼代理人的意见，应当由二名以上办案人员进行。

讯问犯罪嫌疑人，询问证人、鉴定人、被害人，应当个别进行。

第393条 人民检察院决定起诉的，应当制作起诉书。

起诉书的主要内容包括：

起诉书应当附有被告人现在处所，证人、鉴定人、需要出庭的有专门知识的人的名单，需要保护的被害人、证人、鉴定人的名单，涉案款物情况，附带民事诉讼情况以及其他需要附注的情况。

证人、鉴定人、有专门知识的人的名单应当列明姓名、性别、年龄、职业、住址、联系方式，并注明证人、鉴定人是否出庭。

人民检察院对鉴定的询问程序是保证鉴定质量的有效措施，询问既可以通过本机关的法医鉴定机构进行，也可以直接询问出具鉴定意见的法医鉴定人，询问鉴定程序及实体是检察机关解决案件中专门性问题的一种庭前质证过程，此程序的设置有效地提高了检察机关对法医鉴定意见的举证、质证的质量。

（五）公安部《公安机关办理刑事案件程序规定》中的鉴定程序

公安机关的法医鉴定机构是解决刑事案件中人身伤亡类专门性问题的第一道程序，公安机关的侦查属性决定了其所属鉴定机构的特殊职能，因此公安部在2012年12月13日以部令第127号颁布《公安机关办理刑事案件

程序规定》(以下简称《刑事案件程序规定》)中,关于鉴定程序有如下规定。

1. 选择鉴定人程序

《刑事案件程序规定》第 239 条　为了查明案情,解决案件中某些专门性问题,应当指派、聘请有专门知识的人进行鉴定。

需要聘请有专门知识的人进行鉴定,应当经县级以上公安机关负责人批准后,制作鉴定聘请书。

《刑事案件程序规定》第 240 条　犯罪嫌疑人、被害人对鉴定意见有异议提出申请,以及办案机关或者侦查人员对鉴定意见有疑义的,可以将鉴定意见送交其他有专门知识的人员提出意见。必要时,询问鉴定人并制作笔录附卷。

《刑事案件程序规定》第 245 条　经审查,发现有下列情形之一的,经县级以上公安机关负责人批准,应当补充鉴定:

(1)鉴定内容有明显遗漏的,

(2)发现新的有鉴定意义的证物的,

(3)对鉴定证物有新的鉴定要求的,

(4)鉴定意见不完整,委托事项无法确定,

(5)其他需要补充鉴定的情形。

经审查,不符合上述情形的,经县级以上公安机关负责人批准,作出不准予补充鉴定的决定,并在作出决定后 3 日以内书面通知申请人。

《刑事案件程序规定》第 246 条　经审查,发现有下列情形之一的,经县级以上公安机关负责人批准,应当重新鉴定:

(1)鉴定程序违法或者违反相关专业技术要求的,

(2)鉴定机构、鉴定人不具备鉴定资质和条件的,

(3)鉴定人故意作虚假鉴定或者违反回避规定的,

(4)鉴定意见依据明显不足的,

(5)检材虚假或者被损坏的,

(6)其他应当重新鉴定的情形。

重新鉴定,应当另行指派或者聘请鉴定人。

经审查,不符合上述情形的,经县级以上公安机关负责人批准,作出不准予重新鉴定的决定,并在作出决定后3日以内书面通知申请人。

上述条款中首先对如何选择鉴定人规定了两种方式,这两种方式是因为鉴定人与公安机关的隶属关系不同而决定的,指派鉴定人的前提是因为彼此间有隶属关系,而以聘请的方式选择鉴定人是因为彼此间没有隶属关系。

《刑事案件程序规定》从程序上明确了公安机关聘请鉴定人需要符合其鉴定机构的属性,即侦查机关的鉴定机构只有通过官方的形式选择聘请鉴定人,才符合其公权力的行使主体资格,以区别社会司法鉴定机构聘请鉴定人的模式。

上述条款中对补充鉴定尤其是重新鉴定的申请,同样规定了需要批准的程序,对于重新鉴定还设置了更换鉴定人的程序,进一步保证了再次鉴定的严肃性。

2. 保障鉴定效率程序

《刑事案件程序规定》第240条　公安机关应当为鉴定人进行鉴定提供必要的条件,及时向鉴定人送交有关检材和对比样本等原始材料,介绍与鉴定有关的情况,并且明确提出要求鉴定解决的问题。

禁止暗示或者强迫鉴定人作出某种鉴定意见。

《刑事案件程序规定》第241条　侦查人员应当做好检材的保管和送检工作,并注明检材送检环节的责任人,确保检材在流转环节中的同一性和不被污染。

《刑事案件程序规定》第242条　鉴定人应当按照鉴定规则,运用科学方法独立进行鉴定。鉴定后,应当出具鉴定意见,并在鉴定意见书上签名,同时附上鉴定机构和鉴定人的资质证明或者其他证明文件。

多人参加鉴定,鉴定人有不同意见的,应当注明。

《刑事案件程序规定》第243条　对鉴定意见,侦查人员应当进行审查。

对经审查作为证据使用的鉴定意见,公安机关应当及时告知犯罪嫌疑人、被害人或者其法定代理人。

《刑事案件程序规定》第247条　公诉人、当事人或者辩护人、诉讼代理人对鉴定意见有异议,经人民法院依法通知的,公安机关鉴定人应当出庭作证。

鉴定人故意作虚假鉴定的,应当依法追究其法律责任。

《刑事案件程序规定》第248条　对犯罪嫌疑人作精神病鉴定的时间不计入办案期限,其他鉴定时间都应当计入办案期限。

上述条款从鉴定的检材、样本传递、鉴定的时限等方面作出了必要的限定,尤其是强调了鉴定检材、样本传递和鉴定意见审查的操作环节,从而保证了鉴定的科学性、公正性。

(六)司法部《司法鉴定程序通则》中的鉴定程序

全国人大常委会颁布《关于司法鉴定管理问题的决定》后,司法部以部令第107号发布了《司法鉴定程序通则》(以下简称《司法鉴定通则》),用以规范和指导司法鉴定机构和司法鉴定人从事各类司法鉴定的业务活动。

1. 委托人委托程序

《司法鉴定通则》第12条　司法鉴定机构接受鉴定委托,应当要求委托人出具鉴定委托书,提供委托人的身份证明,并提供委托鉴定事项所需的鉴定材料。委托人委托他人代理的,应当要求出具委托书。

本条款规定的委托人委托鉴定的程序,属于民事案件中谁告诉谁举证的诉讼原则范畴,社会法医鉴定机构在委托鉴定的程序上放宽了权限范围,公民可以个人的名义委托鉴定,由此拓宽了民事案件中的鉴定提起的程序。

在审判机关不再设立鉴定机构以后,剥离出来的鉴定工作由社会司法

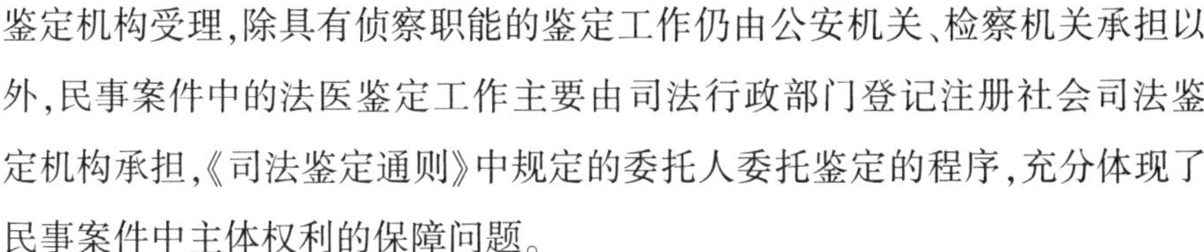

鉴定机构受理，除具有侦察职能的鉴定工作仍由公安机关、检察机关承担以外，民事案件中的法医鉴定工作主要由司法行政部门登记注册社会司法鉴定机构承担，《司法鉴定通则》中规定的委托人委托鉴定的程序，充分体现了民事案件中主体权利的保障问题。

2. 签订鉴定协议程序

与委托鉴定人通过协商签订鉴定协议，确立一种服务关系，以约束鉴定双方协议条款的履行，是司法行政部门管理的社会司法鉴定机构进行鉴定前的受理程序之一。

《司法鉴定通则》第17条　司法鉴定机构决定受理鉴定委托的，应当与委托人在协商一致的基础上签订司法鉴定协议书。

司法鉴定协议书应当载明下列事项：

(1)委托人和司法鉴定机构的基本情况；

(2)委托鉴定的事项及用途；

(3)委托鉴定的要求；

(4)委托鉴定事项涉及的案件的简要情况；

(5)委托人提供的鉴定材料的目录和数量；

(6)鉴定过程中双方的权利、义务；

(7)鉴定费用及收取方式；

(8)其他需要载明的事项。

因鉴定需要耗尽或者可能损坏检材的，或者在鉴定完成后无法完整退还检材的，应当事先向委托人讲明，征得其同意或者认可，并在协议书中载明。

在进行司法鉴定过程中需要变更协议书内容的，应当由协议双方协商确定。

社会司法鉴定机构在方便受理委托人委托鉴定的同时，也容易因为鉴定事项涉及的专业性问题而出现争议，例如一件浴室内死亡案件，委托人认为是电击所致要求鉴定死亡原因,法医鉴定意见是心脏病突发所致死亡,随即家属对鉴定意见出现争议。

《司法鉴定通则》第17条中还进一步规定,司法鉴定协议书应当载明委托人的名称或者姓名、拟委托的司法鉴定机构的名称、委托鉴定的事项、鉴定事项的用途以及鉴定要求等内容,以协议书的形式确定责任与义务关系。

鉴定材料包括检材和鉴定资料。检材是指与鉴定事项有关的生物检材和非生物检材;鉴定资料是指存在于各种载体上与鉴定事项有关的记录。

委托鉴定事项属于重新鉴定的,应当在委托书中注明。

3. 鉴定人责权利程序

《司法鉴定通则》第4条　司法鉴定实行鉴定人负责制度。司法鉴定人应当依法独立、客观、公正地进行鉴定,并对自己作出的鉴定意见负责。

第5条　司法鉴定机构和司法鉴定人应当保守在执业活动中知悉的国家秘密、商业秘密,不得泄露个人隐私。

未经委托人的同意,不得向其他人或者组织提供与鉴定事项有关的信息,但法律、法规另有规定的除外。

第6条　司法鉴定机构和司法鉴定人在执业活动中应当依照有关诉讼法律和本通则规定实行回避。

第7条　司法鉴定人经人民法院依法通知,应当出庭作证,回答与鉴定事项有关的问题。

第20条　司法鉴定人本人或者其近亲属与委托人、委托的鉴定事项或者鉴定事项涉及的案件有利害关系,可能影响其独立、客观、公正进行鉴定的,应当回避。

司法鉴定人自行提出回避的,由其所属的司法鉴定机构决定;委托人要求司法鉴定人回避的,应当向该鉴定人所属的司法鉴定机构提出,由司法鉴定机构决定。委托人对司法鉴定机构是否实行回避的决定有异议的,可以撤销鉴定委托。

第21条 司法鉴定机构应当严格依照有关技术规范保管和使用鉴定材料,严格监控鉴定材料的接收、传递、检验、保存和处置,建立科学、严密的管理制度。

司法鉴定机构和司法鉴定人因严重不负责任造成鉴定材料损毁、遗失的,应当依法承担责任。

第23条 司法鉴定人进行鉴定,应当对鉴定过程进行实时记录并签名。记录可以采取笔记、录音、录像、拍照等方式。记录的内容应当真实、客观、准确、完整、清晰,记录的文本或者音像载体应当妥善保存。

第24条 司法鉴定人在进行鉴定的过程中,需要对女性作妇科检查的,应当由女性司法鉴定人进行;无女性司法鉴定人的,应当有女性工作人员在场。

在鉴定过程中需要对未成年人的身体进行检查的,应当通知其监护人到场。

对被鉴定人进行法医精神病鉴定的,应当通知委托人或者被鉴定人的近亲属或者监护人到场。

对需要到现场提取检材的,应当由不少于二名司法鉴定人提取,并通知委托人到场见证。

对需要进行尸体解剖的,应当通知委托人或者死者的近亲属或者监护人到场见证。

《司法鉴定通则》在上述条款中,对鉴定人的自主性、回避事宜、保密责任、出庭义务等有关责权利作出程序性的规定,最大限度地约束鉴定人在操作中的外延幅度,从而与相对宽松的委托人委托鉴定、签订鉴定协议等程序相呼应,使法医鉴定既方便当事人委托又限制其专门性的宽泛性问题。《司法鉴定通则》在鉴定人的操作上规定比较具体,符合保证专业技术鉴定的公正性需首先保证其程序上严谨性的普遍规律。

4. 鉴定技术规范程序

《司法鉴定通则》第22条　司法鉴定人进行鉴定，应当依下列顺序遵守和采用该专业领域的技术标准和技术规范：

(1) 国家标准和技术规范；

(2) 司法鉴定主管部门、司法鉴定行业组织或者相关行业主管部门制定的行业标准和技术规范；

(3) 该专业领域多数专家认可的技术标准和技术规范。

不具备前款规定的技术标准和技术规范的，可以采用所属司法鉴定机构自行制定的有关技术规范。

第37条　委托人对司法鉴定机构的鉴定过程或者所出具的鉴定意见提出询问的，司法鉴定人应当给予解释和说明。

本条款规定了鉴定人在进行鉴定的过程中，需要具有标准意识，以便自觉地将某些不能够准确量化的鉴定事项，用规范性的操作程序固定下来，使之成为能够溯源性流程，进而保证法医鉴定质量的可靠程度。

5. 鉴定咨询程序

司法行政机关管理的社会司法鉴定机构，对鉴定人实行注册登记取得鉴定资质的管理模式，所以对于在鉴定过程中遇到的疑难问题，涉及专门性业务领域时，实行的是咨询程序，而不是聘请程序。

《司法鉴定通则》第25条规定，司法鉴定机构在进行鉴定的过程中，遇有特别复杂、疑难、特殊技术问题的，可以向本机构以外的相关专业领域的专家进行咨询，但最终的鉴定意见应当由本机构的司法鉴定人出具。此项条款的规定，限定了鉴定人应当履行鉴定的职责和承担相应的义务，避免了鉴定机构演变为咨询机构，借用专家咨询的做法推诿鉴定责任的可能。

二、法医鉴定固有的程序

法医鉴定属于自然科学的范畴，在司法体系中属于一项特殊的工作。特殊之处在于法医鉴定属于医学技术专业，却游离于医药卫生行业之外，法医鉴定不属于法律专业，却跻身于人身伤亡类案件的诉讼活动之内，从事解决案件中专门性问题的工作。

当人身伤亡类案件中有专门性问题出现时，法医鉴定工作便通过委托鉴定与案件的诉讼活动结合起来，二者结合的紧密程度视具体案件情况和法医鉴定机构、人员的资质以及鉴定程序等而定。

法医鉴定人在进行法医鉴定的时候，所应用的是自然科学领域里的理论技术，解决的问题是社会科学领域里与法律有关的问题，在具体的检验检查过程中，学术思维、技术意识和操作习惯等传统的定式，形成法医鉴定中的固有模式或者程序。

法医鉴定固有程序紧紧依附在其科学体系之上，尤其是在某些操作层面上，即使法医鉴定程序已经规范于这些操作，但仍然显现出其所特有的技术取向和固有的定式习惯。

（一）检验检查仪器设备的使用

1. 仪器设备与鉴定关系

法医鉴定的具体过程需要使用相应的仪器设备，比如法医临床鉴定中使用的血压计、观片灯、生理检测仪等，法医病理鉴定中使用的解剖器械、切片机、显微镜等，这些仪器设备是法医鉴定中常规使用的器具，但是在人身伤亡类案件的诉讼活动中，人们所关注的多是法医鉴定的意见问题，而很少关注法医鉴定人在检验检查的过程中，使用仪器设备的规范性及其性能等问题与鉴定意见形成上的关联因素。

法医鉴定过程中仪器设备的使用，是检验检查方法的有效补充和完善，成熟的检验检查方法离不开先进的仪器设备，仪器设备的作用与人工操作的作用融合在一起，可以提高检验检查的效率和鉴定意见的质量。如胸部影像学的CT图片较X线图片更加清楚，前者用于鉴定意见的形成质量会更加可靠。

用于法医鉴定的仪器设备尤其是法医鉴定的实验室仪器设备，如果疏于维护、长时期不进行校验，其精准度、灵敏性和效能性有所下降，如果再客观上把某些不规范的法医鉴定固有操作模式或程序，带入法医鉴定意见之中(这些不规范因素的介入往往是无意识、不自觉的，不容易察觉)，都会在一定程度上对法医鉴定意见质量产生较为明显的影响。

2. 仪器设备的认证认可

目前通行的实验室认证认可制度，是保证法医鉴定过程中所使用的仪器设备运行状态优良率的有效措施之一。法医鉴定的实验室可以分为普通实验室、标准实验室和认证认可实验室。三种类型的实验室在仪器设备的采购、管控、使用等方面均有着不同程度的区别，通常情况下，法医鉴定意见中含有一定的因仪器设备良莠带来的关联因素，这种因素是法医固定程序中的客观存在，只是这种关联因素的影响程度多半微乎其微可以被忽略，或者在不被关注的情况下呈隐性状态，如血压计的汞柱是否准确、显微镜的倍数是否足够、刀具锋利与否、试剂浓度如何等。

实验室认证认可有规范的评审程序和严格的标准，在法医鉴定意见书中加盖有认证认可专用章，说明出具此类鉴定文书的鉴定机构，在法医鉴定的固有程序中所使用的仪器设备处于通用公认的状况。

(二)检验检查方法的采取

1. 方式方法的采取

法医鉴定人在具体的检验鉴定过程中，需要采取一定的检验方法，检验方法不同,所得出的鉴定意见也会有所差别,例如,用不同的测量血压的方法,得出的数值有所不同,早晨和晚上、坐姿和仰卧等都会对血压的高低产生影响,只是这类影响较小以至于可以忽略,此外还有诸如反复多次测量、实验性治疗等多种补救措施等。但是对于法医鉴定而言,采用的检验方法不同所获得的不同结果则影响甚大,微细的偏差可以通过不同诉讼阶段的传递,被逐渐放大增量,其后果甚至不能补救。

如颅骨骨折致硬脑膜破裂构成重伤的案例,在案件的侦查阶段因使用放射线成像方式方法检验,认定为颅骨骨折伴有硬脑膜破裂,并据此鉴定为重伤,审判阶段也采用此鉴定意见,犯罪嫌疑人获 3 年以上刑期。此后经证实用该法检验硬脑膜是否破裂会造成损伤程度的放大,进而影响案件诉讼活动的公正性。由此可见,法医鉴定的方式方法选择得恰当与否,对鉴定意见的关联程度十分密切。选择何种检验方法,存在着一定的自由度,一是因为法医鉴定的客体具有不确定性,损伤位置、形态性质等时有变化,二是因为法医鉴定人对仪器设备的掌握程度,对检验方法的选用都存在差异。

2. 方式方法的公认

法医鉴定程序不可能穷尽所有技术操作步骤的规范性,因此选择正确的方式方法,对于保障法医鉴定意见的正确形成十分重要。

正确的检验方法应该是能够最大限度利于法医鉴定人的实施检验,充分显现所要检查的部位,最大限度减少因为检验方法的因素造成对检材的影响或者破坏。

虽然没有完全一成不变的检验方法,但是变化无常的、不为行业内所重复和认可的检验方法,则一定是法医鉴定固有程序中应该摒弃的。

法医鉴定所采取的检验方法,应该是行业内公认的,并且在法医鉴定意见文书中予以标明,独树一帜或另辟蹊径的检验方法,必须是对法医鉴定意见的形成具有建设性作用,以免与鉴定意见的公正性背道而驰。

(三)检验检查资料摘录及检材提取

在法医鉴定的过程中,用于鉴定的检验检材资料收集和选取问题,对于法医鉴定意见的正确形成具有基础性作用。

1. 检验检查资料摘录

法医鉴定检验资料的摘录包括用于法医临床和病理鉴定的检验资料。因为法医临床鉴定的检验资料相当部分生成于医疗卫生机构之中,所以收集人身伤害类案件的检验资料应该范围全面客观、内容翔实清晰,包括门诊及住院病历、辅助检查及治疗记录等,凡是能够表述、记载人身损伤情况的都应该予以收集,在进行摘录的过程中,围绕着与所检验鉴定的专门性问题有联系的有关资料,要进行去伪存真、由表及里地甄别,排除虚假杜撰的检验资料。

法医病理鉴定的检验资料要侧重摘录组织学阅片资料,以便能够反映出组织细胞形态结构的原始面貌。

法医鉴定人摘录用于鉴定意见检验资料,其传递渠道是否符合诉讼程序的有关规定,对鉴定意见的形成也关联密切。

一般情况下,用于法医鉴定的检验资料传递渠道有三种:主渠道是随着人身伤亡类案件的卷宗移送的,副渠道是法医鉴定人调阅和补充收集的,第三种渠道是案件诉讼参与人提供的。

通过主渠道传递收集的检验资料主要是随案卷移送的资料,包括侦查笔录、现场勘验记录、医疗资料、证人证言等,对于这些资料的选取摘录,法医鉴定人要注意按照程序进行操作,要全面研究资料之间的联系和逻辑关系,避免断章取义造成鉴定资料表达意思上的偏颇。

对于法医临床学鉴定所需要的医疗资料,不仅仅需要住院病例,而且需要平素的健康档案。如一伤害案例,某人因为驾驶汽车强行通过木材检查站,被工作人员强行拦下,因此发生了肢体接触,某人因此住院治疗,住院期间出现抽搐。在进行法医临床鉴定的过程中,委托方提供给法医鉴定人的资料表示,被鉴定人头部疑似受到了打击,但是平素健康档案显示,此人曾经患有神经节性脑炎,不定期抽搐现象时有发生,故鉴定为此次肢体的接触不足以造成抽搐的发生。

随卷宗移送的人身伤亡类案件的检验资料,不能全面反映委托鉴定要求全貌的情况是经常发生的,因此需要按照法医鉴定具体操作的需求来补充相关检验资料,这种情况最常见的是补充医疗资料,如辅助诊断、生化检验报告等客观的医疗资料等。

通常情况下,补充医疗资料应由委托鉴定方即办案机关或者当事人,按照补充资料的清单进行补充完成。但是,由于医疗资料包括门诊及住院病历、医技检查资料、病程记录及医嘱执行记录、护理记录等,在补充医疗资料的过程中,非专业人员需要在众多的医疗资料中进行识别,由此造成了一些困扰,于是就出现了办案人员委托或者同意法医鉴定人自行补充所需要的医疗资料,以及代理律师或其他诉讼参与人进行补充,即产生传递鉴定资料的副渠道。这种补充检验鉴定资料的做法容易造成资料失真,导致鉴定意见出现偏颇。

以这种方法传递的检验鉴定资料,一定要符合诉讼程序的相关规定,比如确需法医鉴定人调取时,应当二人以上共同调取,并且在调取的鉴定资料上加盖资料持有单位部门的印章等。

第三种渠道是案件诉讼参与人提供的补充检验资料。诚然这种渠道来源的检验资料有其真实性的一面,也是案件诉讼参与人的诉讼权利的体现,尤其在一些疑难案件中往往能够反映出某些真实情况,因此不应该忽视这方面的检验资料来源。

但是,即便在“谁主张,谁举证”的民事案件的法医鉴定中,检验鉴定资料的传递、医疗资料的调取也需要统一由委托鉴定一方提供,刑事案件的检验鉴定资料收集更需要合乎诉讼程序的要求,否则检验鉴定资料来源的混乱势必造成鉴定质量的下降。所以,案件诉讼参与人提供补充检验资料时,应该注意把法医鉴定固有程序中的某些习惯做法及时上升为诉讼程序,即鉴定机构或者法医鉴定人不能在程序外接收,补充检验资料须送交办案机关,由此使资料进入正常的传递渠道,然后再由办案人员通过案件材料传递程序,向鉴定机构或者法医鉴定人移送这些补充鉴定资料。

2. 检验检查检材提取

法医鉴定的检验检材主要是指法医病理检验过程中提取的,用于进一步组织学切片检查的有关大体病理检材。

法医鉴定的病理检材是一种生物学检验材料,必须保持其原有的性质状态,才具有组织学检验鉴定的价值。

首先,在法医鉴定的检验过程中,提取检验检材需要规范性操作,选取检验检材部位要在损伤或病变的主要区域,一般应选取损伤或病变中心、边缘和交界处三部分检材等,尤其是肉眼观察没有损伤或病变的检材,更需要按照规范性的操作进行提取,避免造成遗漏或者不必要的副损伤,比如使用器具操作不当造成的检验检材牵拉等人为的二次损伤。

其次,法医鉴定的检验检材提取不全或者缺项,也是影响鉴定质量上的常见因素之一。如心脏传导系统检验检材的提取,由于传导系统与正常心肌大体上并没有区别,某些固有的不规范地操作程序可造成检材选位偏颇导致提取的遗漏或者缺项。

检验检材的生物学特征决定了检材使用的原始性要求和时限性要求,提取鉴定的生物学检材要及时进行包装、及时送检,按照规定的温度环境保管,包装、送检须建立登记签名交接制度,避免包装污染、象征性包装或者送检过程中遗失、调包等情况发生,避免因检材变性、坏死等变化对鉴定质量造成影响。

(四)检验检查时机时限选择

1. 检验检查时机

法医鉴定选择的时机是指针对鉴定客体进行鉴定的时间点,鉴定时机与鉴定的质量关系密切相连,延误或者超前都不可能反映出鉴定客体的真实情况。例如,法医临床鉴定中通过伤口推断致伤物的检验鉴定,应当选择伤口愈合前的时机进行鉴定,可以检验到伤口的角、缘、壁等情况,以此推断致伤物的有关状态,如果伤口已经愈合形成瘢痕,延误了最佳判断时机再推断致伤物就比较困难。

2. 检验检查时限

法医鉴定选择的时限是指针对鉴定客体进行鉴定的一段时间,鉴定检验时机超前或者滞后也会影响鉴定意见的质量,如面部戳伤,需要等待伤痕稳定后才能鉴定瘢痕对面部容貌的毁损程度,如果伤痕已经开始吸收或者修复晚期再鉴定也是不妥当的。

法医病理学检验鉴定更需要注意时机、时限问题,解剖尸体的时机选择过晚、超过了时限,组织器官发生自溶性变化则使某些检材的检验条件不复存在,如脑组织发生严重的自溶后,组织细胞的轮廓不复存在,将无法作出客观的鉴定意见。

(五)鉴定标准及依据采用

法医鉴定是以鉴定意见文书的形式应用于案件诉讼活动中的,又是以鉴定意见内容的表述方式回答鉴定委托方委托要求的。

司法实践证明,许多办案人员或者委托法医鉴定的当事人,在应用法医鉴定意见文书的时候,主要注重法医鉴定意见的字面表述,对形成鉴定意见的依据标准或依据缺乏深入研究,包括鉴定意见文书中的其他组成部分,尤其是分析说明部分不进行细致的分析和研究。

正因为如此，在使用法医鉴定意见文书的时候，存在着忽略鉴定标准或者依据的问题，由此会对人身伤亡类案件中专门性问题解决情况的程序性审查留下某些的潜在性隐患。

1. 鉴定标准及依据采用问题

科学客观的法医鉴定意见的形成，必须引入相应的鉴定标准作为依据。一般情况下，在鉴定文书意见形成部分都会对所引入的标准或者依据作出相应的注明，例如，“根据某标准或运用某方法将此委托检验鉴定的问题鉴定为什么的”字样。

在法医鉴定的过程中，有一些鉴定标准或依据是以成条文的形式规定和发布的，如两院（最高人民法院、最高人民检察院）三部（公安部、安全部、司法部）联合发布的《人体损伤程度鉴定标准》以及司法部发布的《司法鉴定通则》等。而有一些鉴定标准或依据则不是成条文形式的，如针对成伤机制、死亡原因、过程、时间、方式等问题采用的鉴定标准或依据，却是散见于理论著作、院校教材等书籍之中的，究竟选择哪些著作、教材中的理论观点来佐证鉴定意见的成立，不同的法医鉴定人会有不同的做法，而由此造成的因为引入鉴定标准或依据的参差不齐，导致鉴定质量良莠不齐的现象时有发生。

这种情况的出现，一方面是不同的法医鉴定人之间对不成条文的鉴定标准或依据在认识、理解上存在差异，另一方面是由于法医鉴定人自由截取、随意采用不成文鉴定标准或依据的因素所致。

此外还存在着即便是成文的鉴定标准或依据，也存在着拿来我用、有利则用、无利则不用的实用主义问题。例如，把《人体损伤程度鉴定标准》的总则精神引入鉴定的意见部分作为一种标准或依据，表述为根据总则综合考虑鉴定为什么伤，这是明显的用宏观格式细目、概念转换的做法，易导致办案人员和委托人在法医鉴定意见文书的使用上误判误信。

用重伤鉴定标准或依据对轻伤进行鉴定或者反之，也是在采用鉴定标准或依据上混淆概念问题，比如把鉴定意见表述为根据重伤标准××条款此伤害程度应鉴定为轻伤,这似乎符合不构成重伤即构成轻伤的定式思维,但是轻伤的等级之下尚有轻微伤,不构成重伤可能是轻伤也可能是轻微伤或者不构成损伤,因此确定损伤程度必须有具体的鉴定标准或依据,不能随意套用或者比照某些跳跃性的鉴定条款或者依据。

2. 鉴定标准及依据采用规范性

法医鉴定人在形成鉴定意见时,按照鉴定文书的格式引入、采用成条文式的鉴定标准以及检验方法,容易做到规范操作并符合相关法医鉴定程序性要求,这在法医临床鉴定中是非常普遍并且容易识别。然而在引入、采用非成条文标准时,需要规范如何引入、采用鉴定标准或依据的问题,如法医病理鉴定意见的形成就需如此。

尽管引入、采用非成文鉴定标准的鉴定意见文书不能像撰写论文式地长篇大套,将其引用的资料一一标注,但是至少在鉴定意见文书的附录部分应当把依据的主要资料名录进行标注。

法医鉴定标准及依据是法医鉴定质量的关键所在,刑事诉讼法规定,法医鉴定人出具的鉴定意见需要经过法庭质证后才能够作为定案根据,所以法医鉴定人出庭作证并接受专门性知识的人质证,是从法律规定的程序高度上,对引入、采用标准或依据的某些固有做法进行规范和制约。

第二节　法医鉴定实用程序

一、原则性程序

法医鉴定程序的设置是保证法医鉴定目的实现的必备条件,围绕着这一目的,原则性程序规定中最主要的是委托授权原则、先检验后做鉴定原则、鉴定管理原则、标准原则和备案制度原则等。

(一)委托授权原则

公安机关、检察机关内设的法医鉴定机构进行鉴定过程均设置委托授权程序,这是因为法医鉴定专业性质的缘故,法医鉴定人的鉴定职能在案件的处理上与办案人员的诉讼职能有所不同,法医鉴定人的鉴定职能是解决案件中的专门性问题,不参与案件诉讼的全部过程,所以法医鉴定人接触案件中专门性问题,是以委托授权程序为鉴定的起始环节,委托授权原则是法医鉴定的第一个程序,如果没有办案机关通过办案人员的委托和授权,法医鉴定程序就无从谈起。

1. 书面委托

委托授权须以书面形式即委托鉴定书的形式进行,委托鉴定书中载明委托时间、鉴定要求、案情摘要等事项,委托鉴定书是委托授权的一种程序上的认可或证明,不能以口头的形式进行,因为委托授权的书面材料在法医鉴定结束后,需要与案件鉴定的其他材料一并装入卷宗档案存档备查。

委托授权的主体是指对案件有处分权利的办案机关,而非指个案中的办案人员,委托授权的指向是针对法医鉴定机构,而非具体的鉴定人,也就是说,法医鉴定的委托授权是办案机关对法医鉴定机构而言,委托授权不是办案人员与鉴定人之间个人的关系。

法医鉴定委托授权文书需采取制式格式,不能用其他纸张代替,委托文书一般采取一式两联的格式,委托授权的案件办理机关需留有加盖骑缝章的存根以备查证。

从案件诉讼的角度讲,法医鉴定的委托授权与否是办案机关办理案件权限的一部分,委托鉴定与否是办案机关诉讼需要使然,因为人身伤亡类案件中的专门性问题委托法医鉴定,即意味着案件中的一部分诉讼权利随之发生转移,尤其是在侦查阶段的案件更应该注意保密及有关办案纪律的问题。

《关于司法鉴定管理问题的决定》颁布以后，社会司法鉴定机构接受委托鉴定的手续虽然简便，但是仍然需要遵循委托授权的原则提起鉴定程序，即便是以个人名义委托的鉴定事宜，也需要双方签订一纸鉴定合同，以明确鉴定中的权利与义务。

2. 审查批准

委托授权法医鉴定是把案件中专门性问题的侦查权，随着委托与鉴定关系的确立转移到了法医鉴定机构。例如，一具尸体出现焚烧的痕迹，侦查中办案人员认为是死后焚烧，办案机关准备全力追查犯罪嫌疑人，经过审查批准将案件的定性问题即生前被烧死或者死后焚尸的专门性问题，移交给法医鉴定机构进行检验鉴定，经过法医病理鉴定认为是生前被烧死，按照这一鉴定意见，办案机关调整侦查方向展开侦查活动并很快结案，由此可见，随着委托鉴定转移出去的侦查权是非常重要的问题。

所以委托授权必须以书面文书的形式显示办案机关或者委托人的意向，办案机关委托鉴定的需经主管领导的签字批准并加盖公章，以示委托授权程序是组织行为而非个人行为。

书面委托授权形式叠加在鉴定人的鉴定权之中，法医鉴定人才具备对案件中专门性问题的具体鉴定权，因此委托授权是鉴定权启用的钥匙，是鉴定权具有实际意义的必经程序。

法医鉴定人的鉴定权是鉴定管理部门颁发的资质证书，证明鉴定人具有从事法医鉴定的资格身份，不等于具有对案件中专门性问题的部分侦查权，所以需要经过办案机关审查批准，以书面委托文书形式授予鉴定意义上的侦查权利，是一案一授予的权利，而非笼统的侦查权授予，但是此程序将法医鉴定人的鉴定权在具体案件中的专门性问题上得到了体现。

（二）先检后鉴原则

检验鉴定的顺序原则是指法医鉴定过程一定要遵守先检验然后再鉴定

的基本规则，一定要在检验的基础上才能够进行鉴定，切忌受案件侦查环节中某些意识形态的影响，而在检验中出现先入为主的思维倾向，即使在检验之前已经有了很明显或者很肯定的某种意向，法医鉴定人也必须要把检验作为发现原始征象的基础手段，认真对待每一次检验过程，避免因为检验上的遗漏给案件的诉讼带来反复。法医鉴定人必须坚守没有检验就没有鉴定意见的原则不动摇。

1. 检验在先鉴定在后

检验鉴定顺序是一个比较古老的话题，一般来讲这种顺序是不会也不应该颠倒的，但是由于法医鉴定程序尤其是固有鉴定程序的不完善性、法医鉴定标准非条文性问题的存在，使得某些鉴定意见在检验之前就形成了。

有些时候，在检验的过程中是可以得出鉴定性意见的，对于经验丰富的法医鉴定人来说，甚至完全可以在检验初期预测到鉴定性意见的结果，但是即便如此也必须有事实的检验相佐证，才构成完整规范的鉴定意见，所以越是经验丰富的法医鉴定人越应注意检验与鉴定的区分。

一般情况下，在检验的过程中不能贸然作出诊断式、结论式的表述，一定是逐项描述检验所见，使没有参加检验过程的同行鉴定人，仅凭法医鉴定人的检验所见描述，就如同亲临检验现场一样的感觉，实际上在这样的检验过程中，已经孕育了鉴定结果的雏形，鉴定意见在其描述过程中已经清晰可见。

在形成法医鉴定意见文书的时候，应当体现检验在前、鉴定在后的顺序性描述，避免检验与鉴定混合式的描述，例如，在检验中见到一处锐器损伤，应当描述出具有边齐、角锐、面整等形态，不能描述为检验到一处锐器伤，其损伤表现出边、缘、面等锐器特点等，锐器性损伤的认定是鉴定意见部分的内容，在检验部分提前得出肯定性的鉴定意见是不妥当的。

法医鉴定人进行检验的目的，是清晰地描绘出形态上的特点，而不是在检验过程中作出鉴定意见，准确描述损伤形态就是为鉴定意见的成立搭建平台,检验所见清晰明了鉴定意见自然浮出水面,其逻辑关系不言而喻,这就是检验鉴定的先后顺序规律所决定的。

2. 二人以上共同检验鉴定

法医鉴定须二人以上共同完成,其渊源溯及案件诉讼中须二人以上参加案件办理的做法,也是检验鉴定工作专业性质所需要的,二人以上参加检验鉴定其思路、视野较一个人进行检验鉴定更加宽阔,对被检验鉴定客体的认识也更加深入透彻,且相互间亦有监督制约的成分。

二人以上共同完成鉴定原则是指同一检验鉴定专业上的两名鉴定人,至少是相近专业的两名鉴定人,如法医病理鉴定人与法医临床鉴定人。在法医鉴定的过程中承担照录像工作的技术人员,不能视为相近专业的两名鉴定人,虽然作为法医鉴定的辅助人员参加了检验过程,但是在形成鉴定意见时,他们不具有法医鉴定人的资质和资格。

二人以上共同参加法医鉴定作为一条程序原则,在法医鉴定过程中受到普遍接受和认可,在程序上也彰显出公正、透明的基础,符合人身伤亡类案件诉讼中的有关方面人员对法医鉴定意见质量的心理预期,也增加了鉴定意见的公信力度。

(三)鉴定管理原则

法医鉴定程序在保障法医鉴定实体内容公正的作用方面,随着法治建设的进步日益凸显出来,刑事诉讼法明确规定,对于诉讼活动中的非法程序予以排除,程序的分量重于实体的分量,法医鉴定意见在形成的过程中,需要历经一系列的程序性操作,这些程序有的已经作为规定性的约束条款,由有关的法律法规规章制度予以固定。

1. 鉴定机构管理

全国人大常委会《关于司法鉴定管理问题的决定》规定,国家对从事司法鉴定人和鉴定机构实行登记管理制度。

国务院司法行政部门主管全国司法鉴定人和鉴定机构的登记管理工作。省级人民政府司法行政部门依照本决定的规定,负责对鉴定人和鉴定机构的登记、名册编制和公告,侦查机关根据侦查工作的需要设立的鉴定机构,不得面向社会接受委托从事司法鉴定业务。

各鉴定机构之间没有隶属关系;鉴定机构接受委托从事司法鉴定业务,应当以鉴定机构的名义的受理,接受司法鉴定业务不受地域范围的限制。

这是国家从立法的层面上对鉴定人和鉴定机构实施的管理,对于鉴定机构的等级组建、鉴定业务范围以及管理权限都作出了明确的规定,为全国范围内各类司法鉴定工作的健康有序开展确定了方向。

2. 鉴定人管理

《关于司法鉴定管理问题的决定》规定:"鉴定人应当在一个鉴定机构中从事司法鉴定业务,应当具有与司法鉴定业务相关的高级专业技术职称、相关的专业执业资格或者高等院校相关专业本科以上学历,从事相关工作五年以上的经历。这是国家从立法的层面上规定的鉴定人从业所应具备的相关条件。

"因故意犯罪或者职务过失犯罪受过刑事处罚的,受过开除公职处分的,以及被撤销鉴定人登记的人员,不得从事司法鉴定业务。

"鉴定人应当依照诉讼法律规定实行回避,在诉讼中当事人对鉴定意见有异议的,经人民法院依法通知,鉴定人应当出庭作证。

"司法鉴定实行鉴定人负责制度,鉴定人应当独立进行鉴定,对鉴定意见负责并在鉴定书上签名或者盖章。多人参加的鉴定,对鉴定意见有不同意见的,应当注明。"

《关于司法鉴定管理问题的决定》明确规定了鉴定人的鉴定资质条件以及权利与义务,对于规范鉴定人的执业行为具有重要的意义,在规定权利的基础上,确定了鉴定人出庭作证、对鉴定意见负责等义务,对于鉴定意见的充分应用发挥了重要的作用。

《刑诉解释》规定,对鉴定意见进行审查与认定,包括鉴定机构和鉴定人资质、检材情况、提起鉴定的事由、鉴定委托人、鉴定机构、鉴定要求、鉴定过程、鉴定方法、鉴定日期、鉴定意见与勘验、检查笔录及相关照片其他证据是否矛盾等,鉴定机构是否加盖司法鉴定专用章、鉴定人是否签名、盖章、鉴定意见与案件待证事实有无关联等,如此详细的审查鉴定意见,旨在增加对鉴定质量认定程序的严谨性,同时还规定了经人民法院通知,鉴定人拒不出庭作证的,鉴定意见不得作为定案的根据。

《刑诉规则(试行)》规定,鉴定由检察长批准,由人民检察院技术部门有鉴定资格的人员进行,必要的时候,也可以聘请其他有鉴定资格的人员进行,但是应当征得鉴定人所在单位的同意。

还规定了符合《刑事诉讼法》第28条、第29条规定的应当回避的情形的,不能担任鉴定人,鉴定人进行鉴定后,应当出具鉴定意见、检验报告,同时附上鉴定机构和鉴定人的资质证明,并且签名或者盖章。多个鉴定人的鉴定意见不一致的,应当在鉴定意见上写明分歧的内容和理由,并且分别签名或者盖章。

鉴定人故意作虚假鉴定的,应当承担法律责任。对于鉴定意见,检察人员应当进行审查,必要的时候,可以提出补充鉴定或者重新鉴定的意见,报检察长批准后进行补充鉴定或者重新鉴定。检察长也可以直接决定进行补充鉴定或者重新鉴定。

用作证据的鉴定意见,人民检察院办案机关应当告知犯罪嫌疑人、被害人,被害人死亡或者没有诉讼行为能力的,应当告知其法定代理人、近亲属或诉讼代理人。

对犯罪嫌疑人作精神病鉴定的期间不计入羁押期限和办案期限。

检察机关的鉴定机构既有案件中专门性问题的鉴定职能,又具有对于进入检察环节的鉴定意见的审查职能,所以检察机关对鉴定人的管理作出了具体的鉴定审批、鉴定负责、补充或者重新鉴定等权利义务的规定,体现了对侦查职能的鉴定和对鉴定意见的监督作用。

公安部《刑事案件程序规定》中规定，鉴定人应当按照鉴定规则，运用科学方法独立进行鉴定。鉴定后应当出具鉴定意见，并在鉴定意见书上签名，同时附上鉴定机构和鉴定人的资质证明或者其他证明文件。

多人参加鉴定，鉴定人有不同意见的，应当注明。

对鉴定意见，侦查人员应当进行审查。

司法部《司法鉴定通则》中，从鉴定委托与受理的形式、参加鉴定人数、鉴定人回避到鉴定人制作鉴定文书与存档也作了明确的规定。

上述有关法律法规对于法医鉴定的程序性规范作用显而易见，法医鉴定机构和鉴定人要依法依规进行鉴定活动，规范检验鉴定方法、强化具体操作步骤、排除非法鉴定程序、开展鉴定意见的质证活动，发挥法医鉴定程序的价值，为案件的诉讼活动提供科学客观的法医鉴定意见证据，是法医鉴定机构和鉴定人管理的发展方向。

（四）标准索引原则

1. 标准原则

法医鉴定的标准或者依据是形成法医鉴定意见的重要基础和度量衡，没有规矩不成方圆，法医鉴定必须依据相应的鉴定标准或者依据来支撑鉴定意见。

法医鉴定的标准或者依据可以分为鉴定意见标准、检测仪器标准、技术操作标准。鉴定标准或者依据中有些是以文件形式、条文形式公布实施，其中分为国家标准、行业标准、部门标准，当下位标准与上位标准发生冲突时，下为标准服从上位标准。

法医鉴定意见标准或者依据以条文形式发布的，如两院三部制定的《人体损伤程度鉴定标准》，法医鉴定意见标准或者依据缺乏成条文形式的，主要是法医病理学鉴定的标准或者依据，这些标准或者依据不具备条文形式而散见于病理学、法医病理学等教育部统编的高等院校教科书之中，在法医病理学鉴定的具体鉴定操作中，由鉴定人有选择地加以摘录依据、参照运用。

法医鉴定的行业性标准有公安部公共安全行业标准，有劳动、卫生等部门发布的关于《职工工伤与职业病致残程度鉴定》《解剖尸体规则》等，这些行业性的标准具有明确定向指导作用，在法医鉴定过程中被普遍采信。

在法医鉴定实践活动中，法医鉴定人员尤其是专职法医鉴定人，对鉴定标准或者依据的应用已经职业化，已经形成了一种意识，不仅逐步地建立健全法医鉴定有关门类的标准、依据、规范，对现行的鉴定标准或者依据亦提出许多建设性的意见。

例如，此前的人体轻重伤程度鉴定标准中有的条款之间的缺乏衔接、过度跳跃，有的条款弹性程度过大，如面部毁损造成显著丑陋为重伤，显著与不显著之间如何掌握？有的条款在界定上难度较大，具体操作过程中容易混淆。如休克的早期为轻伤，中期和晚期为重伤，早期与中期有哪些明显的界定等，如脑震荡伴有神经系统症状、体征鉴定为轻伤等，类似的条款修正建议在2014年实施的《人体损伤程度鉴定标准》中多数已经被采纳。

在法医鉴定过程中遵守标准依据原则、使用并研究标准依据的原则，一方面极大地促进了法医鉴定程序的规范性，另一方面对于建立和完善法医鉴定标准或者依据，从实践中提炼出理论性的认识，反过来指导法医鉴定的实践，促进法律程序与法医鉴定程序的有机融合，对法医鉴定程序的统筹构架、完善定型和制定颁布具有非常重要的基础性作用。

2. 索引意识

法医鉴定中的索引意识，是指法医鉴定人不仅在形成鉴定意见时，查阅并引入成条文或者非成条文的标准作为依据问题，而且在检验过程中，更要自觉地遵循规范的操作程序原则，在专业的独立性之中自觉地增强程序性意识。

法医鉴定的操作一般呈自主式专业性状态,受地域、时间、人力、物力等有关因素和条件的限制,操作过程中的某些简化、替代或者省略情况时有发生,操作技术标准、规范的索引意识,旨在调整法医鉴定全部操作链条中繁杂的细节和步骤,因此对法医鉴定意见质量的公正性更具有影响性,保障的作用更大。

法医鉴定人在检验的操作中有索引意识就有章可循,比如所使用的仪器设备名称、型号、试剂浓度、配制方法、操作步骤、流程方式等均有标明索引记录,即便是特殊案例的检验,需要另辟蹊径也避免杂乱无序无据可查。

法医鉴定人在制作鉴定意见文书时,也须有明确的索引意识,在记载所依据的检验技术、方法,所引用的理论、观点时须有出处,避免过于宏观和概念化应该成为规范行文的基本表现。

(五)备案制度原则

1. 文件材料备份备案

法医鉴定人在检验鉴定过程中所形成的、所引用的文件材料均需备份,对于涉及案件机密的材料不能复制备份的,应该对所引用的有关卷宗文号记录备份,对于视听类资料应该制成光盘存储备份。

法医鉴定文件材料正本存档备案的目的是备份审查,因此与案件卷宗材料存档保管的目的、期限是相一致的。按照档案的管理要求,法医鉴定过程中的某些材料是不能够随着鉴定文书的正本,与案件的材料一并存入档案,但是这些材料如果散失毁损,亦有在复查时无从查起法医鉴定的某些细节之忧,如法医鉴定人阅卷记录、检验中有关原始记录等,所以在法医鉴定结束后,对所应用的、形成的文件材料,要及时制作成符合档案要求的鉴定文件材料副本予以备案。

2. 个案个例备案备查

法医鉴定的过程中时有个别案例发生，对于个案个例的全部检验过程，均需要通过文字及影像技术手段予以备案，以备出现争议时备查复核。比如某案例中，伤者上下口唇均有切割伤，长度正好是3.5cm，如果按照单条创口计算构成轻伤，如果按照累计长度计算则不构成轻伤，如果按照轻微伤鉴定，显然对伤者不公平，如果按照轻伤鉴定，由于上下唇之间口裂的存在，两条创口累计为一条是否合适亦存在争议。

如果个别案例无论按照什么方式进行检验鉴定情况都可能会出现争议，所以针对个案检验鉴定材料备份存档，记录鉴定意见形成的背景以及考量因素，既可以做到此时此景的备案备查，又可以供日后研究比照参考之用。

二、法医鉴定标准

（一）鉴定从业准入标准

1. 鉴定机构准入标准

全国人大常委会《关于司法鉴定管理问题的决定》规定："法人或者其他组织申请从事司法鉴定业务的，应当具备下列条件：

有明确的业务范围，有在业务范围内进行司法鉴定所必需的仪器、设备，有在业务范围内进行司法鉴定所必需的依法通过计量认证或者实验室认可的检测实验室，每项司法鉴定业务有三名以上鉴定人。

申请从事司法鉴定业务的个人、法人或者其他组织，由省级人民政府司法行政部门审核，对符合条件的予以登记，编入鉴定人和鉴定机构名册并公告。

省级人民政府司法行政部门应当根据鉴定人或者鉴定机构的增加和撤销登记情况，定期更新所编制的鉴定人和鉴定机构名册并公告。

侦查机关根据侦查工作需要所设立的鉴定机构，不得面向社会接受委托从事司法鉴定业务。

人民法院和司法行政部门不得设立鉴定机构。

各鉴定机构之间没有隶属关系，鉴定机构接受委托从事司法鉴定业务，不受地域范围的限制。”

2. 鉴定人准入标准

《关于司法鉴定管理问题的决定》规定：“鉴定人具备下列条件之一，可以申请登记从事司法鉴定业务：

具有与所申请从事的司法鉴定业务相关的高级专业技术职称。

具有与所申请从事的司法鉴定业务相关的专业执业资格或者高等院校相关专业本科以上学历，从事相关工作五年以上。

具有与所申请从事的司法鉴定业务相关工作十年以上经历，具有较强的专业技能。

因故意犯罪或者职务过失犯罪受过刑事处罚的，受过开除公职处分的，以及被撤销鉴定人登记的人员，不得从事司法鉴定业务。

鉴定人和鉴定机构从事司法鉴定业务，应当遵守法律、法规，遵守职业道德和职业纪律，尊重科学，遵守技术操作规范。

鉴定人或者鉴定机构有下列情形之一的，由省级人民政府司法行政部门给予停止从事司法鉴定业务三个月以上一年以下的处罚；情节严重的，撤销登记：因严重不负责任给当事人合法权益造成重大损失的；提供虚假证明文件或者采取其他欺诈手段，骗取登记的；经人民法院依法通知，拒绝出庭作证的；法律、行政法规规定的其他情形。

鉴定人故意作虚假鉴定，构成犯罪的，依法追究刑事责任；尚不构成犯罪的，依照前款规定处罚。”

(二)鉴定意见依据标准

法医鉴定依据标准是法医鉴定程序中最重要的组成部分,是法医鉴定意见成立与否的重要衡量指标之一。在整个法医鉴定过程中所形成的一系列的阳性、阴性所见,能否成为解决案件专门性问题的先决条件,最后构成鉴定意见,关键在于能否围绕鉴定依据标准这条主线,形成具有逻辑性的证据链条。

司法实践证明,人身伤亡类案件法医鉴定意见的形成,有些具有成条文的鉴定标准可供依据,如人体损伤程度的鉴定标准。有些则没有成条文的鉴定标准可供依据,如死亡案件中的法医病理学的鉴定标准。

1. 成条文标准

人身伤害类案件的鉴定即法医临床学鉴定所依据的标准是成条文的,标准是两院三部发布的《人体损伤程度鉴定标准》,此标准是针对人身伤害类鉴定所制定发布的,所以又称为活体损伤程度鉴定标准。

成条文标准在法医鉴定过程中的应用具有格式化规范作用,可以使法医鉴定的操作性趋于一致、公平、公开,所以在法医鉴定过程中能够制定相关的成条文鉴定标准的,均应该制定相应的成条文鉴定标准,使法医鉴定的过程逐渐向程序化、标准化的方向发展。

2. 非成条文标准

人身死亡类案件鉴定即法医病理学鉴定所依据的标准是非成条文的,非成条文标准不等于没有标准,而是因为人身死亡类案件的成因、机制、发生、发展过程等问题的复杂性,某些技术性因素的不确定性,很难用相对完整的成条文标准将其统一并固定下来。况且不同类型的人身死亡类案件有不同的成因、机制及发展过程,即便同一类型的人身死亡类案件,也可能因为个体体质等因素而出现不同的发生、发展过程,所以法医病理鉴定依据非成条文标准的状况一直延续下来。

非成条文标准的文字形式，主要分布在教育部统编的医学、法医学的教科书中，尽管这些标准以理论叙述或者技术讲解的方式出现，但是与之分散出版的某某专家标准、公认模式、成熟经验、鉴定实务类等参考书籍比较而言，其应用的实际效果是肯定的。至于参考类书籍或者前沿性的理论知识，多为一家之言一孔之见，一般不作为非成条文标准引用。

法医鉴定中非成条文性标准的应用，构成了鉴定质量的波动和不确定性，因为分布于医学、法医学教科书中的鉴定标准或者依据，许多并不完全是以概念、定义等形式出现的，有时以论述或者机理的形式散见于章节段落之中，对于不同的法医鉴定人，采用时把握的程度取决于对其理解和研究的情况，因此主观的思维会自然地掺入鉴定意见之中。

三、具体操作程序

(一)法医鉴定提起

一般情况下，法医鉴定程序的提起开关存在于案件的诉讼程序之中而不是法医鉴定机构或鉴定人，操纵这个开关的是办案机关或者民事案件的当事人。

1. 提起的目的

提起法医鉴定的目的是解决案件中的专门性问题。《刑事诉讼法》规定，为了查明案情，需要解决案件中某些专门性问题时，应当指派、聘请有专门知识的人进行鉴定。指派的含义是专门知识的人与办案机关具有隶属关系，聘请的意思自然是不具备隶属关系。

由于刑事诉讼程序的设置，人身伤亡类案件的侦查、起诉、审判等诉讼工作分别由不同的办案机关来完成，而解决人身伤亡类案件中的专门性问题则由法医鉴定人完成，为此按照法律规定的程序，公安、检察机关和社会上设置了法医鉴定机构。

由此可见，要达到解决人身伤亡类案件中专门性问题的目的，需要经过两个程序，即案件的诉讼程序和法医鉴定程序。通常情况下，法医鉴定程序并不包含在案件的诉讼程序之中，只是当办案人员认为需要解决案件中专门性问题的时候，才依照法律规定指派或者聘请程序的形式，提起法医鉴定程序，并使法医鉴定程序进入案件的诉讼程序，或者把包含在诉讼程序之内的法医鉴定程序凸显出来，开始解决案件中的专门性问题。

2. 提起的条件

由于法医鉴定程序是人身伤亡类案件诉讼程序中一个独立的备用程序，或者说是法律诉讼活动中一个技术工作分支，若提起法医鉴定程序则需要满足两个条件：一是案件中存在需要法医鉴定解决的问题；二是办案人员认为这个问题需要解决。

第一个条件是客观存在的，而第二个条件则存在着办案人员的主观意识问题，即有专门性问题的存在，如果办案人员认为已经解决或者不需要解决时，亦不会提起法医鉴定程序。

换言之，办案人员认为案件中的专门性问题是否需要解决，成为法医鉴定程序是否被提起的关键所在，如果办案人员认为案件中某些专门性的问题不需要解决，即便司法机关内设的法医鉴定机构，也不能主动地介入人身伤亡类案件的诉讼过程之中。

法医鉴定的提起还有一种间接的方式，即犯罪嫌疑人、被告人、被害人或者律师通过申请的方式提起法医鉴定程序。犯罪嫌疑人、被告人、被害人或者律师对案件中的专门性问题要求解决，或者对解决的结果持有异议，需要向办案机关提出书面申请的方式提起法医鉴定，经同意后由办案人员向法医鉴定机构提出鉴定委托，法医鉴定程序才能够得以进行，所以这是一种间接的提起方式。

《司法鉴定通则》规定，社会司法鉴定机构可以直接受理公民个人的法医鉴定委托，民事案件的当事人可以通过签订委托鉴定协议的方式提起法医鉴定,这是一种不通过审查批准即可以提起法医鉴定程序的方式,当然鉴定机构是否受理公民个人提起的委托鉴定,则属于鉴定条件是否具备的问题。

此外,法医鉴定程序的提起还有交办方式,即上级机关对某些案件以交办的形式进行法律监督时,涉及案件中的专门性问题一并通过交办的形式提起法医鉴定程序。

(二)法医鉴定委托

1. 委托主体

按照《刑事诉讼法》规定办案机关为了查明案情而进行的委托鉴定,委托主体自然是办案机关。

从法医鉴定的提起环节看,刑事案件中的犯罪嫌疑人、被告人、被害人或者辩护律师,可以通过申请的形式,要求司法机关就案件中的某些专门性问题委托法医鉴定,得到许可后由司法机关行使委托鉴定的权限,这种情况下委托主体仍然是办案机关。

《司法鉴定通则》第 12 条规定:“司法鉴定机构接受鉴定委托,应当要求委托人出具鉴定委托书,提供委托人的身份证明,并提供委托鉴定事项所需的鉴定材料。委托人委托他人代理的,应当要求出具委托书。

“鉴定委托书应当载明委托人的名称或者姓名、拟委托的司法鉴定机构的名称、委托鉴定的事项、鉴定事项的用途以及鉴定要求等内容。”

此条款规定适用于具有举证责任的民事案件,也就是说适用于案件当事人以个人的名义进行委托鉴定的程序,此类情况委托主体是当事人。

2. 委托形式

委托法医鉴定需要填写纸质委托文书,一般应当以书面委托文书的形式向法医鉴定机构提出委托鉴定事宜的申请,此外,上级办案机关交办、转办的法医鉴定文件或者公函,也属于一种书面委托鉴定的形式。

法医鉴定委托书是一种制式文书，载有委托鉴定的办案机关、法人或者个人，办案机关或者单位进行委托检验鉴定的，一般需要两个人以上共同委托，同时需要提供相应的鉴定资料。如果需要鉴定的客体是实物（如活体或者尸体），则需要标明所处的位置及目前的状态等；如果需要鉴定的是文字资料，则需要标明文字资料的出处以及是否与原件核对无误等；如果需要鉴定的属于视听资料，还需要注明是否经过复制、剪接、拼合等。

委托法医鉴定文书中提及的实物或者资料，均需与委托鉴定文书一并移交给接受法医鉴定的鉴定部门或者机构。

委托法医鉴定文书一般填写一式两份，分别由法医鉴定机构和委托检验鉴定的办案机关或个人留存备查。委托文书中所载事宜双方须当面进行交办移交，不得以书信、信函、邮寄等方式进行委托，以避免出现鉴定材料交接等误差。例如，一张用于法医病理诊断定性的组织切片，在审判机关向鉴定机构调阅时发现去向不明，鉴定机构通过调阅实时登记记录进行核对，发现是检察机关首次调阅没有如期归还，组织切片去向问题迎刃而解。

法医鉴定履行委托的形式是解决案件中专门性问题的必经程序之一，委托鉴定文书是检验鉴定要求、送检材料、送检人员、检验鉴定人等有关信息的证明载体，也是承载委托要求、事实的所在之处。委托鉴定文书需要经办案单位领导批准、检验鉴定机构负责人签批后，才能够作为有效的诉讼文书提起法医鉴定程序。

委托鉴定需要与鉴定提出的时机相结合，才能有效地完成解决案件中专门性问题的目的，委托鉴定的提出的必须是在案件的诉讼阶段，可以是案件的立案侦查阶段、案件的检察起诉阶段、案件的审理判决之前，而不能在立案之前或者审判结束之后提起。

在案件中的专门性问题解决过程当中，犯罪嫌疑人、被害人及诉讼有关方面人员，可以针对案件中专门性问题的某一细节，提出新的鉴定、补充鉴定或者重新鉴定委托要求，还可以针对鉴定机构、鉴定人提出回避等要求。

上述各种委托鉴定要求的提出须符合一定前置约束条件，即必须有明确的理由。此外，办案人员对案件中专门性问题提出的委托鉴定要求，需要经过主管领导批准并进行逐级委托，这是因为在司法机关的内部，法医鉴定机构的设置是逐级的，案件中专门性问题的解决始终处于办案机关对整体案件的办理之中，不能因为专门性问题的提出而使整体案件越级传递，下一级办案机关正在办理的案件中遇到了专门性问题时，按照诉讼程序只能先请示上一级办案机关解决，不能越级上报请示，而且请示的问题只能是案件中的专门性问题。

（三）法医鉴定的审查、受理

1. 受理鉴定前审查

受理鉴定前的审查是法医鉴定机构内部接受委托前必经的程序。

首先要进行委托程序上的审查，如委托鉴定主体资格、委托鉴定程序、委托鉴定文书格式、所委托鉴定事项及其材料、签批手续以及委托人员有关证件等。

其次审查委托鉴定要求，包括鉴定要求是否与案件有联系，是否针对案件中专门性问题，是否符合鉴定机构资质资格，移送的卷宗材料及其检材是否与委托鉴定要求相关，鉴定所需要的医学材料是否调取等。

审查的过程要按项逐一进行，尤其是与委托鉴定要求有关联的检材，必须逐一查验清楚并登记造册，形成接受委托鉴定材料清单，一式两份与委托鉴定方分别保管，鉴定结束后移交鉴定文书时有关检材一并发还。

对于随委托鉴定移送的案件卷宗材料，应将与鉴定有关的材料核对无误后复制备份使用，原卷宗随受理鉴定回执一并退回，以免卷宗中有关信息外溢扩散，对于其他检验所用的文字类材料，编制页码后按顺序成册，以备鉴定过程中使用。

对于生物类检材，做好验收勘验工作并运用照录像技术予以固定，避免因为检材自身因素发生的变化而出现责任认定上的混淆，对于不能在鉴定机构内移送的生物类检材，如尸体等，应在审查有关影像资料后，与委托鉴定方一同验收检材并予以确认。

法医鉴定机构受理委托鉴定前的审查，一般由鉴定机构的内勤人员负责，但往往与法医鉴定人的受理检验鉴定工作同时进行，因为只有法医鉴定人进行的鉴定受理审查，才是更加接近检验鉴定实际的审查。

2. 委托鉴定的受理

法医鉴定机构受理委托鉴定文书后，需要指派法医鉴定人接收有关鉴定材料和检材，同时进行更加专业的审查，以确定是否具备鉴定的条件。比如所提供的鉴定资料是否齐全，影视资料是否清晰，涉及鉴定的伤情是否已经稳定，死亡案件中的尸体保管情况等。

法医鉴定人需要对简要案情、要求鉴定事项的要点、检材名称数量、性质、保存状态、鉴定时限以及需要解决的有关鉴定问题进行备忘登记，需要查阅卷宗材料的形成阅卷笔录等。

如果所送卷宗材料缺项、缺页，法医鉴定人需要在阅卷笔录中加以记载，并要求办案人员补齐补全或作出合理的书面说明。

法医鉴定机构及其法医鉴定人只能接受委托鉴定方送检的有关鉴定材料，委托方以外的人员或部门，不能向鉴定机构及其人员传递用于鉴定的材料，以防止进入法医鉴定环节的材料影响鉴定质量的公正性，尤其是对于法医鉴定意见发挥着重要作用的材料，如病历资料、手术记录、现场记录等不能通过委托方以外的途径传递给法医鉴定人。

如果确需调取或者补充用于检验鉴定的缺项材料，法医鉴定机构及其鉴定人不能自行单独进行调取，如向知情人员、医务工作者询问等，应该要求由委托鉴定方进行调取，至少要在委托鉴定方陪同下与鉴定人一同调取，避免造成鉴定机构及其鉴定人自己鉴定、自己调取的侦鉴不分弊端。也避免鉴定机构及其鉴定人在鉴定材料的调取过程中更换原始资料等问题。

法医鉴定机构指派法医鉴定人审查送检材料的过程需要形成阅卷笔录,对于送检卷宗材料的取舍应该作出相应的记录说明,阅卷笔录需要存入技术卷宗备查。

(四)法医检验鉴定

1. 法医检验

一般情况下,法医的检验是指法医鉴定人对人身伤害案件中的活体损伤情况和死亡案件中的尸体情况所进行的检验。

法医鉴定人对活体损伤情况的检验即对人体检查或称活体检验,需要在法医临床鉴定实验室内进行,由两名或两名以上法医鉴定人共同进行,视情况也可吸收有关见证人员临场见证,检验过程需要记录,对于易于消亡的体征征象及时采用影像技术予以提取资料并进行必要的固定保存。对于容易引起争议的法医临床鉴定实验室的检验,比如隐私部位、诈病或者造作伤等,可以全程进行录音录像,并备份留存备查。

如果被鉴定人员不配合检验或者拒绝的,并且影响案件中专门性问题的解决,可经鉴定委托方请求,办案机关领导批准,中止检查或者进行必须的检验。进行必须的检验时,要做好必要的预案和应急措施,避免造成不良后果。

如果被鉴定人是女性或者未成年人,检验过程应由女法医进行或有女工作人员、未成年人的监护人在场见证。

在法医临床鉴定实验室内对被鉴定人员进行身体检验时,要尊重被鉴定人员的人身权利和风俗习惯,避免损害被鉴定人员的人格尊严,禁止发生危害、侮辱人格或有伤风化的行为。

法医活体检验涉及精神类疾病鉴定的案件时,需要按最高人民法院、最高人民检察院、公安部、司法部联合发布的关于司法精神疾病鉴定的有关规定执行，案件中涉及精神疾病类的专门性问题时，需提交到由省级人民政府指定的精神病院进行检验鉴定。

对精神类疾病问题的鉴定机构及鉴定人的资格、鉴定程序等两院两部的规定中都有明确要求。不具备鉴定资质和条件的机构或个人不得从事精神类疾病问题的检验鉴定。

对尸体进行检验鉴定时，要严格履行鉴定程序，应在法医病理实验室内进行，以防止尸体发生腐败，从而破坏尸体上有关证据的形态特征而影响检验鉴定的结果。

对尸体进行检验前，应由办案人员填写法医病理检验鉴定委托书，经办案机关相关领导签字批准后，组织法医病理检验鉴定人及相关技术支持和保障人员进行尸体检验，并需要通知死者家属到场或派代表到场见证，同时做好环保及风俗习惯等方面的相关工作。

通知死者家属到场既是尊重被鉴定方的鉴定权利，也是死者家属对检验鉴定知情权的行使，还是顺利进行检验鉴定的保障条件之一，成熟的做法是允许死者家属中知晓医学或者法医学的人员到场见证，可以起到内行明理人员监督法医鉴定工作的作用。

如果死者家属或代表拒不到场不影响法医鉴定人对尸体的检验鉴定，但应注意把通知到场的具体情况，在检验尸体的记录中加以注明。

法医鉴定人对尸体进行检验应由办案人员主持，两名以上法医鉴定人共同参加检验。同时需要对尸体检验的过程进行拍照或者全程录像，并做好检验记录和提取相关检材备用。

检验尸体的拍照和摄像工作，是法医病理检验的重要手段，对于记录检验过程和固定检验所见，发挥着直观形象的视觉作用，是其他固定检验的技术手段不可替代的，必须充分加以运用。对于检验过程中的阳性所见和必要的阴性所见都需要进行采集固定，所获得的影像资料要及时封存，以保持其原始的记录状态。

法医病理学检验在解剖尸体过程中需要提取相关组织检材时，要注意保护尸体上的有关法医病理学证据，提取检材时尽量保留其在尸体上的征象、原貌以备复查，如需全部提取必须采集提取前后的影像资料备查。

对提取的相关组织检材，应按照要求进行编号、固定，防止人为因素导致其混乱、变性、腐败等而失去检验的意义，提取的检材需要进行物证检验鉴定的，须交由物证检验鉴定人，在专门的物证实验室内按严格的操作规程进行，以防止污染和损毁检材的物证性质。

提取的相关组织检材用于制作病理组织学切片的要长期保管，尸体检材提取后，如已确信案件中的专门性问题已经解决，尸体应尽快火化，以防止尸体腐败污染环境。

检验尸体可以根据鉴定需要和办案机关的委托要求，采取尸表检查、局部解剖或者系统解剖等检验方式进行。解剖尸体一般应采取解剖学和病理组织学方法联合进行，必要时应附加物证检验和毒物分析方法一并进行检验鉴定。

检验尸体的过程要填写详细的记录。记录需要保持原始状态，必须在检验现场整理完毕，由主持检验尸体的办案人员、法医鉴定人、在场的家属及代表签名以备存档，不能事后补写或者重新抄写，可以采取现场录音录像的方式现场录制检验中的所见，事后整理出文字记录。

在法医检验过程中，有时针对案件中疑难复杂有争议的专门性问题，经过报告批准程序后，法医鉴定人可以进行动物模拟性实验，在动物身体上复制再造类似的病理演变过程，以验证某些专门性问题的发生发展机理，如动物心腔内的空气栓塞试验、动物体表致伤推导致伤物的成伤机制等。

法医检验过程中的原始记录，是法医鉴定意见形成的重要依据，必须按照程序认真操作。

(1)检验记录应保证是原始记录，事后回忆所制作的记录(特别是解剖记录)既不符合程序的要求，更容易出现遗漏或偏差。

原始记录要求文字清晰、标点符号准确、如实详细地记录描述所发现的一切异常变化和特征，描述时要使用专业术语而且词语规范，不能用方言、土语或者比喻之类的非专业用语。

(2)检验记录应有明确的顺序性，如检验尸体的记录应按照由外至内、由上至下、由宏观到细目，逐次进行记录。记录所见及所提取的检材，应按照检材的名称、质地、大小、数目、形状、定位等顺序进行记录，需要用解剖学上的术语描述和标记检验所见到的特征在尸体上的分布情况。

(3)检验记录必要时应辅助以说明图表，常用的制式印刷的线条图形，如头部图、颅骨图、颈部图、全身图等。法医鉴定人还可以根据实际情况，现场绘制简洁明了的图表，用以描述和定位检验中的所见征象。

(4)检验记录应使用国家法定的测量计量单位，如米、厘米、毫米、千克、克、毫克等，不能用模糊的计量语言文字，如三指宽、一头高等，检材重量要进行实际测量，不能随便地估计。在描述检材形状大小等物理性状时，要用长宽高的坐标进行测量，不能使用如像土豆类、花生状、皮球大小等形容词进行描述和记录等。

(5)几乎所有的主要检验所见都应拍照，而且最好是彩色照片，照片需要按照顺序编号，尤其是有些重要检材或损伤部位，在检验前后都应有照片加以固定状况，以起到对比证明前后变化与检验的关系作用。有条件的还应进行实时摄录像，从动态的角度来记录检验所见。

检验是法医鉴定中重要的基础性步骤，是指通过一定的方式方法，对被检验的客体进行勘验查看，在这个过程中主要侧重点是检验，不要求作出结论性结果，避免在检验中盲目下结论造成检验与鉴定程序不清，出现与最后的鉴定意见不一致的尴尬或错误。

2. 法医鉴定

法医鉴定是指法医鉴定人在检验结束后，经过一系列的技术性操作，形成旨在回答委托鉴定要求的鉴定意见过程，这个过程最终形成一份书面形式的法医鉴定意见书。

法医鉴定可以分为鉴定、补充鉴定、重新鉴定、复核鉴定等形式。

法医鉴定人员经过检验鉴定出具的鉴定意见，以鉴定意见文书的形式将交给办案机关进行审查，以确定是否符合案件的事实并作为诉讼证据加以应用。如果办案人员或其他诉讼参与人员在审查法医鉴定意见的过程中，认为法医鉴定所解决的问题不完善、不彻底，鉴定意见成立的理由论据不充分或者又发现了与法医鉴定有关的新的资料，可将原鉴定意见和新的资料，交回原鉴定机构及鉴定人，进行修改或补充原来的鉴定意见即补充鉴定。

补充鉴定的特征是修改补充原来的鉴定意见，而不改变或撤销原将鉴定意见，不需要更换原来的鉴定机构和鉴定人。

重新鉴定是指办案人员或其他诉讼参与人员，对原鉴定意见有明显的分歧，或认为鉴定意见中有某些错误，或认为原鉴定意见的鉴定程序不合法，可以更换鉴定机构或者鉴定人，进行重新检验并作出鉴定意见。

重新鉴定原鉴定人要实行回避制度。

重新鉴定是多头鉴定、重复鉴定的源头，为了防止这类弊病的发生。重新鉴定时须确有理由，且经过办案机关或鉴定机构的主管领导批准后方能进行。

2005 年以前，司法机关对省级人民政府指定的医院所作出的医学鉴定有疑义时，须到省级人民政府另外指定的医院再进行医学鉴定，实际上也是重新鉴定的一种形式。

复核鉴定是更高一级层次的法医鉴定，是一种再检验鉴定的形式，它与重新鉴定有相似之处，都是为了使法医鉴定质量更加准确。但是它的进行未必一定要出现需重新鉴定的情况，它是一种鉴定程序中常见的模式，这是与重新鉴定的不同之处。

复核鉴定常由高一级的法医鉴定机构或法医学专家学者对原法医鉴定

的材料进行审查复核，在论点论据及鉴定意见的形成上进行把关，以提高法医鉴定意见的证明性力度，尽可能地减少误差，防止错误鉴定事件的发生。

如果在审查复核过程中，发现原鉴定意见有不实之处或错误问题，可提起重新鉴定程序进行重新鉴定。

在法医鉴定的司法实践中，因为法医鉴定程序的多次重复提起，使某些人身伤亡类案件成为缠诉案件而造成人力、物力、财力的巨大浪费，甚至成为案件诉讼中不稳定因素。因此在法医鉴定程序的发展进程中，曾在不少地区出现了法医鉴定程序中的终局鉴定规定，并在一定范围内予以实施，用以解决因多次重复鉴定所带来的问题。

终局鉴定是针对案件中专门性问题的解决上，因为出现多个鉴定意见，并且鉴定意见之间常有互相冲突或者推诿之嫌，为了不影响案件的正常诉讼，终止法医鉴定反复提起的怪圈所采取的一种权益做法。

2005 年以前，全国的法医鉴定机构以及法医鉴定工作发展得十分迅速，但程序上规范性的调整管控措施显得十分滞后，因不同法医鉴定意见之间互不一致等缘故，使人身伤亡类案件的诉讼成为缠诉案件的情况屡有发生，所以各地以区域范围内行政级别为框架，形成了本区域内的相对权威的鉴定意见终局意识，即终局鉴定。

终局鉴定设立的做法是设立省级和国家级两级终局鉴定。在一个省辖区域内由省级的法医鉴定部门作出，在全国范围内由国家级的法医鉴定部门作出。终局鉴定的组成人员是法医学及法医鉴定界各学科的带头人、高精尖人才和技术领军人员。一个行政区域内只能设立一个终局鉴定机构。

终局鉴定一般是针对多次重复鉴定，久拖不决的鉴定、重新鉴定或复核鉴定而作出的，作出终局鉴定的机构应有相当一级的权力机关的授权，终局鉴定不是随意就可以作出的。有的学者提议法医鉴定可以比照二审终审制和上诉审以及监督审等办法进行尝试，终局鉴定做法在一段时间内出现在法医鉴定工作之中，如某些区域内的司法鉴定委员会行使的鉴定权限即属于终局类鉴定。但是由于其中是否存在剥夺有关诉讼参与人的权利等问题,所以终局鉴定没有被广泛地接受和采用。

终局鉴定的设立减少了因为法医鉴定程序中委托环节较多,不同的办案机关均可以对案件中专门性问题提起鉴定。同时也规避了办案人员主观上追求与自己的诉讼主张相一致的结果,利用鉴定意见(当时尚称之为鉴定结论)否定鉴定意见的做法,而人为地造成多头鉴定的情况,所以设立终局鉴定模式在特定的历史时期内,对于重复鉴定类问题发挥了一定的积极作用。

2005 年以后,司法鉴定体制进行了改革,明确了所有的鉴定机构之间没有隶属关系,但是,隶属于司法机关内部的各个法医鉴定机构之间的级别与其所隶属的行政机关级别相关,即行政级别意义上的上下级之分自然适用于鉴定机构。

社会上成立的司法鉴定机构之间虽然没有隶属关系,但是因为其资质及鉴定能力与其所处的地域、科技含量的情况有天然的联系,这也是一种定势思维和从众心理上的认同,即大城市或者高等医学院校中的法医鉴定机构,其相应级别或资质较高。

鉴于法医鉴定人技术上主管上级的不明确性,法医鉴定机构上技术上的良莠缺乏必要的考核指标和量化上的数值,因此在客观上造成了法医鉴定委托的广泛性、法医鉴定程序提起的盲目性,寻找较高层次的法医鉴定机构、追求鉴定意见质量的可靠性,是参与解决案件中专门性问题的有关诉讼方面的意愿和期盼。

(五)法医鉴定文书制作

1. 摘选材料

法医鉴定文书制作的基础性工作之一是摘选与鉴定相关的材料,这些材料大致可以分为案件的卷宗材料、涉及鉴定的病历材料和检验记录材料等三部分。

(1)卷宗材料是指人身伤亡类案件诉讼中侦查、检察、审判过程形成的主要材料,也是法医鉴定摘选的基础性材料,在制作法医鉴定文书时,需要摘选案件发生的时间、地点、人物、伤亡情节等概要性的情况,对于涉及案件中的专门性问题进行摘选时,需要按照发生、发展、结局等过程逐一摘选,并记录所摘选的材料在案件卷宗中的卷数、页码;摘录犯罪嫌疑人的供述情况时,要注意摘选第一次的供述情况;对于卷宗附有的图片等视听资料应一并复制摘选。

(2)摘选病历材料时,需要选择住院病历进行摘选,对于住院的时间、地点、科室等概要性情况逐一摘选以后,重点摘选医院的等级、入出院诊断、辅助检查记录等客观病历,由于主观病历的不确定性,住院期间的医嘱是反映治疗的晴雨表,亦应有针对性的摘选,甚至住院期间使用的药品的价格,如果对形成鉴定意见有益也应进行摘选。如果被鉴定人员没有住院病历,门诊病历的摘选应注意选择辅助诊断及检查所见等客观部分,对于门诊病历的主诉部分仅作为参考。

(3)检验记录材料的摘选,对于支持鉴定意见成立的材料首先摘选,用以论证法医鉴定意见的立论、构成和基础,并且注意材料的原始状态,不能因为摘录而丧失其本来面目。对于能够从反面佐证鉴定意见成立的阴性所见材料,也应该进行摘选以便在分析论证时使用。

2. 分析论证

分析论证是法医鉴定人在检验的基础上,对所占有材料中的各种信息进行分类综合和逻辑推理,这个过程要求对于检验中的阳性所见逐一进行分析,必要的时候对于检验中阴性所见也要加以分析论证,以此佐证所要解决的问题即鉴定委托要求成立与否,二者相互依存,从两个侧面构建法医鉴定意见。

分析论证部分是体现法医鉴定意见水平的重要组成部分,分析论证部分需要针对检验所见的客观征象进行由表及里、由现象至本质、去伪存真地加以分析,客观征象为什么出现,有何种意义,与鉴定要求有何联系等都需要作出科学的解释。

分析论证部分需要法医鉴定人按照提出论点、列出论据、并按照论点论据逐一展开论证的基本论述过程,对于法医鉴定需要解决的案件中专门性问题进行分析论证。

分析论证的步骤一般是根据检验所见、结合案情介绍、分析认为、依据标准等顺序递进式展开,最后演绎推导出鉴定意见。

根据检验所见部分,主要论证检验的客观所见与鉴定标准的统一关系,为鉴定意见的成立做注脚,因此检验的客观所见应以视听资料的形式附在鉴定意见书的末尾以示佐证。

结合案情部分,是把办案机关或者委托人介绍的主要案情情节,与委托鉴定要求、鉴定意见与检验的客观所见进行对接,对案情中事实部分给予科学客观地解释。

分析认为部分,要求论证围绕着委托鉴定要求依次深入系统论证客观所见形成的基础、机制、原因等问题,并将分门别类的客观所见进行联系,形成有条理性的因果关系,进而引入相应的鉴定依据标准,铺垫法医鉴定意见成立的逻辑上的合理性和标准上的合法性。

分析论证的标准依据部分主要是指鉴定意见成立的依据标准,包括理论和技术标准、成条文和非成条文标准,必要时可在鉴定书的附录部分用索引注明标准的出处。

法医鉴定意见中的分析论证部分是法医鉴定意见质量的重要体现,因此法医鉴定机构为确保鉴定意见准确无误,在分析论证的环节中实行集体讨论制度、复核制度、公开制度、错误鉴定追究制度等,以提高法医鉴定意见分析的质量。

分析论证中的听证是法医鉴定程序及实体公开的一种尝试,在某些案件中专门性问题的研究分析过程中，引进相关专业的专家学者旁听或者列席，对于鉴定质量评价、解决争议、增加鉴定公信力等都有积极的作用。

3. 鉴定依据

法医鉴定意见的表示是鉴定文书中的一个单独段落，是法医鉴定全部工作的集中体现，是法医鉴定过程中引入鉴定依据标准的凝聚点。

法医鉴定意见是办案人员、委托人用来直接使用的证据之一，所以法医鉴定意见必须有依据标准，不管是成条文或非成条文的依据标准，必须在鉴定意见中予以明示，必要时在鉴定意见文书的附录部分应有所标注。

成条文的标准如人体损伤程度鉴定标准等条款，主要应用于法医临床鉴定，即损伤程度、伤残等级以及劳动能力等鉴定。非成条文的标准如法医病理学的理论知识等，主要适用于死亡案件的法医病理鉴定。无论是哪一种依据标准都应该是权威的、公认的，同时必须是具体的，而不应该是部分地或者宏观的标准依据。

4. 文书送达

法医鉴定文书送达必须以纸质文书为其形式表示，电子文档的鉴定文书不作为送达文书。

法医鉴定文书按照制式的格式形成，一般应在鉴定机构内完成，在未形成法医鉴定文书之前，尤其是鉴定意见存在分歧或者不一致的时候，法医鉴定人应注意保守秘密，不应擅自发表见解、意见和会见有关当事人员。

纸质的法医鉴定文书送达是指在规定的时限内，把鉴定文书送交办案机关或者委托人。送达的途径应该是沿着委托鉴定、送检鉴定材料时的路径逆向送交或者移送。对于用于鉴定摘录的案件资料，需要一并随鉴定文书发还，同时做好交接登记手续。

移送的鉴定文书应同时移送鉴定文书附则中注明的相关图片及客观依据材料，便于办案机关或者委托人分析和使用。

(1)送达法医鉴定文书通常采取机要通信、挂号邮寄等形式进行，鉴定委托方收到鉴定文书后要及时反馈,并签收送达回执由法医鉴定机构存档。此种送达形式传递准确、安全、可靠并有记录在册,鉴定文书不采取平信邮寄送达,禁止人工捎带和通过互联网或者局域网的方式送达传递。如果因工作需要也可以采取委托鉴定办案机关或委托人自行取回的办法送达,但要做好交接手续,对有关鉴定物品、事项要逐一做好登记。

与鉴定有关的其他诉讼参与人员不能领取或者传递鉴定文书,以示鉴定机构谁委托向谁负责的原则。

鉴定文书的送达传递需要遵守案件保密制度和办案机关的办案纪律。

由于法医鉴定意见文书只是人身伤亡类案件中的一类证据,所以不等于法医鉴定意见形成以后,案件中专门性问题诉讼已经完成,因此对已送达法医鉴定文书的内容,有关各方应做好保密工作。《刑事诉讼法》规定,用作证据的法医鉴定意见应告知当事人,尚不能确定是否用作证据的暂不告知。用作证据的法医鉴定意见由谁告知和如何告知应视具体情况而定。

在送达法医鉴定文书时,对有关检材、样本、物品的留存、销毁等事项要一并告知委托鉴定办案机关或者委托人。

(2)法医鉴定文书在规定的时间内制作完成后,律师或者案件的其他诉讼参与人需要复制时,应该向办案机关或者委托人提出复制要求。由于法医鉴定机构在受理鉴定委托时起,就通过办案机关或委托人建立了旨在解决案件中专门性问题的委托合同关系,因此在法医鉴定的过程中向鉴定委托方负责,在鉴定结束后向其提供鉴定文书正本,并遵守由诉讼程序衍生的委托鉴定合同关系,受之约束和调控,不应向第三方提供或者透露法医鉴定的有关信息,不经办案机关或委托人允许,鉴定机构不应向律师或者案件的其他诉讼参与人提供复制材料。

经办案机关或者委托人许可,法医鉴定文书的正本、鉴定依据的客观材料可以允许律师或者案件的其他诉讼参与人复印;对于鉴定的图片、视听资料一般不予复印,因为有些检验鉴定的图片、视听资料除专业人员外,其他人员因不甚理解而易造成误会,比如尸体解剖的场景及图片等。

但是在特殊情况下,律师或者案件的其他诉讼参与人员可以摘录图片、视听资料的文字说明部分。

复印或者摘录法医鉴定文书,避免断章取义式的复印或者摘录,对于摘录的相关事项应与原件对照加盖骑缝章,同时应做好登记工作。

5. 文书归档

法医鉴定文书制作完成以后,相关材料要按照案件档案管理的要求成卷归档,法医鉴定文书有两种方式进行成卷归档。

(1)存入主卷是法医鉴定文书归档的主要方式,作为案件卷宗材料的证据部分随着案件的主卷一并存入档案,随主卷存档的法医鉴定文书材料,主要是鉴定文书的正本,其密级、档案文号、保管年限等与案件的主卷宗一致。

(2)装订成附卷是法医鉴定机构按照技术卷的形式存档,即按照案件附卷的成卷要求,法医鉴定文书的归档按照封面、目录、法医鉴定文书正本、原始记录、摘录材料的副本、研究或者分析鉴定意见记录、影响资料或图片、备注、封底、编号、保管年限等顺序装订成卷,存入鉴定机构所在单位的档案库。

法医鉴定意见作为证据的一种,是人身伤亡类案件卷宗材料的重要部分,在法医鉴定文书的档案管理中应分类保存,法医鉴定意见能否作为证据使用,达到追究犯罪行为的诉讼目的,还需要经过侦查、起诉和审判等一系列过程,在这个过程中,某些重要的采信指标要求法医鉴定程序及意见的溯源路径通畅,以备查询、查证及复核原始凭证时之需,所以法医鉴定文书存档是案件诉讼活动的重要组成部分。因此法医鉴定文书的付卷材料需要完整齐全、分门别类、编号排序,按照诉讼卷宗、技术卷宗的要求及时、有序进行归档装卷,妥善存档保管。

对于法医鉴定客体中某些生物类检材,不能长期保存的,在进行必要的处理之前,需要进行逐项拍照、录像并形成视听资料档案,与法医鉴定文书相对应部分内容归类存入档案。

（六）法医鉴定时限

1. 案件时限

《刑事诉讼法》有关办理案件的时限条款规定，用于精神疾病的法医鉴定时间，不计算在案件的诉讼时限之内，其他情况法医鉴定占用的时间，则需要计算在案件的诉讼时限内，如果因此造成案件办理的时限不足，可以根据法医鉴定所占用的时间，向案件主办机关申请延长办案时限。

法医鉴定所占用的办案时限长短不能明确规定，因为法医鉴定所占用的时间是根据不同的专门性问题解决的难易程度所决定的，所以法医鉴定所用时间在办案时限中的比例问题，很难用一个时间段将其固定下来，应视所要解决的专门性问题的难易复杂程度而定，但原则上需要在案件的某一个诉讼阶段内完成，即侦查阶段的鉴定时限不能挤占公诉阶段的时限。

在司法实践中一般均采用宽打窄用的办法，即预留一定的时间用于法医鉴定，但是前提必须是鉴定时限服从于办案时限。

法医鉴定可以在案件的侦查、起诉、审判等不同的时间段内逐次进行，根据案件在诉讼不同阶段的时限要求，法医鉴定占用的时限过长会挤占诉讼时限，但是鉴定时间又应该服从鉴定质量，为避免二者出现冲突的情况，可以尝试采取事先约定法医鉴定时限的做法。

法医鉴定过程规定鉴定的时限，是由案件诉讼时限的限制和某些法医鉴定的客体承载的条件具有易逝性所决定的，比如某些生物性检材的腐败、挥发性物质的挥发等。

案件中专门性问题的解决不能无休止地进行，因此在解决案件中专门性问题的时候，法医鉴定需要遵循一定的鉴定时限进行。

在公安机关立案侦查期间，法医鉴定随着案件的侦查而展开，其鉴定意见的证明效力要在侦查过程中充分地予以体现，在规定的时限之前完成对案件中专门性问题的检验鉴定工作，才能体现法医鉴定为侦查工作提供线索、收集证据的科学技术价值。因此对其时效性的要求非常严格，公安机关的法医鉴定机构设立在刑事侦查部门，在配置上体现了部门之间的有机结合和刑事侦查与刑事技术的整体性，也是时限与效率在组织形式上的统一。

在特殊情况下，公安机关的法医鉴定机构需要把案件中的专门性问题送交上级公安机关的法医鉴定机构进行鉴定，或者将一些疑难的专门性问题外包给某些科研院所进行鉴定时，所需鉴定时限的延长或超期需经县级以上公安机关领导批准。

在检察机关对案件的审查批捕起诉期间，由于受到办案时限的制约，对公安机关提请批捕的案件，要在规定的时间里作出批捕与否的决定，因此案件中涉及专门性问题需要解决的时候，主要采取文证审查的方式，对案件中的专门性问题进行审查，既便利简捷又符合全国人大常委会《关于司法鉴定管理问题的决定》规定的检察机关鉴定机构用于侦查职能的要求。如果在审查中发现重大问题需要重新鉴定，一般采取退回公安机关，以补充侦查的方式请公安机关自行重新鉴定，进而保证了办案不超过时限。

对于检察机关自行侦查并提起公诉的案件，检察机关的法医鉴定机构需要占用一定的办案时限进行鉴定或者审查，由于检察机关法医鉴定机构与办案机关分别设立，对案件中的专门性问题进行解决，尤其是提起公诉的人身伤亡类案件，涉及两部门之间的配合与协作，法医鉴定时间占用案件办理时限有相应的规定，或者由两部门以具体情况会商确定。

案件在审判阶段需要进行法医鉴定时，2005 年以前审判机关内部设有法医鉴定机构，在审理案件的过程中，可以通过文证审查或者法医鉴定的形式自行进行鉴定。2005 年以后审判机关不再设立法医鉴定机构，审判机关在解决案件中的专门性问题时，或者采取退回检察机关进行补充鉴定，或者选择在司法行政机关登记注册的指定法医鉴定机构，由案件的当事人自行委托鉴定，无论是采取哪一种方式，均需要考虑到案件的诉讼时限。

在民事案件的审判过程中，审判机关主要是审查进入审判机关的法医鉴定意见，对于需要鉴定、补充鉴定或者重新鉴定的案件，采取案件当事人自行选择鉴定机构进行鉴定，此做法既尊重当事人的举证权利，又规避了鉴定占用诉讼时限的问题。

2. 鉴定时机

法医鉴定的时机是指被鉴定客体适合检验鉴定的最佳状态，在此时被鉴定客体的表现征象最充分，否则会因为时机的错过造成某种贻误，因此法医鉴定必须选择在恰当的时机进行或者完成。

有关的诉讼法律规定，在案件的办理期间，无论是司法机关还是案件的当事人、代理律师，都可以就案件中的某些专门性问题提起法医鉴定，由此一件案件中某一个专门性问题，就可以数次提起法医鉴定，加上法医鉴定的过程中存在某些不确定因素的出现，比如选择检材的偏颇等，除了会对办案的时限造成一定程度的影响外，也极易使法医鉴定的客体所承载的信息因为表现征象的变异问题而使鉴定时机丧失殆尽。

所以法医鉴定的时机问题必须服从委托鉴定的要求，不能出现因为时机掌握的差异而造成法医鉴定的目的的丧失，更不能因为在法医鉴定的时机选择问题上增加案件的诉讼成本。

选择法医鉴定时机应该注意以下问题。

(1)损伤当时的时机。法医临床检验鉴定的客体主要是活体损伤鉴定，在人体损伤类案件中，有些损伤情况变化很快，甚至瞬息万变，比如失血性休克在损伤当时的血压呼吸心跳等生命体征。如果不及时记录，事后就难以补充和确定，由此会使鉴定意见的正确形成增加难度，所以危及生命的损伤法医鉴定时机的选择一般为损伤鉴定当时的伤情。

对于需要经过临床诊治的伤情鉴定，法医临床学鉴定的时机一般选择在伤情稳定之后，症状或者体征消亡之前进行。如果伤情不稳定或者症状体征已经消亡，所获得的法医鉴定意见就将受到或偏轻或偏重的影响。法医临床学鉴定时机选择在伤情稳定之前，鉴定损伤的程度不稳定。例如，伤口的鉴定需要在伤口愈合以后瘢痕形成以前进行,鉴定时机过早伤势较轻,鉴定时机过晚则鉴定的是瘢痕而非伤口,如果需要鉴定损伤的伤口形状,在瘢痕形成期进行鉴定则很难完成。

所以鉴定时机问题对于法医鉴定的影响不仅仅是配合案件诉讼的需要,还涉及所鉴定的客体是否发生变化以及能否实现委托要求等问题。

(2)损伤后的一段时机。

大部分损伤都需要一段稳定和修复的时间,这就是通常意义上的鉴定时限。人体损伤鉴定标准中规定损伤的并发症、后遗症计入损伤的鉴定之中。而这两种情况的出现需要一定的时间,加之不同的损伤和修复的时间有所不同,如骨折修复时间较长,软组织损伤修复时间较短,所以规定在损伤后一段时限间内进行法医鉴定,可以避免因鉴定时机掌握不准而造成损伤程度鉴定出现偏差,具体时限因为损伤情况不同而有所不同,总体上可以参照医疗部门的客观病历而定。

此外,同一个损伤选择在不同的时机、时限内进行鉴定,所观察到的情况可能有所出入,由此形成的鉴定意见上自然会出现差别,比如创口演变为疤痕类的损伤,初期观察到的是创口,晚期观察到的是疤痕。因此正确掌握法医鉴定的时机、时限,对于减少补充鉴定或者多次的重复鉴定有着一定积极作用。

(3)生物类检材鉴定时机。

法医鉴定时机的选择是保证鉴定准确性的必要条件,超过这个相对时机或者时限,某些生物性的检材可供鉴定的条件就会被破坏或者消失,如尸体的腐败、伤口的愈合都会被破坏损伤原始的状态,因此生物类检材的鉴定时机选择更显得重要。

(七)法医检验检材

1. 生物类检材

法医鉴定过程中,需要提取相应的生物类检材用于检验鉴定,在鉴定结束之后，这些检材的处理也应该按照相应的鉴定程序进行，不能按照一般性废弃物或者垃圾进行处理，以防止造成环境污染和病菌传播。

生物类检材的处理时间应以案件诉讼结束时间为起点，过早处理有影响案件证据复查的隐患，过晚处理有可能造成保管成本的增加，所以案件诉讼结束后生物类检材即可进行处理，但有些不便保存的生物类检材比如尸体等，可以在检验结束后，在提取充分的固定资料和死者家属同意签字的前提下，及时处理。

生物类检材还可以制作影像图片、样本标本等形式做永久性的保存，剩余的部分需要采取定点焚烧或者深埋的方法进行处理，禁止丢弃或者混杂在生活垃圾中处理。

2. 文书类检材

法医鉴定过程中送检和形成的文书类检材，在按照规定发还和必要的备份留存之后，可以采取就地粉碎、送纸厂化浆再利用等方式处理，禁止按照废纸变卖或者丢弃，以防止造成所载信息的传播或者泄密。备份留存的文书类检材在检验鉴定完毕后，需要及时地移交到档案管理部门装订成卷专门保管。

第三节 外包检验鉴定操作

一、选择机构

法医鉴定过程中将案件中专门性问题的一部分甚至全部，外包到具有相应鉴定资质的技术机构进行检验鉴定是经常发生的事情。

外包检验首先需要选择鉴定机构，按照全国人大常委会《关于司法鉴定管理问题的决定》中的有关规定，选择社会法医鉴定机构进行外包首先要考量鉴定机构资质资格、技术力量、信誉等级等，此外有关地缘因素、交通情况、是否法院指定机构等也是相关参考的指数。

由于社会法医鉴定机构有合伙和法人等不同组织形式，人民法院采取了选定或者指定检验鉴定机构，作为解决案件中专门性问题的鉴定机构的做法，这种做法优先考虑鉴定机构的优势资源，具有普遍意义上的引领示范作用。大专院校的法医鉴定机构正迎合了外包检验鉴定的这种趋势，所以是司法机关选定或者指定的外包鉴定机构。

为了便于选择外包检验鉴定机构，国家司法鉴定管理机关评定筛选出部分司法鉴定机构，作为国家级司法鉴定机构向社会公布，这种做法吸收了人民法院选定或者指定鉴定机构的积极因素，也充分发挥了具有国家级水平鉴定机构的优势资源，同时方便委托鉴定的有关方面识别和选择适宜的外包鉴定机构。

二、履行程序

法医鉴定的外包，是将需要法医鉴定中解决的问题分解，把其中的一部分或全部，交由具备相应技术力量的科技部门、鉴定机构予以解决，是法医鉴定中用以解决疑难问题的有效形式，目前这种做法为法医鉴定界所普遍采用。

法医鉴定的外包形式由来已久，在法医鉴定的发展过程中，外包鉴定形式是传统上请进来送出去鉴定做法的进一步演变，近年来，在法医鉴定机构中开始进行的实验室认证认可工作，将实验性检验外包鉴定的做法进一步常态化。

1. 法律依据

从诉讼法律的层面上研究，法医鉴定采取外包的形式具有相应的法律依据。《刑事诉讼法》有关条款规定，为了解决案件中的专门性问题，可以指派或者聘请具有专门知识的人员参加鉴定,这实际是把鉴定中的专门性问题提取出来,交由具有相应专业技术部门或鉴定机构进行鉴定的一种规定。由此可以引申为,案件中的疑难问题可以采取聘请的方法,委托给具有鉴定资质的外包方进行鉴定。

在社会化分工合作日臻完善的当下,按照优势互补的市场经济规律,适宜地把案件中某些专门性问题分包出去解决,既是优势资源共享节约鉴定成本,又是对现有法医鉴定机构鉴定力量的补强和完善。

2. 需要注意的问题

法医鉴定的外包工作涉及接受外包单位对委托机构负责任的问题。如果在鉴定的提起阶段即由办案机关把案件中的专门性问题全部委托给外包机构进行鉴定,外包单位与办案机关直接确立了委托鉴定的合同关系,外包单位自然对办案机关负责。

如果在鉴定提起阶段,案件中的专门性问题已经由法医鉴定机构受理检验,再由法医鉴定机构把案件中专门性问题的一部分委托给外包单位,例如,将损伤案件中的视听学诊断资料、死亡案件中病理组织学资料等外包给医学院校进行检验鉴定,由此可能出现以下两种情况:一种是办案机关授权法医鉴定机构可以把专门性问题的一部分分包给外包单位。另一种是法医鉴定机构由于某种原因自行将专门性问题的一部分发包给外包单位。前一种外包情况贴近办案机关,外包单位可以对办案机关负责。后一种情况外包单位与办案机关中间隔着法医鉴定机构,对办案机关负责任的效应明显减弱。

后一种外包情况应该规范为,法医鉴定机构在受理检验鉴定的过程中,如果预测到案件中专门性的鉴定问题需要部分分包给外包单位时,应该向办案机关汇报沟通,在得到授权或者许可以后,再通过委托鉴定的形式分包给外包单位,避免在分包的过程中违反有关法医鉴定程序中的负责性规定。

外包单位的鉴定资质问题也是委托鉴定时需要考量的，把案件中的某些专门性问题分包给外包单位，涉及外包单位解决专门性问题的技术资格、鉴定资质等问题。外包单位的资质一般是在其学术和理论前沿所处的位置及研究程度，是指涉及案件中的专门性问题方面的解决能力和经验等。

刑事案件中对案件专门性问题进行的法医鉴定是一级组织上的行为，涉及对案件及鉴定意见的负责承担及出庭作证等问题，所以法医鉴定的外包一般选择与所需要鉴定问题相近的学科机构，不易选择已经离开相应学科领域的个人作为外包的聘请鉴定对象。

由于外包鉴定缘故，在法医鉴定的外包过程中产生了鉴定权利、责任的分配问题，尤其是部分鉴定问题再次进行外包鉴定时更是如此，外包单位出具的鉴定意见，只是法医鉴定意见的一部分，法医鉴定人需要将其纳入整体的法医鉴定文书之中，此时出现了鉴定责任分配问题。例如，常见的法医鉴定意见中引用的实验室检验数据，或者病理组织学检验诊断等就涉及责任分配的问题。因此，对外包鉴定的质量管控是外包过程中值得重视的问题。

选择的外包单位本身不是从事法医鉴定的机构时，在授权其进行鉴定时，应一并交代清楚鉴定的程序性问题，使其明了应当承担的法医鉴定过程中的责权利问题。

外包单位形成的鉴定文书，虽然整体上要融合到法医鉴定文书之中，但是其所承载的责权利问题仍然属于制作鉴定文书的单位或人员，并且外包的鉴定人也有出庭作证的责任和义务。

外包鉴定是一个鉴定链条延伸的过程，对于被鉴定客体的传递、排除介入因素、鉴定质量管控、鉴定中权责利分配与实现、鉴定中有关问题保密等问题都需要在分包时加以具体明确，并形成文字落实到位。

第四节　鉴定人出庭作证

一、出庭义务

出庭作证是法医鉴定人的一种职责更是一种义务,因为法医鉴定类证据一直是人身伤亡类案件庭审中关注度较高的证据之一,法医鉴定意见能否作为证据使用,必须经过庭审活动的质证过程才能得以确定,所以法医鉴定人出庭作证,接受有关庭审人员的问询不仅是法律程序规定的义务,也是职业性质的使然。不仅公诉人员及辩护律师需要明了鉴定意见的内涵,主审法官也需要在质证环节中辨析鉴定意见的证明点。

(一)出庭准备

1. 仪表准备

法医鉴定人出庭作证应该着正装、举止得体,以示自己对义务的郑重和对法庭及参加庭审人员的尊重。

2. 心理准备

出庭前可以先熟悉庭审的相关情况,如时间、地点、环境、交通线路、出庭人员、可能接受质证的问题等。做到知己知彼,心中有数,以便遇有突然质疑、意外提问、围堵访探、安全隐患等情况时,有心理承受的阈值和应对的预案。

3. 材料准备

复习与鉴定意见和程序有关的文件资料,特别是应对法医鉴定过程进行回顾,准备好鉴定文本及相关标准依据引用的材料、必要的公文及证件,以便提交法庭查验。如果需要进行视听资料示证的,还需要准备课件及演示设备。

4. 保障准备

按照出庭的要求，对出行时间、行程路线、交通及通信设备、衣食住用物品等进行检查准备。遵守出庭的时间，按时出席，避免迟到。

(二)接受质证

1. 接受质证

《刑事诉讼法》规定，鉴定人应当出庭作证，向法庭宣读和解释鉴定文书中有关专业问题，接受参加庭审有关人员对鉴定意见的质证，尤其准备接受控辩双方聘请的专门性技术人员的质询，利用其专业内行的特点向其讲解法医鉴定意见的形成。如无特殊情况不出庭作证，则所出具的鉴定意见不能作为证据使用。

出庭接受质证的程序规定，避免了以往因为法医鉴定人不能出席庭审而造成的参加庭审的有关人员对法医鉴定意见文书存在疑惑，对法医鉴定意见的证明作用辨析得不深不透，增加了庭审案件中专门性问题的难度和烦琐性的弊端。

2. 主动示证

法医鉴定人出庭作证义务不仅仅是宣读和解释鉴定意见，回答来自业内人员的相关质询，还应该围绕着委托要求和鉴定的意见，主动地向参加庭审的有关方面展示鉴定意见形成的全部过程，以利于法庭与案件中的其他证据进行比对。

因此法医鉴定人必须认真履行出庭作证义务，不仅认真接受质证，而且应当主动示证，主动向法庭展示法医鉴定意见对案件事实的证明作用，以及与其他证据的整合情况，这既是对法律、法庭的敬畏、敬重，也是法医鉴定人应该履行的作证义务的表现。

二、举证责任

法医鉴定人出庭作证是法医鉴定作用的后续性延伸，是案件中专门性问题解决程度在法庭上的体现，是鉴定意见转化为证据效力的重要组成部分。

按照《刑事诉讼法》的规定，法医鉴定人需出庭作证，对形成的鉴定意见向法庭宣读并展示，同时接受法庭上的质证、辩证，并进行必要的解释、答辩和举证，这也是法医鉴定人对鉴定意见的成立进行展示和举证的过程。

(一)中立立场

法医鉴定人在出庭作证并接受质证时，最重要的基本原则是必须保持中立立场。

中立立场是法医鉴定人面临着庭审人员，尤其是控辩双方及其聘请参加质证专业技术人员的质询时，表现为态度不卑不亢、立场不偏不倚，这是法医鉴定人应有的政治修养、业务素质的表现之一，也是出庭作证应有的举止风度，禁止在法庭上与质证人员做无谓的争辩。

本着中性公正的态度，法医鉴定人围绕鉴定事项逐一向法庭展示鉴定意见的形成过程，不为参加庭审的任何一方所激惹或诱惑。本着中立公正的立场，法医鉴定人不偏袒任何一方，按照证据的客观性、科学性和关联性，展示鉴定意见科学、客观的本源面貌。

(二)以委托要求为中心

法医鉴定人出庭作证的职责是证明所鉴定的专门性问题与案件事实的关系，是否犯罪、罪该何等均属于法官审判的问题，法医鉴定人的举证必须紧紧围绕着法医鉴定的委托要求这个中心，举证目的始终明确专一而不能顾此失彼,与鉴定要求无关的质询可申请法庭拒绝回答。

法医鉴定人出庭作证的目的,是针对案件中的专门性问题向法庭表明法医鉴定的程序价值,以确定法医鉴定的实体价值。作证的过程中严守法医鉴定的委托要求这条中心主线,从法医鉴定技术的角度层层剥开专门性问题的实质,层次分明地推导出法医鉴定意见的结果。以鉴定文书为依托,围绕所接受的委托要求及所鉴定的问题,以文字、图片、视听资料等方式,清楚、简捷、直观地表述出庭的举证责任和目的。

(三)遵守纪律

法医鉴定人出庭作证,除应遵守出庭时间、准备相关材料等,还应当遵守法庭规定的纪律、程序,按照庭审的规则出庭、退庭,服从主审法官的安排,配合庭审的相关要求,及时中肯地回答庭审中的质询。

遵守职业道德,保守国家秘密和除法庭许可外的案件中的个人隐私。

(四)表述清楚

法医鉴定人在出庭作证的过程中,宣读鉴定文书时应该语调适中、不卑不亢,回答问题时应该中肯、正面,避免使用助语词,如“那个、这个”“嗯、哈”等口头语,形体或语言的应用应体面、有礼貌。

在回答参加庭审有关人员的质疑时,态度要诚恳,不急躁、不敷衍,对有关人员提出的质疑概念不清楚的,应坦诚地、有礼貌地请发问方复述,如果不能解释则如实地告诉提问一方。

不为反复提问、各种提问所困惑、所动容,稳住心态,有条不紊地回答。要避免给参加庭审的有关人员造成语气偏颇,用词不当、应付拖拉、导向倾斜的感觉。

回答问题除了“是”与“不是”以外,可以用事例说话,也是强化鉴定意见作用的一种方法。任何问题的哲学思考都要求辩证统一,有些时候、有些问题不是简单地用“是”或者“不是”就可以回答的，况且自然科学更是一门发展着的科学，有些问题本身就不能够全部解释。

应用概念性的问题时，表述应准确、清楚。概念性的问题要出处公认，不能自造词汇，更不能自以为是。应用法医鉴定理论观点时，可适当地运用术语，以达到表述程度的恰当，但应当适可而止，避免给人造作装腔作势的感觉。

在引经据典时，不要一味全部背诵标准条文。应柔和地解释法医鉴定人引入鉴定意见中的法律条款、规则、鉴定标准的证明力度，使参加庭审的有关人员更易于接受。依据经典条文时不要盛气凌人，可以选择经典条文中的关键词，围绕鉴定意见加以展开性的说明或解释。比如重伤条款中的血气胸伴有呼吸困难，可以将呼吸困难展开为呼吸次数加快、变浅，同时需要有相应的医学指标，才可以评定为重伤。

鉴定文书引用的佐证材料须有出处、来源，有据可查。如案情摘自某卷宗、病历来自某医院、X 光片多少号，采信什么检查方法等，出庭作证时应向法庭逐一展示说明。

（五）数字准确

法医鉴定文书中的数字表示要肯定，日期时间记载要精准。

数字表示的肯定与鉴定意见的质量紧密相连。比如面部瘢痕的测量标准，块状瘢痕中单块的面积是 6.0cm 以上，构成重伤二级，而块状瘢痕单块的面积在 6.0cm 以下 4.0cm 以上则为轻伤一级，数字误差仅 2.0cm 就是轻重伤的界限之分，而轻重伤在量刑上的差别则更加明显。

日期时间记载要精准，因为其指向与法医鉴定客体损伤发生的时间顺序、成伤机制等有一定的关联性。例如，一件发生在东北山林中受害人被冻死的案件，时间是某年 5 月 4 日晚 8 时许，其中提示了案发季节、环境、温度等并且与冻死的成因机制相关联。

总之，法医鉴定人出庭作证的目的，是要使参加庭审的有关人员了解和清楚法医鉴定意见在案件诉讼中的证明点，使之在法医鉴定意见的质证评价体系中，能够获得法医鉴定程序和实体两个方面中应有的证据效果和作用。

第三章　法医检验方法

第一节　常规检验方法

法医鉴定常规检验方法主要源于医学及法医学，如内外科学、医技学科、法医病理学等学科中的检验技术和方法，医学与法医学检验技术二者之间无论从理论沿革还是技术贯通上，法医检验技术对医学检验技术的依存都是不可或缺的，医学中的某些检验技术在法医鉴定中得到了充分的延伸、发展和应用。

在法医检验鉴定实践中，法医鉴定人运用医学中成熟的检验技术和方法，与法医检验鉴定的注意力、侧重点相叠加，逐渐地形成了具有自身特点的法医检验方法。

一、医学检验方法

医学检验方法应用到法医检验鉴定中最常见的是医学物理检验方法，法医鉴定人运用医学上的视觉、触觉、听觉、嗅觉等感知的方法，在检验鉴定过程中获得所需要的信息或征象，即医学上所说的症状或者体征。

在医学上医生通过物理检验方法检查病人时称为临床检查，在法医检验过程中，法医鉴定人通过医学物理检验方法检验人体损伤时称为验伤、活体检验或者法医临床检验。与之对应的是如果检验的客体是尸体则称为尸体检验或者法医病理检验。

不管是何种检验，法医鉴定人采用医学上的物理检验方法，主要是根据人体表现的某些征象来判断损伤的部位、程度、性质及组织器官的功能变化等。

医学物理检验的方法可归纳为望、触、叩、听四个步骤。

（一）望——视觉感知

“望”是通过法医鉴定人的视觉，查看被鉴定人损伤的外形、变化等征象来判断有无法医学上的改变，有无特殊之处，包括静态的和动态的，比如某被鉴定人被打后声称造成自己的肩关节脱臼，致使受伤的上肢不能活动，法医观察其静态的肩部没有发现方肩等现象，又让其将患肢的手放在对侧的肩部，在这个过程中，法医检验人员通过视觉检查方法，观察了方肩和屈肘搭肩实验后完成了检验鉴定。

通过运用视觉查看、观望的检查方法，对法医鉴定人来说，是在与被鉴定人接触时就已开始进行，在多数情况下不为他人所察觉。

（二）触——触觉感知

“触”是通过触摸被鉴定人的损伤部位，经过法医鉴定人的触觉，来感知被鉴定人的某些情况，如瘢痕的硬度、与基底组织的粘连情况等，进而通过判断瘢痕的硬度、与深部组织的关系来推测瘢痕形成的时间和程度等。有的损伤可以通过触摸直接判断其是否存在，如通过触摸产生骨擦音、握雪感等感知现象，可以鉴定骨折、皮下气肿等损伤。

(三)叩——震动感知

“叩”是一种专业上的探测深部组织情况的手法,通过叩击某一部位产生的震动和回声传导情况,来判断深部组织病变情况,如叩击胸部出现较实的回声,则可推测胸部器官出血水肿;叩击腹部的移动性浊音判断腹腔积水等。

(四)听——听觉感知

“听”是与“叩”相结合的物理检查方法,有时也使用听诊器听或者利用物体直接传导的方法来听,如用听诊器听肺脏的罗音、心脏的杂音、腹腔的肠鸣音,用手触摸骨折部位,经过手臂的传导,法医鉴定人就可以感知到被鉴定人骨折处的骨擦音。

采用医学上物理检查的方法进行法医检验鉴定时,要按照一定的顺序,在安静的环境中进行,或者从上至下或者从一侧到另一侧,也可以损伤处开始逐渐向周围扩展地检查,要有条不紊,不能杂乱无章、忽东忽西地检查而造成遗漏。

物理检查的某些缺点尚不能完全克服,比如望诊检查即所说大体检验只是观察表面现象,叩诊检查反射回来的声音受手法、间隔组织影响成分较大等,所以应当几种检查方法交替组合地加以运用,互相取长补短。

物理检查方法是较为简便易行的检查方法,可以将其作为一种向导,在使用的过程中获得相应的损伤线索,指引法医鉴定人有选择地进行下一步的实验室检查。

二、法医检验方法

法医检验方法是法医鉴定人在借鉴医学检验方法的基础上,在长期的法医鉴定实践中逐渐形成的、专门针对人身伤亡类案件中某些涉及法医学专门性问题的检验方法,与医学检验方法相比较,有其特殊之处。

(一)现场检查勘察

现场检查勘察是法医鉴定人对案发现场进行勘验最常用的方法之一。

现场检查是指对被检查客体的损伤等形态进行法医学上的固定,比如照录像、取材、取样等;现场勘验是指对案发现场、环境进行法医学意义上的勘察检查,具有侦查的色彩,多与侦查人员协同进行。

现场检查勘察可以使法医鉴定人尽可能全面地了解案发时的情况,比如地形环境、天气资料等,针对性地提取法医鉴定方面的专门性检材,如血迹、遗留物、排泄物等,以便掌握第一手材料,从而迅速地、有选择地展开鉴定工作。

现场检查勘察通常由案件的侦查人员主持,由专业的法医现场勘察人员承担勘察工作,由摄录像专业人员负责视听资料的制作,当事人方面可以派出代表做现场见证人。现场勘察工作要按一定的程序、规则进行,勘察结束后要制作笔录、图表,经有关人员签字作为现场勘察的见证材料,发挥着相应的程序性的证据作用。

(二)个人识别

此技术主要用于确定不明身份的人体、尸骨和组织器官等。常用于识别无名尸骨、碎尸和残肢等,如白骨案、飞机失事、爆炸、火灾案件等。

个人识别的基本方法是比对检验鉴定技术,使用已知检材资料与可疑检材资料进行对照的方法进行同一性的认定,由此识别个体的特征性和排他性。

个人识别一般可解决性别、年龄、身高、职业、个体特征(衣服、纹身、指纹、血型)等问题。性别的识别可根据外生殖器、乳房、阴毛、喉结、骨骼以及细胞性别来进行。衣着、发式、饰品、携带物品以及身体某些特征等也有参考价值。

年龄的识别主要根据牙齿、骨骼、面容、胡须、皮肤皱纹等体态方面的特征。

身高主要依据骨骼骨龄的计算,其推测方法有固定公式。

职业的推定主要依据某些特定的磨损痕迹或变化,如煤炭工人肺部尘埃较多,经常骑马的人股四头肌可有骨化现象等。

个体特征在个人识别中有重要的使用价值,甄别比对同一就是要找出个体的独有的特征,并进行排他性的特征认定,在鉴定意见中加以采用。

(三)损伤特征检查

损伤特征检查方法是法医鉴定中最常用的方法之一。它主要侧重检查损伤或致伤物在人体上留下的特征,从而判断损伤的程度、推测致伤物以及成伤机制等。如创口的边、角、面、底及创腔等情况可以反映出是锐器伤还是钝器伤,以及损伤的位置、走行方向、分布区域等情况。

损伤特征的检查要及时准确,综合考虑鉴定的时机、介入因素,尤其是检查活体损伤经过医院治疗后的形态,要注意剔除因为治疗因素对损伤的影响程度,法医鉴定时更要注意病历的书写情况、描述状态是否客观准确。要对损伤状态进行照录像,并标明日期,以便核对损伤检验的时限,对于损伤与疾病相混淆的情况,在检查时应加以区别。

(四)尸体检查

尸体检查分尸表检查、解剖检查和病理解剖检查。尸表检查包括衣着检查和尸体表面检查,目的是判断衣着有否破损、撕扯、挣扎等痕迹以及尸表损伤的情况。

解剖检查是通过固定模式的解剖学检验方法,进一步查明尸体内部组织器官有何变化，一般称之为大体解剖，如果需要进行病理解剖检查，则对解剖所发现的损伤或变化提取相应的检材，进行病理组织学检查或组织化学检查等。

尸体解剖检查必须全面系统细致，充分利用法医检验鉴定的各种方法，查明有关专门性问题的形成原因、机制及发生、发展规律。

以下案例是在对法医鉴定意见质证过程中发现的，法医鉴定人在进行尸体解剖时，因为尸体检验的程序不全面而带来的问题。

一件故意伤害的案件，被害人被打后昏迷倒地，随即被埋掉。犯罪嫌疑人最初供述是将被害人打昏后埋掉的，公诉机关根据法医鉴定的窒息死亡的鉴定意见等证据，认为犯罪嫌疑人有活埋被害人的行为，因此指控犯罪嫌疑人犯故意杀人罪。而律师在质证法医鉴定意见时，指出法医鉴定人仅仅通过尸表检查，而没有在进行尸体解剖和病理组织学检查出具被害人死于因为活埋而造成窒息的鉴定意见，其鉴定方法和技术不全面，法医鉴定的程序存在缺陷，据此质疑被害人因窒息死亡的结果。

此案例显示，律师找到了尸体检查中法医鉴定程序的硬伤，说明了法医鉴定程序对案件实体内容的重要保障作用。

（五）法医病理技术

法医病理技术是法医鉴定中十分重要的技术之一，是形成法医病理鉴定意见的关键所在，随着病理检验仪器设备的进步与创新，如扫描成像、光电信号转换成像仪等，法医病理技术的检验手段日臻完善。

然而，由于法医鉴定中病理解剖技术的限定，法医病理技术的始动工作，即大体标本的选择和取材工作仍然是手工操作，正因为如此，具体到不同的操作者，由于个人资质、阅历、技术水平等不同，选取大体标本和取材差别由此产生，有可能影响到后续病理技术工作的质量，所以进行法医病理组织学技术检查，要强调病理解剖时的检查所见，强调大体标本取材记录的详细和影像资料的全面,以避免病理技术在取材及切片的阶段造成遗漏或者差错。

例如,病理解剖所见的原始记录、编号的图片视频影像,能够观察到最大检验范围的标识的简图、描述等,数字量化的体积、面积等都是法医病理技术依据的基础。

法医病理技术的检验鉴定在借助尸表检验、病理解剖检查的基础上,还要对在检验鉴定过程中所提取到的大体标本检材,按照病理组织学的要求进行选材、取材,并制成供显微镜观察的病理组织学切片,在微观的层面上检查组织、细胞的形态变化,最终作出法医病理组织学上的鉴定意见。

因此,一张合乎标准的病理组织学切片,需要经过病理解剖学上的提取检材、病理组织学上的选材、制片等技术之后才能完成,这一系列的法医病理技术操作规范与否,对于保障获得正确法医病理鉴定意见是至关重要的,如果有一个技术环节违反操作规则则前功尽弃。

(六)生物化学检查

生物化学检查是在法医鉴定中应用组织化学的方法,对可能含有毒物的检材进行定性和定量分析。如气相色谱法、薄层扫描方法等技术。有些组织化学检查方法简便易行,如用鲁米诺荧光化学反应检查黑暗的现场有无血痕,十分快捷准确。

用生物免疫学的方法解决人和动物的血痕、骨骼和精斑等检材的种属和个人识别问题,即使检材量很少,案发时间较长也有相当高的检出率。

(七)侦查试验

侦查实验是指在法医鉴定中为了证实某种机制或者设想(或假想),法医鉴定人严格按照有关鉴定程序模拟某种机制或者设想的过程,以复制还原某种损伤的状态或者现场情况。

侦查试验要经办案机关批准在办案人员的主持下进行,侦查试验的条件与所要验证的机制或设想的条件须相仿，侦查试验不能造成新的损伤，不能有伤风化，每个步骤要有详尽的记录，侦查试验的结果可以作为鉴定的参考或者比照，且不可机械地套用。

（八）征象比对

征象比对是法医鉴定意见分析论证的基础方法。指法医鉴定在检验所见及其搜集、提取、摘录、引用鉴定资料的基础上，按照一定的逻辑关系，通过征象之间的比对、研判将检验所见、有关材料与案件事实及委托鉴定要求联系起来，在相关标准依据的支持下，最终形成法医鉴定意见，征象比对过程是法医鉴定分析论证的必经阶段。

法医检验的阳性所见与案件中事实相联系，通过征象与损伤事实进行比对，进而锁定犯罪行为。例如，扼颈所致死亡案件，检验阳性所见的肺气肿征象，与案件中扼颈造成颈部出血水肿事实相比对，可以认定扼颈这一犯罪行为的成立。

法医检验的阴性所见也是不可忽视的，与案件中其他证据相联系，同样具有比对佐证的作用。例如，一件“电击”死亡的案件，法医病理组织学检验“电流斑”时并没有发现细胞极化征象，即极化现象是阴性所见，据此与案件中所谓的电击事实进行比对，家属承认其足踝部的瘢痕是死者以前的损伤。

检验所见与案件中有关材料之间相互关系，通过征象比对分析论证的联系，可以考察出法医鉴定过程中的秩序性、条理性等，是否围绕着案件事实及委托鉴定要求展开。例如，检查擦挫伤时，应顺序检查走向、边缘、起止点、力度、色泽等，通过比对案件中形成损伤作用力的大小、方向等，进而可以研判犯罪行为是否能够形成此类擦挫伤。

征象比对需要围绕着案件事实和检验所见这两条主线进行，比对检验所见的阳性、阴性客观存在征象，论证互相之间与委托鉴定要求的关系，最后演绎推导出鉴定意见。

第二节　实验室鉴定方法

一、法医检验实验室

一般情况下,法医鉴定工作需要由相应的实验室仪器设备作为技术支撑,所得出的鉴定意见更具客观性、科学性。

法医检验实验室是指用于检验鉴定人体损伤和进行尸体解剖的实验室,主要包括临床检验和法医病理检验两类标准实验室。

(一)法医临床检验实验室

法医临床检验实验室是针对人体损伤类案件进行鉴定的实验室,实验室应配备针对活体损伤检验的相应设备,比如检测循环系统功能的血压计、心电机、生理仪等,阅读影像资料的观片器、幻灯机等,用于物理检查的勘察箱、体重身高测量仪等。

法医鉴定人在法医临床实验室对被鉴定人员进行的检验是双向互动的,被鉴定人员需要配合法医鉴定人的检查操作,按照检查操作规定和指令进行相应的互动,否则会影响检验的结果,如测听或测盲的检验中,必须考虑到被鉴定人员的主观互动因素,如果被鉴定人有意识地拒绝互动,对于某些法医临床检测指标就会出现明显的误差。

(二)法医病理检验实验室

法医病理实验室是针对死亡案件中的尸体进行解剖时使用的实验室,应配备解剖器械、组织取材、固定制片、读片等系列成套的病理检验仪器设备,如手术器械、脱水机、染片机、显微镜等。这些仪器设备需要指定专人负责定期校验计量器具的精准度、化学试剂的浓度、机械部件的灵敏度等等，以保证检验鉴定的操作正确。

法医鉴定人在检验实验室内进行的检验具有封闭性、相对独立性，因此在实验室检验过程中，更需要按照法医鉴定程序进行操作，保证检验的规范性、可控性。如检验客体的流程、仪器设备的使用记录、试剂样本的校正备份等，避免在繁杂重复的鉴定工作中，出现操作的混乱、颠倒而导致实验结果的偏差。

法医鉴定人需要理性管控实验室操作过程，在无监管的状态下，在日常性、重复性的检验过程中，形成有条理性的规范的实验意识，保证实验室数据的准确无误。

法医鉴定人不可能全部通晓案件中涉及的所有专门性问题，法医检验实验室也不可能包括所有检测仪器设备，所以在法医鉴定工作中把其中的某些专项检测外包给技术条件完备的医学院校的相关实验室进行，是既经济又实用的做法。

二、认证认可实验室

改革开放的大环境使法医鉴定工作拓宽了视野，为了与国际社会通用的实验室建设标准接轨，法医鉴定实验室开始了认证实验室标准化建设工作，有条件的法医鉴定机构经过国家认证认可委员会设定的自检、试运行、初检、复检等程序的评估检测后，可获得具有通用意义上的实验室认证认可资格。

法医鉴定实验室的认证认可，使实验室的建设标准、操作方法、工序流程、质控程序等工作均有据可依，有据可查，在国际通用的实验室环境里，此实验室的生成数据在彼实验室内同样可以生成或者复制，实验的可靠性和信任程度明显提高，在认证认可实验室生成的检验鉴定意见具有技术操作的稳定性、可塑性，证明性更加值得信赖。

经过认证认可的实验室设备有着严格的质量管控体系，这类实验室建设可以分为软件和硬件两个部分，软硬件分别具有相应的标准。

（一）软件的认可

认证认可的法医实验室，软件部分主要指法医实验室的鉴定人及其所具有的实验资质。

认证认可实验室要求使用其实验室的人员，能够按照标准掌控实验细目、项目内容，因此，对实验人员的实验资质方面要求，除具备一定教育背景及认证认可技能培训外，要能够熟悉所使用实验仪器设备性能，能够熟练地掌控仪器设备的操作和维护。

法医鉴定人在实验室内工作，必须把自己作为实验室的一个组成部分予以管控，使其在实验室内具体操作的每一环节都要有步骤、有记录、遵守规范、达到标准，操作过程与认证认可实验室仪器设备融为一体。

认证认可实验室的专职实验员即实验室内审员，要有能力对所应用的实验方法进行确认，即对国标方法的证实、非标方法的确认，证明实验室有资源和能力正确使用标准方法，所使用的非标准方法也是正确的，且有能够满足方法所需条件。

使用认证认可实验室的人员，要做到理性地自我约束，不能忽视细微烦琐的操作环节，尤其是一些似乎不影响数据的基础性操作过程，更不能任意删减或替代。

实验过程中要记录每一个操作环节形成的数据，包括尚没有形成数据的一些操作步骤，对于某一项操作的分解步骤过程，要记录分解点，再次开始时与之衔接应做到无缝隙。

在认证认可实验室操作过程中因故中断实验操作时，需要形成实验操作中断的实时记录，对于一些鉴定过程中容易毁损的征象，如血样、组织检材等，在鉴定的过程中需要实时地采取固定的方法，进行视听图片材料的备份工作。

所有实验室内的操作过程、形成的文档、图片资料等要形成卷宗档案，归入技术档案。

认证认可实验室对于法医鉴定人的管控要求，还包括鉴定人资质资格、鉴定能力。资质资格是经过相关主管部门考试考核评审认定的，在某一类别专业上的应有能力。鉴定能力是在资质资格的基础上，涉及鉴定的主管部门授予和确认的专业能力。

具有相应的资质和鉴定能力的法医鉴定人在上岗前，需要经过相关部门的考核确认、培训，才能成为使用认证认可实验室的操作人员。

（二）硬件的认证

硬件是指实验室仪器设备、操作环境等，认证认可实验室对于仪器设备的要求，需与所开展的鉴定专业相匹配适应，仪器设备的种类功能要求互补，关键性的仪器设备技术指标不仅要符合鉴定质量的要求，还必须符合认证认可标准的要求，对于生产该仪器设备的厂家资质、采购日期、维修记录，安装情况、防辐射电磁波干扰，仪器设备的运行效验以及应急备份情况等进行造册登记备查。

实验性项目操作使用的药品试剂及对照样品，应建全所用试剂的保质期、开封日期以及消耗毁损记录档案等。

认证认可实验室仪器设备所处环境的管控，包括放置仪器设备的房间规模、室内通风、湿度、温度、光照、水源管道、电力照明、应急灯、不间断开关、稳压电源等都需要符合实验室评审检查的要求，出入实验室通道要有相关的标志，实验室的日常管理、安全防火、防盗及卫生保洁等责任需落实到位。

三、外包实验室检验

(一)科研院校实验室

法医鉴定中的外包鉴定机构可以分为两种:一种是专门从事法医鉴定的机构;另一种是临时聘请的外包鉴定机构。

前者具有一定规模的实验室设备,日常中能够按照一定的规范对仪器设备进行管护。比如医学院校的法医病理实验室、化学检验室等。法医鉴定机构可以将其确定为相对固定的外包鉴定实验室,作为法医鉴定机构的实验室储备力量,在遇有疑难复杂的问题时,可以将案件中的专门性问题外包到其中病理学实验室、化学检验室内进行检验鉴定,其成熟的实验技术和仪器设备可以直接用于案件中专门性问题的检验鉴定工作。

后者如科研机构的化学研究、考古研究实验室等,由于其专业技术上的特殊性,作为临时性的外包鉴定实验室,可以有针对性地解决案件中遇到的特殊的专门性问题。

接受外包检验鉴定机构的实验室,在日常工作中有自己的科研方向和重点,其工作设备和流程设计不是完全适应于法医鉴定程序,因此在委托外包时,需要对其设备、技术操作流程进行管控,尤其是临时接受外包检验鉴定的实验室,对于是否符合法医鉴定的程序性要求,需要进行评价,必要时可以先做预实验检测,避免把实验室操作部分的误差因素,直接带入形成的鉴定意见之中。

(二)医学实验室

医学上的实验室检验按照功能又分为化验检查、仪器检查、辅助诊断实验室等,医学实验室的检验方法应用到法医鉴定实践中,具有重要的诊断意义和价值。

1. 组织化学检验

组织化学检验分为常规和生物化学检验，主要是检查血液、尿液及其他分泌物或排泄物。常规检验是检查诸如细胞数量、比重、分类以及检材的颜色、气味、浓度等情况，生物化学检验简称为生化检验，主要是利用分析定性或者定量的仪器设备及其试剂，检验检材中的组织化学性及其代谢产物的变化等情况。

2. 射线实验室检验

此类检查中的 B 超检查，主要是检查人体内脏器官的炎症、出血、囊肿、积液、肿瘤等情况，以及脏器外形、大小、脏器之间的关系，并可以对某一器官进行动态的观察。

此类检查中 X 光放射线检验主要检查骨骼系统的病变及损伤情况，这种检查可以利用放射线成像技术，将病变或损伤情况固定下来，进行反复的研究和比较，也可用于存档或作为证据传递，此种技术还可以利用显影剂使空腔脏器显像，扩大其诊查范围和提高辨认能力。

CT 及核磁共振检查是分辨率更高、视觉效果更佳的放射性科学检查，它可以从不同层面上反映人体可成像的组织器官的情况，广泛应用法医损伤鉴定，异物定位，愈后检查等方面。

3. 生物电检验

生物电检验是利用生物电的原理，捕捉所检查的组织器官的生理、病理反馈信号的一个方法，是相对客观的检测手段。对于伪盲、伪聋等案例的鉴定有着独特的作用，常用的有脑干诱发电位和眼球诱发电位、脑电图、心电图、肌电图等检查，上述生物电学方面的检验鉴定，是利用细胞膜电兴奋过程产生的电信号描绘成有一定规律的曲线图形，通过分析对比判断所检查器官部位的生理、病理改变，进而形成相应的图形或者数据在形成法医鉴定意见时引用或参考。

4. 显微组织学检验

显微组织学检验是通过放大或者特殊的组织学技术，将检材进行处理后，经过染色等一系列的办法，使有改变的组织细胞能够在显微镜下辨认出来，从而判断与法医鉴定有关联的情况。如窥镜、光学或电子显微镜检验等。

病理组织学检验对于器官病变与损伤致死的关系以及急死的案例有重要鉴定价值，常用的方法有石蜡切片，HE 染色法。

5. 试验性检验

利用药物试验性治疗的作用来检查一些潜在性病变，从而判断某一变化的存在与否，如药物诱发癫痫试验，药物试验检验阳痿等，某些损伤形态形成机制的判断采信的动物实验等。

实验室检验方法很多，每一种实验室检验方法有特殊作用也有其局限性，在法医鉴定的实践中，要针对具体情况选择一种或几种综合的检测方法进行实验性检验。

实验室检验鉴定是利用科学仪器设备进行的检验鉴定，较其法医鉴定人的物理性检验鉴定方法，主观随意性更小、客观性更强，但是实验性检验中的试验性问题，需要经过比对过程来确定是否与案件事实吻合及其吻合的程度，不能把实验性的结果机械地套用。

采取实验性检验鉴定方法时，需要注明实验室的资质、仪器设备名称、试验方法等。对接受外包检验鉴定的实验室设备、认证认可、试验工作流程及相关设备的技术参数等登记造册，载入鉴定文书的副本中存档保管。

第四章　法医鉴定中的权利及义务

第一节　法医鉴定中权利的生成

在法医鉴定的过程中，为了实现通过法医鉴定的程序，达到解决案件中专门性问题的实体目的，法医鉴定中的有关人员需要履行一定职能，其中涉及法医鉴定中的权利与义务问题。

法医鉴定中的权利不仅是指法医鉴定人的权利，也包括办案机关和委托人的鉴定决定权利、被鉴定人员、代理律师及其他诉讼参与人员的鉴定参与权利等。

法医鉴定人的权利是指在解决案件中专门性问题中的选择检验鉴定方式、出具鉴定鉴定意见、申请回避、拒绝检验鉴定等权利。

鉴定决定权利是指决定人身伤亡类案件中的专门性问题是否进行法医鉴定的权利，这种权利属于办案机关或者委托人，一般情况下鉴定决定权利的行使多以办案机关的名义为主，《司法鉴定通则》出台后，民事案件中的鉴定委托人具有决定鉴定的权利。

被鉴定人员、代理律师及其他诉讼参与人员的鉴定参与权利，是指对案件中的专门性问题申请鉴定、对鉴定相关问题的知情、获得鉴定文书以及要求鉴定人回避等权利。

法医鉴定权利的生成来自《刑事诉讼法》《民事诉讼法》《关于司法鉴定管理问题的决定》《刑诉解释》《刑诉规则》《刑事案件程序规定》《司法鉴定通则》《尸体解剖规定》等相关法律法规。

法医鉴定中的权利和义务相互对应,有权利就有相应的责任,就要履行相应的义务,所以案件主办人员、法医鉴定人、被鉴定人员、代理律师及其他诉讼参与人员,在法医鉴定的过程中的权利、责任和义务都是相互对应的。

一、鉴定决定权

《刑事诉讼法》规定,为了查明案情,解决案件中某些专门性问题,应当指派或者聘请有专门知识的人员进行鉴定。指派或者聘请具有专门知识的人员进行鉴定,需要经过相应的程序才能实现,即决定指派或者聘请的组织形式。

(一)人民法院鉴定决定权

1. 刑事案件鉴定

《刑诉解释》中有关鉴定的条款规定,对于包括法医鉴定在内的,属于公诉案件中涉及人身伤亡类问题的鉴定,通过审查认为需要鉴定的,则按照案件的诉讼程序通过退卷的形式,作出要求检察机关补充鉴定或者重新鉴定的决定,一般不采取人民法院指定或聘请鉴定的形式决定鉴定与否。

2. 民事案件鉴定

在民事案件的诉讼活动中,人民法院对于案件中专门性问题的解决,主要是采取指定一定范围内的法医鉴定机构,然后由案件的当事人随机选择鉴定机构自行委托的方法,决定对人身伤亡类案件中专门性问题进行鉴定。

指定一定范围内的法医鉴定机构,是指人民法院按照全国人大常委会《关于司法鉴定管理问题的决定》的规定,在社会上成立的法医鉴定机构中,根据对案件审判的需要和鉴定机构的资质等情况,筛选并指定某些法医鉴定机构解决案件中的专门性问题。

人民法院决定对案件中的某些专门性问题进行法医鉴定时,经过审判机关指定、当事人随机选择等程序,由案件的当事人自行决定并委托鉴定事宜,至此审判机关不再是以法医鉴定委托的主体身份参与到鉴定之中,体现了人民法院作为审判机关的中立原则。

(二)人民检察院鉴定决定权

《刑诉规则(试行)》中有关鉴定的条款规定,检察机关在审查进入检察环节中的人身伤亡类案件时,认为案件中某些专门性问题需要进行法医鉴定时,应当通过指派或者聘请的形式,决定是否进行鉴定。同时还规定,犯罪嫌疑人及其辩护人、近亲属也可以通过申请的形式,要求检察机关的办案机关决定是否对案件中的专门性问题进行鉴定。

1. 指派方式鉴定

《关于司法鉴定管理问题的决定》规定,检察机关保留用于侦察职能的内设司法鉴定机构,所以检察机关可以通过指派的形式,决定委托本机关内设的法医鉴定机构和鉴定人,对案件中的专门性问题进行鉴定或者审查。

2. 聘请方式鉴定

当案件中的专门性问题超出检察机关法医鉴定机构的自身能力或者因为其他原因需要外包检验鉴定时,按照鉴定程序报批后,可以通过聘请的方式进行鉴定。

(三)公安机关鉴定决定权

《公安机关刑事案件现场勘查规定》对于法医鉴定事项作出的规定详细而具体,其中涉及决定进行现场勘验、损伤鉴定、尸体解剖和侦查实验等项工作。

1. 现场勘查

司法实践证明，侦查人员最先接触到与犯罪有关的场所、物品、人身、尸体等，但是侦查人员对其进行的勘验或者检查，与法医鉴定人员的勘验或者检查是有区别的。遇到某些专门性的问题，按照指派或聘请的程序，由具有专门知识的法医鉴定人员进行专门性的勘验或检查，则是在侦查的基础上更具有鉴定的意义。

现场勘查工作是法医鉴定的重要内容之一，因为有些鉴定工作就包含在现场勘查的过程中，对于某些比较直观的检验客体，如锐器或钝器所致的创口，在现场就可以进行认定并及时为侦查工作提供参考信息。

法医鉴定人员参加现场勘验过程中，侦查人员需要为法医鉴定人员的专门性勘验或检查提供必要的条件，排除干扰因素，保证勘验、检查的顺利进行。

法医鉴定人员需要按照侦查工作的要求进行勘验、检查，同时，侦查人员对专门性勘验、检查工作进行必要的见证和监督。

指派或聘请法医鉴定人员进行的勘验、检查，实际上是将案件办理中的一部分侦查权利进行了鉴定性质的赋予，为了促使法医鉴定人员更好地行使鉴定意义的侦查权，需要制作委托书完成指派尤其是聘请形式，委托书需要经过案件主办机关领导签发批准。

2. 损伤鉴定

检验损伤情况是法医鉴定人解决案件中专门性问题的一种常见鉴定形式。

在案件的侦查活动中，检验损伤情况针对的被鉴定客体可能是被害人也可能是被告人或犯罪嫌疑人，其中包括损伤情况的某些资料比如医院病历等。法医鉴定人若要接触到上述被检验鉴定的客体时，无论是指派或者是聘请的参与形式，都需要办案机关决定鉴定以后才能得以实施，不得擅自行动，这与民事案件的调查取证是有区别的，所以法医鉴定人对损伤情况的检验鉴定工作，应由办案机关决定，民事案件中法医鉴定人检验损伤情况则由委托人授权。

3. 尸体解剖

解剖尸体或者开棺检验，是侦查工作中确定死亡原因的最直接、最有效的办法之一，是解决死亡案件中专门性问题的重要手段。开棺验尸的案例主要涉及世俗民风等问题，影响较大，所以《公安机关刑事案件现场勘查规定》明确指出，公安机关因侦查工作需要，决定是否进行尸体解剖或者开棺验尸时，需要严格履行报批等程序，经案件主办机关领导批准后方可实施，并做好相应的善后处置工作。

4. 侦查实验

《公安机关刑事案件现场勘查规定》指出，为了查明案情，在必要的时候，经公安局长批准，可进行侦查实验。

侦查实验主要在案件的侦查阶段进行，模拟或者还原某些犯罪行为的过程，再现和验证某些推断或机制的构架，比如模拟成伤机制过程就是利用推断中的凶器在某类物体上复制出创伤的模型，以此来验证假想是否成立。虽然这种实验仅仅是一种参考和模拟，但仍可以为检验鉴定提供一些有益的价值。

侦查实验在法医鉴定中多被用于判断时间、位置、距离、凶器等。如通过血迹滴注的状态来判断出血的位置、方向等情况。

侦查实验中不能形成新的伤亡类问题，实验不能有伤风化，实验过程中的相关记录、音像影视资料、批准决定实施侦查实验的文稿等一并留存档案备查。

二、鉴定申请权

鉴定的申请权与决定权是相辅相成的，有申请才能有决定，因此对于法医鉴定这项工作而言,申请鉴定的权利包括两个方面,即办案机关的鉴定申请权和委托人的鉴定申请权。

(一)办案机关的鉴定申请权

《刑事诉讼法》规定,为了查明案情,可以指派或者聘请具有专门性知识的人员进行鉴定,如何指派或者聘请需要具体的办案人员向办案机关领导提出申请,这是一种鉴定申请权。如果案件中的专门性问题需要外包,委托外包鉴定机构进行鉴定实际也是一种鉴定申请形式。

(二)当事人的鉴定申请权

《刑事诉讼法》规定,用于作为证据使用的鉴定意见,应当告知犯罪嫌疑人、被害人,如果犯罪嫌疑人、被害人有异议提出申请,可以补充鉴定或重新鉴定,这是案件当事人提起的鉴定申请权。

在人身伤亡类案件的法医鉴定过程中,刑事案件当事人通过申请的方式要求进行法医鉴定,以达到解决案件中专门性问题的目的,是提起法医鉴定的重要方式。案件中专门性问题解决得公正与否,事关当事人的诉讼权益,因此必须对刑事案件中的当事人关于鉴定申请权的提出给予充分的重视。

当事人的申请权中还应该包括对案件中的专门性问题鉴定的参与权,比如到场见证、旁听等,对鉴定相关问题的知情权,获得鉴定文书以及要求鉴定人回避等权利,这些权利的行使均与当事人申请鉴定权有某种关联。

委托人的鉴定申请权是指按照《司法鉴定通则》的有关规定,在民事案件中当事人自行向鉴定机构提出的鉴定申请权。

三、鉴定权

鉴定权主要是指承担鉴定的法医鉴定人在具有鉴定资质和资格的基础上,由相应的鉴定管理机关授予的权利。

(一)接受鉴定权

在法医鉴定的过程中,为实现通过法医鉴定的方式,达到解决案件中专门性问题的目的,法医鉴定人要履行一定职能,其中之一是接受鉴定的问题。

法医鉴定人在检验鉴定中可以根据解决案件中专门性问题的具体情况,选择是否接受鉴定工作即行使接受鉴定的权利。如具有法医临床或者病理鉴定资质和资格的鉴定人,在接受检验鉴定时就需要了解清楚,属于鉴定能力范畴之内的检验鉴定可以接受,否则不仅违反鉴定管理的有关规定,而且会因为不能胜任鉴定工作给鉴定质量带来影响。

法医鉴定人行使接受鉴定的权利还与送检材料的完备与否以及所在鉴定机构有关,如果委托方送检的鉴定材料不完备,鉴定人可以拒绝接受鉴定。《关于司法鉴定管理问题的决定》规定,鉴定人须在一个鉴定机构中从事鉴定工作,并且委托鉴定由鉴定机构统一受理并接受,所以接受检验鉴定的权利中,尚有鉴定机构以组织名义接受鉴定的成分。

鉴定机构的鉴定资质主要是由具体鉴定人的资质所组成的,如果具体鉴定人不能够胜任委托的鉴定事宜,那么鉴定机构即便接受了鉴定委托,具体的鉴定过程也不能得以实施,反之如果鉴定人没有在一个鉴定机构中工作,那么即便具备其他鉴定条件,鉴定人也不能接受鉴定,从这个意义上,接受鉴定的权利又是鉴定机构与鉴定人共同具有的权利。

接受鉴定即是鉴定权行使的开始,此外关于鉴定方式方法的选择、鉴定意见的出具等权利也以接受鉴定的权利为前提，一般情况下，以鉴定机构名义接受的鉴定、选择鉴定方式方法并出具鉴定意见的权利也是复合的。

（二）拒绝鉴定权

法医鉴定人拒绝鉴定权利可以在审查鉴定的委托过程中行使，如果发现所需要鉴定的问题超出鉴定人的能力、送检的鉴定检材、材料缺失不全或者鉴定要求与案件无关等即可拒绝进行鉴定，这种权利与接受鉴定权重叠或分离。重叠是指在接受鉴定与否的过程中即可以决定是否拒绝鉴定，分离是指鉴定机构接受鉴定人的委托，但是法医鉴定人根据具体情况如能力问题等可以拒绝进行鉴定。

拒绝鉴定权也可以在鉴定的过程中行使，法医鉴定人在鉴定的过程中发现了不易继续进行鉴定的情况如鉴定材料与案件事实不符等，即可以拒绝鉴定。

拒绝鉴定权利的行使是《司法鉴定程序通则》规定的终止鉴定情况的一种，即在鉴定过程中，出现下列情形之一的应当终止鉴定：委托方要求终止鉴定的；出现不可抗力致使鉴定无法继续进行；确需补充鉴定材料而无法补充的；发现自身难以解决的技术问题的。

拒绝法医鉴定，应当退回有关鉴定材料，并向委托人说明理由。

拒绝鉴定的权利同样需要鉴定机构和鉴定人共同行使，鉴定人发现需要拒绝鉴定的情形后，需要向所在的鉴定机构报告，然后才能履行拒绝鉴定的相关程序。

四、回避权

法医鉴定工作属于人身伤亡类案件诉讼活动的一部分，因此要遵守相关的诉讼程序，回避程序就是其中之一，当法医鉴定人与所接受鉴定的案件有某些利害关系的时候,需要履行回避程序。

法医鉴定人遵守的回避程序与其他诉讼参与人遵守的回避程序是一致的,在行使回避权利时,有申请回避、要求回避、决定回避三种情况。

(一)申请回避

当法医鉴定人认为自己承担所接受的检验鉴定工作中,可能存在影响鉴定意见公正性的某些利害关系时,可以向所在的鉴定机构主动提出申请回避的请求,在申请回避的请求权利未得到批准之前,不能影响检验鉴定工作的正常进行。

(二)要求回避

在法医鉴定的过程中,办案机关、鉴定委托人或者与案件有关的其他诉讼参与人,发现承担鉴定的法医鉴定人与所进行鉴定的案件,有诉讼法律规定的应该回避的情形,可以向法医鉴定人所在的鉴定机构提出对该法医鉴定人实行回避的要求,鉴定机构应当查明情况,及时作出回复。

在鉴定机构作出是否回避的决定之前,提出要求的一方不得干扰或者影响法医鉴定人正常的鉴定工作。

(三)决定回避

在法医鉴定人自行提出回避申请或有关方面要求回避的前提下,相关鉴定机构需要尽快作出法医鉴定人是否回避的决定,以避免影响鉴定工作的进行和参与鉴定各方面对回避认可。

申请回避或者要求回避是保证法医鉴定公正进行的必要措施,但是仍然需要经过相关鉴定机构的批准决定程序后才能得以实施,从而才能够使这项权利正确的加以运用,否则就有可能因为此项权利的滥用,干扰或者贻误鉴定的时机。

五、签字盖章权

(一)鉴定专用章

《司法鉴定通则》规定，一份完整的法医鉴定文书，必须加盖鉴定机构的司法鉴定专用章且经鉴定人签字盖章才能生效，这是法医鉴定程序完成时最基本的标识。

需要送达的司法鉴定文书的盖章格式，是在鉴定文书眉首发文机构标示及发文字号处，加盖鉴定机构的钢质鉴定专用章，在鉴定文书的落款处加盖红印鉴定专用章，在鉴定文书的内容页加盖骑缝章。

法医鉴定文书在发送之前必须加盖鉴定专用章，以示法医鉴定程序的完整，不能以行政机关类公章代替，更不能空缺。

(二)鉴定人用章

有关诉讼程序方面的法律均有关于鉴定人签字盖章相应的规定，法医鉴定文书由鉴定人负责制作，并在鉴定文书的落款处签字及盖章，若多名鉴定人共同鉴定并且鉴定意见不一致时，应当分别签字及盖章并予以注明。

按照规范的公文行文规定签字盖章的，必须签字且盖章，缺一不可。由此在鉴定文书上的签字及盖章程序上，体现法医鉴定人对权利和责任的一种履行和承担。

此外，在法医鉴定过程中，还有一种很重要的签字或盖章的形式，虽然不属于鉴定人签字或盖章，也需要给予足够的重视。即公安部《公安机关办理刑事案件程序规定》有关条款中规定的，为了确定死因，经县级以上公安机关负责人批准，可以解剖尸体或者开棺检验的，并且通知死者家属到场，并让其在《解剖尸体通知书》上签名或者盖章，以示程序的履行。

死者家属无正当理由拒不到场或者拒绝签名、盖章的，不影响解剖或者开棺检验,但是应当在《解剖尸体通知书》上注明。对于身份不明的尸体,无法通知死者家属的应当在笔录中加以注明。

这种签字盖章的形式虽然不属于鉴定人签字盖章的范畴,但却是法医鉴定中死者家属是否同意对尸体进行检验的权利表示,是法医鉴定权衍生出来的一种权利,因此不可或缺。

(三)鉴定文书签发用章

法医鉴定文书制作完成后,需要经过鉴定机构负责人签字审批后,才能发还给委托鉴定的办案机关或者委托人,这是履行鉴定文书发还程序鉴定机构的通行做法,法医鉴定的实体责任由具体鉴定人负责,鉴定文书的公文发还责任由鉴定机构负责,如鉴定文书的存档、保密等均需要相应的人员签字盖章以示负责。

所以法医鉴定文书签发用章不仅指鉴定专用章,也包括鉴定机构及相应的人员签字盖章。

六、补充、重新鉴定权

法医鉴定程序中的补充或者重新鉴定权,无论是对于公安机关、检察机关、审判机关还是对于委托人,都是十分重要的一种鉴定权的补强和救济程序,因为法医鉴定意见难免因为某些主观或客观因素而发生偏差,在已有的鉴定意见已经成形的前提下,补充、增强、修正或者变更鉴定意见的有效做法就是行使补充或者重新鉴定权利。

所以补充鉴定或者重新鉴定是一种兜底的做法,对于维护法医鉴定意见的公正性十分重要。

(一)权利的归属

(1)《刑事诉讼法》规定侦查机关应当将用作证据的鉴定意见告知犯罪嫌疑人、被害人。如果犯罪嫌疑人、被害人提出申请,可以补充鉴定或者重新鉴定。

(2)《刑诉解释》规定,经人民法院通知,鉴定人拒不出庭作证的,鉴定意见不得作为定案的根据。鉴定人由于不能抗拒的原因或者其他正当理由无法出庭的,人民法院可以根据情况决定延期审理或者重新鉴定。

(3)《刑诉规则(试行)》规定,对鉴定意见,检察人员应当进行审查,必要时可以提出补充鉴定或者重新鉴定的意见,报检察长批准后进行,检察长也可以直接决定进行补充鉴定或者重新鉴定。

同时规定,用作证据的鉴定意见应当告知犯罪嫌疑人、被害人,被害人死亡或者没有诉讼能力的,应当告知其法定代理人、近亲属或者诉讼代理人。

犯罪嫌疑人、被害人或者被害人的法定代理人、近亲属、诉讼代理人提出申请,经检察长批准,可以补充鉴定或者重新鉴定,鉴定费由请求方承担,但原鉴定违反法定程序的由人民检察院承担。

(4)《刑事案件程序规定》明确了补充鉴定的情形:鉴定内容有明显遗漏的,发现新的有鉴定意义的证物的,对鉴定证物有新的鉴定要求的,鉴定意见不完整的,委托事项无法确定的。还明确了重新鉴定的情形:鉴定程序违法或者违反相关专业技术要求的,鉴定机构、鉴定人不具备鉴定资质和条件的,鉴定人故意作虚假鉴定或者违反回避规定的,鉴定意见依据明显不足的,检查虚假或者被损坏的,以及其他应当补充或重新鉴定的情形。

犯罪嫌疑人、被害人或者被害人的法定代理人、近亲属、诉讼代理人,以及民事案件中的鉴定委托人均拥有补充或者重新鉴定的申请权,在案件的诉讼过程中认为有必要有理由或者在接到用作证据的鉴定意见的告知后,可以向相关的司法机关或者鉴定机构提出补充鉴定或者重新鉴定的请求。

(5)司法部《司法鉴定通则》第28条做了如下规定。

①委托人增加新的鉴定要求的，委托人发现委托的鉴定事项有遗漏的，委托人在鉴定过程中又提供或者补充了新的鉴定材料的及其他需要补充鉴定的情形的司法鉴定机构可以根据委托人的请求进行补充鉴定。

补充鉴定是原委托鉴定的组成部分。

②原司法鉴定人不具有从事原委托事项鉴定执业资格的，原司法鉴定机构超出登记的业务范围组织鉴定的，原司法鉴定人按规定应当回避没有回避的，委托人或者其他诉讼当事人对原鉴定意见有异议，并能提出合法依据和合理理由的，法律规定或者人民法院认为需要重新鉴定的其他情形的司法鉴定机构可以接受委托进行重新鉴定。

接受重新鉴定委托的司法鉴定机构的资质条件，一般应当高于原委托的司法鉴定机构。

③重新鉴定，应当委托原鉴定机构以外的列入司法鉴定机构名册的其他司法鉴定机构进行；委托人同意的，也可以委托原司法鉴定机构，由其指定原司法鉴定人以外的其他符合条件的司法鉴定人进行。

(二)权利的行使

1. 行使的时机

在人身伤亡类案件诉讼的三个阶段中，犯罪嫌疑人、被害人或者被害人的法定代理人、近亲属、诉讼代理人等均可以向办案机关提出补充鉴定或者重新鉴定的申请要求。

在案件的侦查阶段可以向公安机关提出，在案件的公诉阶段可以向检察机关提出，案件进入审判阶段，可以向人民法院提出。

此外，在每一个诉讼阶段中，办案人员可以经过批准提出补充或者重新鉴定。

2. 针对的问题

补充鉴定或者重新鉴定的提出必须有充分的理由,不能因为在案件的诉讼阶段中存在这种权利而盲目地行使权利。

一般情况下,在同一件人身伤亡类案件中存在两个以上的不同鉴定意见,人民检察院与公安机关、犯罪嫌疑人、被害人之间或者被害人与犯罪嫌疑人之间对鉴定意见不能达成一致时,可以对原鉴定意见中的部分或者全部提出补充或者重新鉴定。

犯罪嫌疑人、被害人或者被害人的法定代理人、近亲属、诉讼代理人应该尊重这种权力,对公安机关、检察机关出具的法医鉴定意见,提出补充或者重新鉴定时,应当充分陈述对鉴定意见持有异议的理由,以期获得补充或者重新鉴定的机会,进而维护鉴定意见的客观真实性和法律的严肃性。

公检法机关的办案人员认为鉴定意见不确切或者确有错误,经所在机关批准后可以补充鉴定或重新鉴定。

充分行使和有效限制补充鉴定或重新鉴定程序的提起,既可以增强法医鉴定意见的质量,又可以防止因案件中专门性问题的反复鉴定而引起的不必要争议。

七、鉴定知情权

(一)鉴定人知情权

1. 知情权的主体

《刑诉规则(试行)》和《刑事案件程序规定》规定,人民检察院和公安机关应当为鉴定人进行鉴定提供必要的案件材料,及时向鉴定人送交有关检材和比对样本等原始材料,介绍与鉴定有关的情况,并明确提出需要鉴定解决的问题。

《司法鉴定通则》规定,委托人应当向司法鉴定机构提供真实、完整、充分的鉴定材料，并对鉴定材料的真实性、合法性负责。

法医鉴定以解决案件中专门性问题为目的，专门性问题的解决需要依据案件事实及相关材料，例如，委托鉴定致伤物的种类时，法医鉴定人需要了解案件中成伤过程（机制）的笔录、图片等，所以法医鉴定人有必要对案情及卷宗材料知情。例如，委托鉴定损伤程度，则应了解被鉴定人的伤情以及有关伤情的病历材料、病历材料的出处、形成情况等。

2. 知情权的途径

法医鉴定人知晓有关必要的案件情况，全面了解委托鉴定要求，是更好地达到鉴定目的的前提，为此法医鉴定人需要通过办案机关或委托人的途径了解和知情，此外，法医鉴定人不得接受其他途径传递的材料和信息，法医鉴定人必须遵守职业纪律，必须对所知情的案件保守秘密，承担法律责任，以避免因为泄密而影响鉴定的公正性。

（二）犯罪嫌疑人、被害人知情权

1. 知情权的对象

犯罪嫌疑人和被害人是刑事案件的两个构成要件，对于案件中鉴定的专门性问题，各自知情的目的有所不同，都是利用法医鉴定意见作为证据，来证明和达到自己的诉讼目的，所以《刑事诉讼法》规定，侦查机关应当将用作证据的鉴定意见告知犯罪嫌疑人、被害人。如果犯罪嫌疑人、被害人提出申请，可以补充鉴定或者重新鉴定。

由此可见，对法医鉴定的知情权利中，犯罪嫌疑人、被害人知情的对象是能够用作证据使用的法医鉴定意见。

所以，《刑诉规则（试行）》规定，用作证据使用的鉴定意见，人民检察院办案机关应当告知犯罪嫌疑人、被害人，被害人死亡或者没有诉讼行为能力的，应当告知其法定代理人、近亲属或者诉讼代理人。

《刑事案件程序规定》规定，经审查作为证据使用的鉴定意见，公安机关应当及时告知犯罪嫌疑人、被害人或者其法定代理人。

《司法鉴定通则》规定，委托人对司法鉴定机构的鉴定过程或者出具的鉴定意见提出询问的，司法鉴定人应当给予解释和说明。

在规定诉讼期向内让犯罪嫌疑人、被害人知情了解法医鉴定意见的有关情况，以便提出自己的诉讼需求，是法律尊重和保护人权的具体表现。

2. 知情权的延伸

《刑事诉讼法》第 129 条　对于死因不明的尸体，公安机关有权决定解剖，并通知死者家属到场。

《刑诉规则(试行)》第 212 条　人民检察院解剖死因不明的尸体，应当通知死者家属到场，并让其在解剖通知书上签名或者盖章。

死者家属无正当理由拒不到场或者拒不签名、盖章的，不影响解剖的进行，但是应当在解剖通知书上记明。对于身份不明的尸体，无法通知死者家属的，应当记明笔录。

《刑事案件程序规定》第 213 条　为了确定死因，经县级以上公安机关负责人批准，可以解剖，并且通知死者家属到场，让其在解剖尸体通知书上签名。死者家属无正当理由拒不到场签名的，侦查人员应当在解剖尸体通知书上注明。

第 214 条　对已查明死因，没有继续保留必要的尸体，应当通知家属领回处理，对于无法通知或者通知后家属拒绝领回的，经县级以上公安机关负责人批准，可以及时处理。

上述诉讼法律法规从程序的高度上规定了犯罪嫌疑人、被害人对鉴定的知情权，这是法律的公平正义在司法实践中的具体表现，但是上述法律法规对于通知死者家属到场的表述，仅仅是一种程序性公正的表面现象，因为对于法医鉴定而言，为了确定死亡原因而通知死者家属到场，死者家属到场后做什么、能做什么的延伸含义是不清楚的。如果仅仅是签名盖章，完全不必在解剖现场进行，如果是到场见证解剖，就应该有实质意义上的见证，即应该通知死者家属请有医学、法医学知识的人员到场见证,如此通知死者家属到场才有意义,才能真正保护犯罪嫌疑人、被害人在法医鉴定中的应有权利。

司法实践已经证明,采取上述做法是提高尸体解剖的质量、发挥死者家属到场的见证作用以及解决案件中敏感问题的有效方法之一。

第二节　法医鉴定义务的履行

在法医鉴定过程中,权利与义务是对等的,享有权利就要承担义务,同时还须履行责任。在法医鉴定中与权利相对应的义务包括鉴定决定人的义务、鉴定人的义务、被鉴定人的义务、代理律师的义务、证人的义务。

一、鉴定决定人员义务

(一)指派或者聘请鉴定人

《刑事诉讼法》第 144 条　为了查明案情,需要解决案件中某些专门性问题的时候,应当指派、聘请有专门知识的人进行鉴定。

《刑诉规则(试行)》第 247 条　人民检察院为了查明案情,解决案件中某些专门性问题可以进行鉴定。

第 248 条　鉴定由检察长批准,由人民检察院技术部门有鉴定资格的人员进行。必要的时候,也可以聘请其他有鉴定资格的人员进行,但应征得鉴定人所在单位的同意。

《刑事案件程序规定》第 239 条　为了查明案情,解决案件中某些专门性问题,应当指派、聘请有专门知识的人进行鉴定。需要聘请有专门知识的人进行鉴定,应当经县级以上公安机关负责人批准,制作鉴定聘请书。

《司法鉴定通则》第18条　司法鉴定机构受理鉴定委托后,应当制定本机构中具有该鉴定事项执业资格的司法鉴定人进行鉴定。委托人有特殊要求的,经双方协商一致,也可以从本机构中选择符合条件的司法鉴定人进行鉴定。

鉴定是解决案件中某些专门性问题的诉讼程序之一,因此处于诉讼活动中主导地位的鉴定决定部门和委托人,有义务在鉴定的活动中指派和聘请鉴定人,集中优势资源完成对案件中专门性问题的鉴定工作。

(二)批准补充、重新鉴定

《刑诉规则(试行)》第252条　对于鉴定意见,检察人员应当进行审查,必要的时候可以提出补充鉴定或者重新鉴定意见,报检察长批准后,进行补充鉴定或者重新鉴定。检察长也可以直接决定进行补充鉴定或者重新鉴定。

《刑事案件程序规定》第245条　经审查,发现有下列情形之一的,经县级以上公安机关负责人批准,应当补充鉴定:(1)鉴定内容有明显遗漏的;(2)发现新的有鉴定意义的证物的;(3)对鉴定证物有新的鉴定要求的;(4)鉴定意见不完整,委托事项无法确定的;(5)其他需要补充鉴定的情形。

第246条　经审查发现有下列情形之一的,经县级以上公安机关负责人批准,应当重新鉴定:(1)鉴定程序违法或者违反相关专业技术要求的;(2)鉴定机构、鉴定人不具备鉴定资质和条件的;(3)鉴定人故意作虚假鉴定或者违反回避规定的;(4)鉴定意见依据明显不足的;(5)检查虚假或者被损坏的;(6)其他应当补充或重新鉴定的情形。重新鉴定应当另行指派或者聘请鉴定人。

补充或者重新鉴定是对案件中某些专门性问题的重要补强、甄别或者修正的有效环节,所以当犯罪嫌疑人、被害人或者被害人的法定代理人、近亲属、诉讼代理人认为有必要或者在接到用作证据的鉴定意见的告知后，向相关的司法机关或者鉴定机构提出补充或者重新鉴定的请求时，司法机关或者鉴定机构应当担负起应有的义务和责任，慎重地对待补充或者重新鉴定的提起程序，既不能轻率地批准也不能过分地限制。

（三）通知告知

在法医鉴定过程中，办案机关和鉴定机构或者鉴定人均具有针对鉴定事项向有关方面履行告知义务。

《刑事诉讼法》规定，侦查机关应当将用作证据的鉴定意见告知犯罪嫌疑人、被害人。如果犯罪嫌疑人、被害人提出申请，可以补充鉴定或者重新鉴定。

《关于司法鉴定管理问题的决定》第11条　在诉讼中，当事人对鉴定意见有异议的，经人民法院依法通知，鉴定人应当出庭作证。

鉴定人出庭作证义务是在法庭的质证过程中，向有关人员告知、陈述和解释有关法医鉴定的问题。这种告知义务是具体鉴定问题在接受质证意义上的告知，对庭审活动益处甚大。

《刑诉解释》第220条　法庭审理过程中，当事人及其辩护人申请通知新的证人到庭，调取新的证据，申请重新鉴定或者勘验的，应当提供证人的姓名、证据的存放地点，并说明拟证明的案件事实，要求重新鉴定或者勘验的理由。法庭认为有必要的应当同意，并宣布延期审理，不同意的应当告知理由并继续审理。

审判机关对于有理由的重新鉴定或者勘验，需要以告知形式同意其提起鉴定程序，对于校正在公安机关侦查、检察机关起诉环节中的鉴定意见有重要意义。

《刑诉规则（试行）》第253条　用作证据的鉴定意见，人民检察院办案机关应当告知犯罪嫌疑人、被害人，被害人死亡或者没有诉讼行为能力的，应当告知其法定代理人、近亲属或者诉讼代理人。

《刑事案件程序规定》第243条　经审查作为证据使用的鉴定意见，公安机关应当及时告知犯罪嫌疑人、被害人或者其法定代理人。

《司法鉴定程序通则》第37条　委托人对司法鉴定机构的鉴定过程或者出具的鉴定意见提出询问的，司法鉴定人应当给予解释和说明。

《司法鉴定通则》第17条　司法鉴定机构决定受理鉴定委托的，应当与委托人在协商的基础上签订司法鉴定协议书。

因鉴定需要耗尽或者可能损坏检材的，或者在鉴定完成后无法完整退还检材的，应当事先向委托人讲明，征得其同意或者认可，并在协议书中载明。

在进行司法鉴定过程中需要变更协议书内容的，应当由协议双方协商确定。

告知义务是连接犯罪嫌疑人、被害人及其代理人知情权利的一个纽带，只有告知才能知情，只有知情才能提起是否补充或者重新鉴定的程序。

所以办案机关鉴定决定人员在法医鉴定完成后即应及时地履行告知义务，是对犯罪嫌疑人、被害人在法医鉴定中有关权利及时得到实现的重要保障。

(四)提供鉴定材料

《刑诉规则(试行)》和《刑事案件程序规定》规定，人民检察院和公安机关应当为鉴定人进行鉴定提供必要的材料，及时向鉴定人送交有关检材和对比样本等原始材料，介绍与鉴定有关的情况并明确提出鉴定所解决的问题。

《司法鉴定通则》规定，委托人应当向司法鉴定机构提供真实、完整、充分的鉴定材料，并对鉴定材料的真实性、合法性负责。

上述法律法规明确规定，办案机关和委托人在委托鉴定时，应当向鉴定机构及鉴定人提供相关的鉴定材料和介绍有关鉴定情况。

提供的鉴定材料应当是材料的原件。提供原件确有困难或者因保密需要不能提供原件的,可以提供副本或者复制件。

提供书证、视听资料的副本、复制件和物证的照片、录像的,应当附有不能提供原件的说明,并由相应提供机构或部门的盖章。

委托社会司法鉴定机构进行法医鉴定的,委托人需要按照《司法鉴定程序通则》的相关规定,提交法医鉴定的材料并对材料的真实性、合法性负责。

介绍与鉴定有关的情况应属于所提供材料的衔接或者细节的扩展补充,应与提供的材料基本一致,不一致的部分应当以提供的材料为准。

二、鉴定人义务

(一)承担责任

《刑事诉讼法》第145条　鉴定人进行鉴定后,应当写出鉴定意见,并且签名。

鉴定人故意作虚假鉴定的,应当承担法律责任。

《关于司法鉴定管理问题的决定》规定,鉴定人和鉴定机构从事司法鉴定业务,应当遵守法律、法规,遵守职业道德和职业纪律,尊重科学,遵守技术操作。

鉴定人或者鉴定机构有违反本规定行为的,由省级人民政府司法行政部门予以警告,责令改正。

鉴定人或者鉴定机构有下列情形之一的,由省级人民政府司法行政部门给予停止从事司法鉴定业务三个月以上一年以下的处罚,情节严重的撤销登记。

1. 因严重不负责任给当事人合法权益造成重大损失;

2. 提供虚假证明文件或者采取其他欺诈手段,骗取登记的;

3. 经人民法院依法通知拒绝出庭作证的；

4. 法律、行政法规规定的其他情形。

鉴定人故意作虚假鉴定构成犯罪的依法追究刑事责任，尚未构成犯罪的，依照前款规定处罚。

《刑诉规则(试行)》第251条 鉴定人故意作虚假鉴定的，应当承担法律责任。

《刑事案件程序规定》第242条 鉴定人应当按照鉴定规则，运用科学方法独立进行鉴定。鉴定后，应当出具鉴定意见，并在鉴定意见书上签名，同时附上鉴定机构和鉴定人的资质证明或者其他证明文件。

《司法鉴定通则》第4条 司法鉴定实行鉴定人负责制度。司法鉴定人应当依法独立、客观、公正地进行鉴定，并对自己作出的鉴定意见负责。

(二)规范鉴定

《刑诉解释》第84条 对鉴定意见应当着重审查以下内容：

(1)鉴定机构和鉴定人是否具有法定资质；

(2)鉴定人是否存在应当回避的情形；

(3)检材的来源、取得、保管、送检是否符合法律、有关规定，与相关提取笔录、扣押物品清单等记载的内容是否相符，检材是否充足、可靠；

(4)鉴定意见的形式要件是否完备，是否注明提起鉴定的事由、鉴定委托人、鉴定机构、鉴定要求、鉴定过程、鉴定方法、鉴定日期等相关内容，是否由鉴定机构加盖司法鉴定专用章并由鉴定人签名、盖章；

(5)鉴定程序是否符合法律、有关规定；

(6)鉴定的过程和方法是否符合相关专业的规范要求；

(7)鉴定意见是否明确；

(8)鉴定意见与案件待证事实有无关联；

(9)鉴定意见与勘验、检查笔录及相关照片等其他证据是否矛盾；

(10)鉴定意见是否依法及时告知相关人员，当事人对鉴定意见有无异议。

《司法鉴定通则》第22条　司法鉴定人进行鉴定，应当依下列顺序遵守和采用该专业领域的技术标准和技术规范：

(1)国家标准和技术规范；

(2)司法鉴定主管部门、司法鉴定行业组织或相关行业主管部门制定的行业标准和技术规范；

(3)该专业领域多数专家认可的技术标准和技术规范。

不具备前款规定的技术标准和技术规范的，可以采用所属司法鉴定机构自行制定的有关技术规范。

第23条　司法鉴定人进行鉴定，应当对鉴定过程进行实时记录并签名。记录可以采取笔记、录音、录像、拍照等方式。记录的内容应当真实、客观、准确、完整、清晰，记录的文本或者音像载体应当妥善保存。

第24条　司法鉴定人在进行鉴定的过程中，需要对女性作妇科检查的，应当由女性司法鉴定人进行；无女性司法鉴定人的，应当有女性工作人员在场。

在鉴定过程中需要对未成年人的身体进行检查的，应当通知其监护人到场。

对被鉴定人进行法医精神病鉴定，应当通知委托人或者被鉴定人的近亲属或者监护人到场。

对需要到现场提取检材的，应当由不少于二名司法鉴定人提取，并通知委托人到场见证。

对需要进行尸体解剖的，应当通知委托人或者死者的近亲属或者监护人到场见证。

(三)作证、回避义务

1.作证义务

《刑事诉讼法》第57条　在对证据收集的合法性进行法庭调查的过程中,人民检察院应当对证据的合法性加以证明。现有证据材料不能证明证据收集的合法性,人民检察院可以提请人民法院通知有关侦查人员或者其他人员出庭说明情况的;人民法院可以通知有关侦查人员或者其他人员出庭说明情况,有关侦查人员或者其他人员也可以要求出庭说明情况。经人民法院通知,有关人员应当出庭。

《关于司法鉴定管理问题的决定》第11条　在诉讼中,当事人对于鉴定意见有异议的,经人民法院依法通知,鉴定人应当出庭作证。

《刑诉解释》第86条　经人民法院通知,鉴定人拒不出庭作证的,鉴定意见不得作为定案的根据。

《刑诉规则(试行)》第248条　鉴定由检察长批准,由人民检察院技术部门有鉴定资格的人员进行。必要的时候,也可以聘请其他有鉴定资格的人员进行,但是应当征得鉴定人所在单位的同意。

具有《刑事诉讼法》第28条、第29条规定的应当回避的情形的,不能担任鉴定人。

《刑事案件程序规定》第68条　人民法院认为现有证据材料不能证明证据收集的合法性,通知有关侦查人员或者其他人员出庭说明情况的,有关侦查人员或者其他人员应当出庭。必要时,有关侦查人员或者其他人员也可以要求出庭说明情况。

第247条规定　公诉人、当事人或者辩护人、诉讼代理人对鉴定意见有异议,经人民法院依法通知的,公安机关的鉴定人应当出庭作证。

本案当事人、辩护人,依照法律程序对鉴定提出有关问题,鉴定人应予以回答,并阐明鉴定结论的科学依据,对与鉴定无关的问题,鉴定人有权拒绝回答。鉴定人说明结果前,应当在如实说明结果的保证书上签名。

《司法鉴定通则》规定,司法鉴定人应当按照司法机关或者仲裁机构的要求按时出庭。司法鉴定人出庭时,应出示《司法鉴定执业证书》。

司法鉴定人出庭时,应依法客观、公正、实事求是地回答司法鉴定相关问题。

2. 回避义务

《刑事诉讼法》第28条　审判人员、检察人员、侦查人员有下列情形之一的,应当自行回避,当事人及其法定代理人也有权要求他们回避:

(1)是本案的当事人或者是当事人的近亲属的;

(2)本人或者他的近亲属和本案有利害关系的;

(3)担任过本案的证人、鉴定人、辩护人、诉讼代理人的;

(4)与本案当事人有其他关系,可能影响公正处理案件的。

《司法鉴定通则》第20条　司法鉴定人本人或者其近亲属与委托人、委托的鉴定事项或者鉴定事项涉及的案件有利害关系,可能影响其独立、客观、公正进行鉴定的,应当回避。

司法鉴定人自行提出回避的,由其所属的司法鉴定机构决定;委托人要求司法鉴定人回避的,应当向该鉴定人所属的司法鉴定机构提出,由司法鉴定机构决定。委托人对司法鉴定机构是否实行回避的决定有异议的,可以撤销鉴定委托。

(四)出具鉴定意见

《刑诉规则(试行)》第250条　鉴定人进行鉴定后,应当出具鉴定意见、检验报告,同时附上鉴定机构和鉴定人的资质证明,并且签名或者盖章。

多个鉴定人的鉴定意见不一致的,应当在鉴定意见上写明分歧的内容和理由,并且分别签名或者盖章。

《刑事案件程序规定》第242条　鉴定人应当按照鉴定规则,运用科学方法独立进行鉴定。鉴定后,应当出具鉴定意见,并在鉴定意见书上签名,同时附上鉴定机构和鉴定人的资质证明或者其他证明文件。

第247条　公诉人、当事人或者辩护人、诉讼代理人对鉴定意见有异议,经人民法院依法通知的,公安机关鉴定人应当出庭作证。

鉴定人故意作虚假鉴定的,应当依法追究其法律责任。

《司法鉴定通则》第23条　司法鉴定人进行鉴定,应当对鉴定过程进行实时记录并签名。记录可以采取笔记、录音、录像、拍照等方式。记录的内容应当真实、客观、准确、完整、清晰,记录的文本或者音像载体应当妥善保存。

第34条　司法鉴定机构和司法鉴定人在完成委托的鉴定事项后,应当向委托人出具司法鉴定文书。

司法鉴定文书包括司法鉴定意见书和司法鉴定检验报告书。

司法鉴定文书的制作应当符合统一规定的司法鉴定文书格式。

第35条　司法鉴定文书应当由司法鉴定人签名或者盖章。多人参加司法鉴定,对鉴定意见有不同意见的,应当注明。

司法鉴定文书应当加盖司法鉴定机构的司法鉴定专用章。

司法鉴定机构出具的司法鉴定文书一般应当一式三份,二份交委托人收执,一份由本机构存档。

第36条　司法鉴定机构应当按照有关规定或者与委托人约定的方式,向委托人发送司法鉴定文书。

多人参加鉴定,鉴定人有不同意见的,应当注明。

(五)保存鉴定材料

《刑诉解释》第84条　对鉴定意见应当着重审查检材的来源、取得、保管、送检是否合乎规定,与相关提取笔录、扣押物品清单等记载的内容是否相符,检材是否充足、可靠。鉴定材料与送检材料、样本不一致的,不得作为定案的根据。

《刑事案件程序规定》第241条　侦查人员应当做好检材的保管和送检工作，并注明检材送检环节的责任人，确保检材在流转环节中的同一性和不被污染。

《司法鉴定通则》第12条　本通则所指鉴定材料包括检材和鉴定资料。检材是指与鉴定事项有关的生物检材和非生物检材；鉴定资料是指存在于各种载体上与鉴定事项有关的记录。

第21条　司法鉴定机构应当严格依照有关技术规范保管和使用鉴定材料，严格监控鉴定材料的接收、传递、检验、保存和处置，建立科学、严密的管理制度。

司法鉴定机构和司法鉴定人因严重不负责任造成鉴定材料损毁、遗失的，应当依法承担责任。

三、委托鉴定方的义务

（一）配合鉴定

《刑诉规则（试行）》和《刑事案件程序规定》规定，人民检察院和公安机关应当为鉴定人进行鉴定提供必要的材料，及时向鉴定人送交有关检材和对比样本等原始材料，并介绍与鉴定有关的情况，明确提出需鉴定解决的问题。

《司法鉴定通则》规定，委托人应当向司法鉴定机构提供真实、完整、充分的鉴定材料，并对鉴定材料的真实性、合法性负责。

对于委托鉴定方而言，获得对自己有利的鉴定意见是理所当然的，但是为了到达此目的，必须如实地提供真实的鉴定材料，配合鉴定机构完成科学公正的鉴定工作，对鉴定材料的任何不正当的取舍都会影响鉴定意见形成的客观性甚至严重的后果。

法医鉴定是委托鉴定方、被鉴定方和鉴定方三方，在互相配合的基础上完成的，没有委托鉴定方或被鉴定方的配合，完成法医鉴定就是一句空话，委托鉴定方或被鉴定方的配合不仅是向鉴定方提供必要的鉴定材料，在法医鉴定的过程中，与鉴定有关的人员还需要实事求是地与法医鉴定人进行互动，尤其是在法医临床鉴定的过程中，被鉴定人的伪装、佯动等行为，有时会干扰或者误导鉴定人的判断。

（二）接受鉴定文书

《司法鉴定通则》第34条　司法鉴定机构和司法鉴定人在完成委托的鉴定事项后，应当向委托人出具司法鉴定文书。

第35条　司法鉴定机构出具的司法鉴定文书一般应当一式三份，二份交委托人收执，一份由本机构存档。

法医鉴定以委托方向鉴定机构提交委托鉴定书开始，以鉴定机构向委托方发送鉴定意见而结束，委托方接受鉴定文书后需要在回执单上签名盖章。

法医鉴定意见是按照程序、依照标准，经过检验鉴定形成的，不依个人意志为转移，所以委托鉴定方不能因为鉴定意见与自己的意愿有所出入，而拒绝签收法医鉴定文书。

第五章　法医鉴定文书中的信息

法医鉴定文书是法医鉴定完成的最终表现形式，也是法医鉴定意见作为证据使用的物质载体，法医鉴定意见必须以书面的、正式公文的形式予以表示，所以对法医鉴定文书而言，历来是司法实践中运用法医鉴定意见的一种载体，因此备受关注。

关注法医鉴定文书，实际上是关注蕴含在法医鉴定文书中的信息能否转化为证明案件事实的依据，并且与案件中的其他证据形成完整的证据链条。

第一节　法医鉴定文书的结构

法医鉴定文书的格式一般分为绪言、案情摘要、检查所见、分析说明、鉴定意见和附件等六个部分。

一、绪言

绪言包括委托单位、时间、委托人、委托要求、受理时间、送件材料、鉴定人、检验地点、在场人员、检验方法等内容，这些内容构成了绪言中的基本信息，将这些信息提炼出来并进行论证或者质证意义上的表述，就构成了对于法医鉴定文书基本信息的应用。

二、案情摘要

案情(病情)摘要包括病情摘要。摘要不是摘编更不是简介，案情摘要需要注明摘自××案件××卷宗××页，以示出处的准确性。病情摘要需要注明摘自××医院，因为医院按照甲乙级别分类其资质有所不同，比如一件前臂划伤的案例，乡卫生院诊断桡神经损伤，而三甲医院诊断表皮损伤，二者区别如此之大给诉讼带来的影响不言而喻。病历摘要需要注明住院病历××号××时间，或者门诊病历××号××时间，摘要的各种材料需要与原材料核对无误，在使用的过程中需要使用双引号标注。

三、检查所见

检查所见部分是法医鉴定意见构成的主要部分，是形成鉴定意见的基础，因此其中所蕴含的信息格外重要。检查所见部分包括检查和检验两层意思，检查所见是指法医鉴定人用肉眼或者借助于增强视野、视力的工具比如放大镜、显微镜等所见到的客观现象。而检验所见是指通过仪器设备的检查所得到的某些信息。

检查所见部分是描述和记录法医鉴定人员经过检查、检验后的阳性及阴性所见，不能在描述和记录其特征、形状等表现之前贸然下结论性、判断性记载，检查所见是分析说明的前期铺垫，只有经过检查检验所见之后，才能进行分析说明。

四、分析说明

分析说明是法医鉴定意见的重要论证部分，是将检查检验所见的客观现象去伪存真、去粗取精、由表及里、由浅入深地分析、判断，然后推导出鉴定意见，其分析说明的原则是将检查检验中的阳性所见、阴性所见全部予以分析论证，按照委托要求进行逻辑性的梳理，将成伤原因、发生发展及其转归等机制剖析论证到位。

五、鉴定意见

鉴定意见必须与委托要求相一致，否则就失去了委托要求的意义，此外鉴定意见也不总是简单地用“是”与“不是”进行回答，因为某些专门性问题受技术发展水平、检材条件等因素的限制，常常超出法医鉴定能力，如检材自溶影响组织结构的清晰等问题，因此鉴定意见中的不能肯定式回答的方式是客观存在的，此时表述为“不能确定”或者“不能排除”等。

六、附件

法医鉴定文书中的附件部分承载着某些不能够进入或者补充正文的信息，比如证明鉴定人资质的技术证书、鉴定权或者执业证书等，以及受正文篇幅所限或者系引用参考之用等把某些资料放在附件部分更为合适，如鉴定文书引用的参考资料、照片等，这部分资料虽然是以附件的形式出现，但是所反映的信息却是至关重要的，比如一案情介绍两车相撞司机当场死亡，可是照片反映的状况是两车仅仅轻微擦碰，后经过尸体解剖检验证实系死者心脏病突发造成溜车剐蹭了停在路边的车辆。

第二节　法医鉴定文书中的信息

一、绪言中的信息

（一）检验时间

1. 委托时间

法医鉴定书绪言中有委托鉴定要求的时间记载，此时间与案发时间进行对照，就可以推算出人身伤亡类案件中被检验客体因为时间的缘故所发生的某些变化。

例如，一个锐器伤，初期是伤口，晚期就是伤疤，在这个过程中还可以出现愈合征象、并发症、后遗症等变化，一个锐器伤在不同的时期鉴定就可以出现不同现象，所以委托鉴定的时间与损伤的时间差，应当在法医鉴定时予以考虑。

2. 受理时间

针对法医鉴定的受理时间，可以划定两个时间的节点：一个是被鉴定客体（人体或者检材）因为时间的缘故是否符合检验的条件，比如损伤情况是否因为发生时间与受理时间的长短而造成某些变化等。另一个是检验时间与案件诉讼时限的关系。《刑事诉讼法》规定，除精神疾病的鉴定时限不计算在办案时限之内，其他的鉴定时限均包括在办案时限里，因此需要计算法医鉴定所占用的案件时限，不能因为法医鉴定占用的时间使案件时限超限。

(二)检验地点

检验地点不同可以反映法医鉴定机构实验仪器设备的某些信息。

1. 实验室检验

法医鉴定的实验室可以分为普通实验室和认证认可实验室,这两种实验室的装备标准及操作要求也不一样。

法医鉴定的普通实验室包括法医临床实验室、病理实验室等,以满足本鉴定机构的鉴定工作为基准,购置实验室仪器设备,按照普通实验室的规章制度进行实验室的运行。

认证认可实验室是按照国家实验室认证认可委员会的统一标准,建立和运行的实验室,此类实验室出具的检验鉴定文书在国际上是通用的,所以经过认证认可的实验室,形成的实验数据更加规范,可信度更高。

2. 案发现场或医疗场所

法医鉴定因为受案件诉讼时限和条件等因素的制约,可以在案发现场进行初步的检验,或者利用医院太平间、殡仪馆停尸间进行检验,所以在法医鉴定文书的绪言中反映出的检验地点信息,可以考量法医鉴定硬件设施情况,从中与检验的相关情况进行参照。

(三)检验方法

在法医鉴定文书的绪言中,需要标明检验所使用的方法和仪器设备,从中也可以得到某些与技术有关的信息,如简单的或者精密设备的检验区别等,对于众所周知的检查方法,可以只列举名称。

对于一些特殊的检查方法,需概要地加以说明,对于物证检验使用的方法要注明有否对照检材或样本。

检验方法一定程度上反映鉴定的质量,如死亡案件尸表检验是我国宋代就已达到的水平,所以在当今只进行尸表检验的情况,仅限于某些案情简单或者特殊案件。

1. 规范的检验方法

法医鉴定文书中标有所使用的检验方法,这些方法应是有关鉴定管理部门或者机构规定的检验方法,因此属于规范的检验方法。如法医病理检验方法即是卫生部规定的标准方法。此方法采取大体观察和显微镜观察相结合的方法,对病理检验的广度和深度有明确的要求,对鉴定意见的质量保障发挥了积极作用。

2. 不规范的检验方法

(1)检验方法违规。例如,某人醉酒驾车肇事,抽血检验酒精的浓度显示血液中的酒精浓度为20.0mg,为酒后驾车,后经查证为酒精检验人员将抽取的血液放置在敞开的器皿中,经过挥发作用造成血液酒精浓度的降低。

(2)检验方法不对应。例如,某人与某业主斗殴,某人头部受伤,医院诊断为开放性颅脑损伤,其确定硬脑膜破裂与否的诊断技术是CT成像技术,此技术对硬脑膜不显影,因此经审查发现医院以此技术诊断硬脑膜破裂的方法不正确。

(3)技术手段不达标。例如,在某基层法医解剖现场,照录像人员在光照不足的情况下,所使用的照相设备因为没有闪光灯而不达标,使得拍出的照片显示不清楚,导致附录在法医鉴定文书中的图片无法证实检验所见,造成法医鉴定意见大打折扣。

(四)在场人员

1. 鉴定人

法医鉴定文书绪言中载有鉴定机构及鉴定人信息,通过查阅司法行政部门发布的司法鉴定机构和鉴定人名录,可以得知鉴定机构的资质、执业范围以及鉴定人、信誉等信息,由此可以评估鉴定机构及其鉴定人的业务范围、能力等情况,并借以预测有关检验鉴定质量的问题。

案例1：某被害人因为腹部外伤，入住某医院行修补术后被害人死亡，家属通过熟人找到私人诊所，请其对死者的尸体进行解剖检验，尽管发现了后腹膜血肿等问题，但是由于鉴定主体资格不符合法医鉴定程序，鉴定程序上的违规导致鉴定实体上的失效。

案例2：某人驾车撞人致其死亡，经人介绍委托某法医鉴定机构进行鉴定，鉴定意见认为某人在肇事时系间歇性精神病发作，由此可以不负刑事责任。后经查证该法医鉴定机构不具有司法精神疾病鉴定资格，违反法医鉴定程序，导致鉴定无效。

从上述两个案例中可以看出，鉴定人在检验鉴定现场除作为见证人的角色外，需要履行鉴定人的主体资格时必须得到相应的鉴定授权，才符合鉴定程序规则。

2. 被鉴定人家属及代表

法医鉴定文书绪言中载有在场人员姓名，在这一类人员中需要加以注意的是被鉴定人的家属或者代表。

《刑事诉讼法》规定，法医鉴定需要进行尸体解剖的时候，应通知其家属到场，并在解剖通知书上签字，这是一种权利的表示，但是由于其家属不可能亲临解剖室观察，以及多半不了解法医鉴定的内涵，所以这种权利只有程序上的意义，对于解决实体性问题帮助不大。

因此在这类人员中，如存在了解法医鉴定知识的家属人员，对于增强被鉴定人家属或者代表到场的程序意义甚大。

案例1：一例电击致人死亡的案件，在解剖的过程中死者家属聘请了有关法医学方面的技术人员作为家属代表到场观察，该技术人员在死者大拇指指节曲侧的皱褶中发现了电击点，经病理组织学检验证实为电流斑，推翻了案发单位称死者系因惊吓猝死的案由，定性为电击致死。

案例2：某人因刑事犯罪服刑，在押期间撞墙而死，死者家属认为是他人打击致死，为了解决争议，允许死者家属聘请医学及法医学代表在解剖现场观察并监督，最后认定为撞墙致死。

(五)委托要求

委托要求与鉴定意见相一致是法医鉴定的基本准则，换句话说委托鉴定方要求什么鉴定机构就应该回答什么，鉴定机构不应该擅自改动委托要求。

1. 案件中专门性问题

法医鉴定的目的就是要解决案件中的专门性问题，所以一般情况下，委托鉴定方的委托要求均是案件中的专门性问题。

案例：某某颈部被扼、胸部被刺后又被扔到水塘里，办案机关委托的要求是查找死亡原因，抛开了三种均可能致其死亡的方式，直指死亡原因这个案件中的专门性问题。因为这个问题一旦得到解决，致其死亡的方式也就迎刃而解，所以委托鉴定的要求应当选择案件中的专门性技术类问题。

2. 变更委托要求

(1)民事刑事相混。

案例：某人因邻里的院墙倒塌致其腰椎骨折，委托某司法鉴定机构做伤残鉴定，鉴定为五级伤残的同时，又附加了此伤残程度构成重伤的鉴定意见。

由此一件民事上的损伤案件，因为法医鉴定意见中附加了法医鉴定委托中并没有委托的重伤鉴定要求，使案件由民事案件转为刑事案件，导致法律诉讼后果发生了转变。

(2)分解案件中专门性问题。

案例：某人患肾炎住院做肾穿，术后持续数天发热，最后不治身亡，死者家属与医院理论，后经有关医疗部门进行尸体解剖检验，结论为医院对于某人的死亡没有责任。

死者家属委托某法医鉴定机构，并分解委托要求，将是否有责任的鉴定要求转变为死者生前的发热是否为药物过敏所致，进而破解了医疗事故类死亡案件的责任认定由医疗卫生鉴定部门负责的程序“瓶颈”，最后赢得这场官司。

(六)检材事项

法医鉴定文书的绪言中有鉴定检材、标本等事宜。这其中反映出的信息是检材、标本的保管条件以及性状、种类、数量、包装等，传递途径是否封闭，有否存在腐败变质、被调换等问题。

1. 规范传递途径

法医鉴定的检材传递必须实行封闭式的流转程序，鉴定人只能接受委托方在委托书中标明的鉴定材料，不允许接受此外任何一方递交的材料，即便是与鉴定的目的有关系，也应该按正常的委托程序递交，不能在鉴定材料的传递程序上节外生枝。

当鉴定完成后，鉴定材料的发还也需要按照传来时的途径逆向回传。

2. 检材传递中的问题

(1)传递手续不全。

案例：法医鉴定人为验证制式手枪对人体造成的破坏，调用案件中犯罪嫌疑人使用的枪支作为侦查实验之用，事后及时归还了枪支，但是因为疏忽，接收枪支的人员在检材返回的回执单上并没有亲自签字，而由委托鉴定人代签，事后若干年发现枪支丢失，追查责任时互相指责不清。

(2)调换检材。

案例：某人涉嫌犯强奸罪，检验人员在检验提取的排泄物证时，发现送检的棉签拭子上并没有精斑等有价值的物质，经查证是送检人员在送检过程中调换了提取精斑的棉签拭子。

二、案情摘要中的信息

(一)案情信息

1. 案情出处

案情摘要首先要标明出处,其次要能够反映出时间、地点等关键性的信息情节,如摘自某案件卷宗××号××页等。避免模糊不清的描述和记载,如据某某人介绍等。

2. 几种混淆的情况

(1)案情描述错位。

案例:某交警委托法医鉴定时,案情一栏中记载:两车相撞,货车司机当场死亡。

经过检查两车相撞情况,如上图所示,两车的车门仅为轻微的凹陷状况,经法医鉴定人检验死者尸体确定为心性猝死,目击证人证实,货车司机趴卧在驾驶盘上,有人上前拍击车门询问情况,此时货车出现滑动而发生溜车,碰撞到停在附近的小汽车上,而非一般意义上的交通事故。

(2)模糊案情。

案例:某办案单位以某人面部损伤后形成瘢痕为由委托法医进行鉴定损伤程度。

经法医鉴定人检查损伤形成的瘢痕不在面部而是在发迹内,尽管被鉴定人有意识地将头发剃光,但是毛根的存在已经证明,此区域不属于面部损伤。此案情介绍模糊了面部与头皮的概念,如果不仔细鉴别,将属于头皮的损伤按照面部的损伤鉴定,则必然加重行为人的责任。

(3)案情合并伤情。

案例:某人以眼外伤及鼓膜穿孔为由,委托法医鉴定机构进行损伤程度的鉴定,法医鉴定人在审查病历时发现,鼓膜穿孔系第二次住院病历记载的情况,并且首次病历记载耳部无异常,因此排除两个损伤为一次行为所致,纠正了案情合并伤情的问题。

(二)病情信息

1. 基本医疗信息

病情方面的信息是法医临床鉴定摘要中的重要信息,是案件诉讼卷宗以外能够反映成伤机制的重要技术参考,一般能够反映出损伤时间、形态、程度等情况,反映出入出院时间,诊断、治疗的用药名称、数量,抢救措施,有否转院转科,死亡原因,是否进行解剖及病理检验等情况。

2. 介入因素

由于记载病情的病历书写的规范性等缘故,在对病历进行摘要时需要排除影响客观真实性的介入因素。

(1)改动病历。

案例:甲某因争舞伴与乙某动粗,在打斗中甲某的同伴扔盘子击打乙某,不慎盘子的碎片将甲某眼睛划伤,为嫁祸乙某,甲某在医院行贿医生,将眼外伤中的划伤改为拳击所致,致使乙某被追究刑事责任。

(2)变更损伤部位。

案例:某人买肉时欲少付摊主四角钱,摊主不肯,二人因此口角并导致不悦,随后某人找来木棒,追打卖肉的摊主,摊主在逃跑过程中不慎摔倒,正欲爬起来之时,被某人一棒子打在头顶部,经医院手术治疗后成为植物人。

在法医鉴定中,法医鉴定人发现头部外伤的位置是在前额部,与委托方提供的卷宗材料记载不符,后经办案人员核查,系手术室的医生因故更改了病历。因为摊主是逃跑到距离市场的大门柱子附近摔倒的,把伤口改在前额部符合自己摔倒撞击而成的机理。

(3)人为干扰病情。

案例1:一名脊髓横断性瘫痪的病人,住院治疗期间,在病情平稳的情况下,突然死亡。

医院组织专家讨论后认为此类疾病不可能引起病人的突然死亡,当时的注意力均放在病人可能因患有某种隐性疾病如动脉瘤破裂等突然发作导致死亡。

在进行尸体解剖的过程中,发现脊髓变成灰褐色,经过法医检验鉴定,锁定为具有医学知识的犯罪嫌疑人经哑门穴注射硫酸于延髓内致其死亡。

案例2:某人有婚外恋,盼其配偶早日死亡,于是就在其配偶身体不适时,极力劝其住院治疗,然后某人悉心照料,每日三餐送往医院。实际上某人的妻子并没有什么大碍,住上几日自然回家调养。但是过一段时间,某人就鼓励妻子住院检查治疗,如此反复数次,大约在一年的时间里,某人妻子的身体每况愈下,最后死于医院。妻子死后,某人便亟不可待地与昔日情人举行婚礼。

经查某人妻子反复住院,病情日渐加重系某人多次少量投毒所致。

(4)伪造辅助诊断。

案例:某医生在某个体药店坐堂行医,帮助顾客介绍药品及治疗上的咨询赚取收益，某人因拉肚子到药店买药，经某医生游说后同意由其帮助注射静脉点滴黄连素，十几分钟后，某人浑身寒战、继而高热，十几小时后死亡。

某医生为了逃脱责任，买通某医院化验室的人员，开具死者系中毒性痢疾死亡的检验报告。

三、检查所见中的信息

检查所见是法医鉴定的客观基础，检查的过程中必须如实、详细、客观、真实，所反映出来的信息必然是高质量的。

检查是为进一步推测致伤物、成伤机制等工作做准备，所以应由两名法医鉴定人共同进行，检查记录应是原始的，检查记录应按照规定的程序进行，应有明确的顺序性，检查记录应有准确的定位与周围组织或物品的关系，检查记录必要时应辅助以说明图表。几乎所有的主要检查所见都应拍照，检查记录描述检材形状大小等物理性质时，要如实、详细地记录描述所发现的一切异常、变化和特征，描述时要使用科学术语，不能用方言或土话。

（一）阳性所见

阳性所见是指在检查检验过程中应该出现并且已经出现的现象，这些现象从正面指出检验所见问题的存在，以便能够以此推测损伤的有关情况。如锐器损伤在检验中应该出现创角锐、创缘齐、创面平、创腔内无组织间桥等现象，这些现象在锐器伤中出现了就是阳性所见。

案例：犯罪嫌疑人某甲酒后驾驶轿车，与同方向骑自行车的某乙相撞，致某乙由挡风玻璃冲入车内副驾驶位置，某甲驾车带着某乙逃离事故现场，在偏僻处将某乙抛弃后弃车逃跑。

经法医鉴定：某乙系因肝破裂、左胫腓骨粉碎性骨折、胫前动脉撕裂，致创伤失血性休克而死亡；如及时救治，可以挽救其生命。

某甲归案后，一种意见是定某甲交通肇事罪，另一种意见是定某甲故意杀人罪。

某乙什么时候死亡，尤其是某甲在被抛弃时是否死亡，成为问题的焦点，抛弃前某乙死亡则是抛尸，而抛弃后死亡则是抛弃活人。

经复查某乙被抛弃时的现场照片，发现并认定某乙是在存活状态下被抛弃的阳性所见，照片中显示，某乙呈仰卧状态，上衣向上向内翻卷至胸部，长裤脱至膝盖以下，短裤脱至大腿的中部，左上肢曲肘至胸部，右手呈半握拳状，此状态系低温寒冷情况下，大脑皮层保护性的自我行为，最终法院以故意杀人罪对某甲判处刑罚。

（二）阴性所见

阴性所见是指在法医检查过程中应该出现而未出现的现象，这些现象可以从反面佐证某些损伤情况不存在的理由，当然阴性所见需要与应见到而未见到现象加以区别。

案例：一位老者自觉胃部不适，到诊所服用几副中药后未见疗效，一日洗热水澡后，在走出浴室不远处，突然摔倒在地，随即昏迷不醒数十日不治死亡。法医鉴定考虑到下肢静脉血栓脱落致其肺动脉栓塞死亡。

但在解剖检验和病理组织学检验过程中，并没有检验到血栓形成的现象，即说明血栓脱落栓塞致死的血栓现象是阴性所见，因此肺动脉栓塞不成立。

检查所见与鉴定意见的形成密切有关，因此检查所见中必须按照规范的操作进行。

四、分析说明中的信息

(一)全面分析检查所见

案例:某人因故自残致颈椎骨折死亡,法医鉴定人检验后,对于所见到的体表、内脏等损伤,从大体上、组织学上进行了系统的、全面的描述与分析说明。

在庭审的过程中,辩方突然提出某人身体上的挠抓伤为什么没有解释,经查阅录像及原始检验记录,发现没有漏项问题,随即驳回辩方对法医鉴定意见的质疑。

此案例从正面说明分析说明全面性的重要性,检查所见的客观现象在分析说明中需要逐一进行解释、论述,分门别类形成体系并最后演绎为证据链条。

(二)分析说明符合逻辑演绎

分析说明必须与案件的事实有关系,也就是与委托要求相联系,必须符合证据的合法性、关联性、客观性等特征,因此分析说明就是推理演绎的逻辑关系成立过程。

案例1:某人负罪跳楼死亡,家属认为其被推下摔死。

法医检验中首先分析论证高坠伤的特点及在死者尸体上存在的损伤现象,同时分析说明推落损伤的阴性所见问题。此外还分析论证了高坠所致损伤与坠落现场情况,分析了坠落与推落的坠落姿势、方位、距离等有关问题,澄清了家属的疑虑。

案例2:一名老者受虐待死亡,身体软组织多处存在损伤(血肿、瘀血等)。

初次鉴定意见为心脏黏液瘤栓塞致死,并有组织学上的星芒状细胞、湖泊状黏液性基质累的描述，意在说明老者死于心脏肿瘤性的病变，由此开脱了被虐待的责任。

当审查法医鉴定文书的分析说明时，发现了描述黏液性肿瘤的分支逆血流生长，尽管描述得井井有条，但心脏内血液流体力学因素很难形成逆向生长的肿瘤，因此在逻辑上不符合流体力学的规律性，后经查证病理切片，所谓的心脏黏液性肿瘤实为死后凝血块。

五、鉴定意见中的信息

(一)鉴定意见与委托要求一致性

鉴定意见是否与委托要求相一致，是衡量一份法医鉴定意见文书鉴定质量优劣的基本标准之一，法医鉴定人所有的检查检验工作都是为了回答委托要求的，而且回答需要与委托要求相一致，否则法医鉴定就失去了其应有的意义，比如上述委托要求鉴定伤残等级的案例，在鉴定意见形成时却作出了重伤的鉴定意见，这是明显的鉴定意见与委托要求不一致现象，并且由此引发了诉讼上的新的歧义。

(二)鉴定意见依据标准公认性

鉴定意见依据标准及出处必须明示且得到公认，法医鉴定意见的依据标准有两种类型:成条文标准及非成条文标准。

法医临床学鉴定意见遵循两院三部颁发的《人体损伤程度鉴定标准》，在具体的鉴定意见中引入具体的鉴定标准条款，表述为依据《人体损伤程度鉴定标准》××条鉴定为轻伤一级。

法医病理鉴定意见因为没有成条文的鉴定标准加以引用，所以其鉴定依据必须是权威部门发布的或者学术界公认的成熟的理论或者技术，如教育部门统编的教材中的理论技术等，不能依据区域性的学术解释或者理论前沿的动态学说。

案例:某某如厕后突然倒地,120 急救无效死亡。尸表检验:未见损伤改变。

病理组织学检验:心脏:冠状动脉内膜肌性增生,管腔Ⅰ级狭窄,心瓣膜增厚,可见肉芽组织增生,其瓣膜可见少量淋巴细胞浸润,部分心肌呈灶状肌溶性坏死、凝固性坏死和收缩带样坏死,心肌间质可见局灶性淋巴细胞浸润,部分小血管内可见白细胞淤积,部分心肌细胞肥大,心肌脂肪浸润,心肌广泛性断裂。肺脏:肺泡壁毛细血管高度扩张、充血,大部分肺泡腔内可见淡粉染均质物质,局部肺组织出血。

病理诊断:冠脉硬化、脂肪心、心肌炎、心瓣膜炎;急性肺水肿。

分析论证:某某如厕出来突然倒地,应为腹压突然下降,回心血量突然减少,致使代偿状态的心脏出现急性供血不足引发心力衰竭。

鉴定意见:根据委托案情及病理组织学检验所见,认为心肌供血不足致急性心力衰竭。

鉴定意见是法医鉴定书的总结部分,其成立的理由须在分析说明中充分地加以阐述。

法医鉴定书通篇看上去应类似一篇小论文,文体严谨,字迹工整,表述清楚,概念清晰、数据准确,所表达的观点令人信服,这不仅取决于法医鉴定过程的科学、公正,也取决于鉴定人对鉴定标准及依据的信心。

六、附录中的信息

(一)检验材料、图片的出处

法医鉴定文书的附录部分,一般包括强化检验过程中的所见,或者佐证鉴定意见成立的相关材料、图片,在应用或者质证鉴定意见时是不可忽视的部分,例如,一件交通肇事演变为故意杀人的案例,犯罪嫌疑人供称把被害人撞死后抛尸，通过附录部分中的图片所反映出来的现象，发现被害人尸体上特有的生前冻死征象，使案件定性为过失杀人罪具有了科学客观的依据。

（二）鉴定的有关依据索引等

法医鉴定文书中关于鉴定意见的有关标准依据，一般在鉴定意见部分都有所标明，但是在非成条文性的法医病理鉴定文书中，所引用的相关理论或者技术的主要部分应表明出处，一方面证出有据，另一方面在复核或者质证鉴定意见成立的过程中便于查证。

第六章　法医鉴定质量评价

《刑事诉讼法》中有关条款规定，法医鉴定意见必须经过法庭质证以后才能确定是否作为证据使用，这是从法律程序上评价法医鉴定质量的最高标准，是司法实践中评价检验鉴定质量的最直观的指标。

对于法医鉴定质量的评价主要是对法医鉴定意见进行评价，因为在整个法医鉴定过程中，最后作为证据使用的表现方式是鉴定意见，所以法医鉴定质量的评价内容侧重于鉴定意见。当然法医鉴定过程中的其他部分，比如鉴定程序、方法等也是鉴定质量评价中的组成部分。

第一节　法院审判活动中的采信情况

一、法医鉴定意见被采信

法院在审判活动中对法医鉴定意见予以采信，是最直观的正面评价指标。在人身伤亡类案件的审判活动中，作为解决案件中专门性问题的法医鉴定意见能够被法庭所采信，证明法医鉴定意见经过控辩双方的质证和主审法官的判断之后获得认可，说明其鉴定程序符合法律规定，其实体内容具备证据的条件，并且与案件中的其他事实形成了证据链条。

对于出具法医鉴定意见的机构和鉴定人来说，所形成的鉴定意见被法庭所采信是得到了法律上的肯定，是实实在在的客观评价指标。

法院审判活动中对法医鉴定意见的采信情况，可以从法院公开的案例信息中查询，并且从中了解到法医鉴定意见与案件中其他证据的一致性和证明性，以及法庭对其质证的重点、热点等问题，用以进一步衡量法医鉴定程序的规范和鉴定意见的正确所在。

二、法医鉴定意见没有被采信

法院对法医鉴定意见不予采信而被退回有多种原因，如鉴定的程序不规范、鉴定意见依据的事实不充分、鉴定意见书中有某些错误、法医鉴定意见不明确、没有充分论证所鉴定的事项、法医鉴定人没有出庭作证等。

没有被法庭采信的法医鉴定意见可以通过完善程序、补足事实及鉴定依据标准等形式，使原鉴定意见得以修复，满足法庭庭审过程中控辩双方的质证要求，而重新作为证据使用。

尽管如此，如果法医鉴定意见中出现某种瑕疵，被控辩双方质疑，或者因此影响庭审活动，那么出具此类法医鉴定意见的法医鉴定机构和鉴定人，不仅仅是鉴定质量的评价问题，应该对其鉴定责任进行质疑。

总之，法医鉴定意见没有被法庭采信而退回是一种不良的评价指标，至少说明法医鉴定意见还不够完善，作为证据使用的条件不充分，由此鉴定质量的可信度降低。

三、法医鉴定意见被否定

法庭对法医鉴定意见不予采信而被否定，是对法医鉴定机构和鉴定人的一种否定性的评价指标。说明法医鉴定意见在庭审的质证过程中出现重大原则性问题，如鉴定程序违法、鉴定意见失真等。被否定的法医鉴定意见不是通过修修补补就可以恢复它的证据作用，而是涉及法医鉴定意见成立与否的问题。

法医鉴定意见中不被法庭所采信中的否定形式，是鉴定质量不符合标准的直接评价指标。

法庭对法医鉴定意见的采信情况是鉴定质量优劣的指针和晴雨表，可在司法实践中考量法医鉴定机构和鉴定人员的公信力，因此选择此指标进行评价鉴定质量最直接和简便可靠。

第二节　案件证据链中互相印证情况

法医鉴定意见作为人身伤亡类案件中诸种证据之一，在证明解决案件中专门性的问题过程中，必须与案件中其他证据形成一个完整的证据链，互相印证、互为支撑，共同指向案件中的主要事实，才能够发挥鉴定意见的证据作用，所以法医鉴定意见必须具备证据的客观性、科学性、关联性等基本属性。

一、鉴定意见与案件中其他证据相互印证

法医鉴定意见如果能够与案件中的其他证据相互之间进行印证，统一在案件的事实之中，这样的法医鉴定意见质量的评价无疑是优良的，因为它符合案件的事实，与案件中的其他证据互为支撑，完成了解决专门性问题、证明犯罪事实的鉴定宗旨，在案件的诉讼活动中必然得到法庭的采信。

例如，一件焚尸案件，由于尸体烧焦的程度严重，其他侦查手段受到相应的限制，理化检验血液的证据指向是死后焚尸，病理检验的证据指向生前焚尸。在与案件其他证据的互相印证过程中，法医病理鉴定意见与死者患有忧郁症、自主地购买汽油、自焚前的一段时间与父母有告别或者厌世的语言等证据，统一在死者生前焚尸的事实之中，由此法医鉴定意见支持和加强了焚尸案件的自焚性质获得了采信。理化检验的血液中一氧化碳的证据与案件中其他证据出现了截然相反的指向不能够互相印证而被排斥。

二、鉴定意见与案件中其他证据互相矛盾

法医鉴定意见在与案件中的其他证据印证过程中，相互矛盾的情况是比较多见的，在评价过程中需要注意以下几个方面因素。

首先，需要注意法医鉴定机构及鉴定人获得的用于鉴定的材料是否充分。

按照司法部《司法鉴定程序通则》规定的有关条款，鉴定委托方需要如实地向委托鉴定机构提供详尽的客观材料，基于翔实的案件材料，鉴定机构和鉴定人才能够作出客观科学的鉴定意见。

如果鉴定委托一方提供的材料有意无意地误导了鉴定人，使其不能够全面客观地掌握所要鉴定的事项，由此出具鉴定意见与案件中其他证据间势必存在着一定的差异，进而不能够与案件中的其他证据进行互相间的有机印证，降低对法医鉴定质量的评价指标，虽然主观上鉴定机构和鉴定人没有直接的过错，但是客观上造成证据之间的相互矛盾，影响案件的正常诉讼活动，对鉴定机构和鉴定人的影响也是负面的。

不可能苛求办案机关和委托鉴定人员，在委托鉴定时同时甄别法医鉴定材料的客观性，此种责任和义务应归属于接受委托的法医鉴定机构和鉴定人，从法医鉴定机构和鉴定人在接受委托鉴定时起，必须严格地审查鉴定

委托方提供的材料，以防止因鉴定材料的误差造成鉴定意见出现偏差甚至错误。

例如，一件原本是轻微伤的伤害案件，由于鉴定机构和鉴定人对鉴定材料的审查不严，用于鉴定的医疗材料被人为地授意改动，法医鉴定人员在此基础上鉴定为轻伤，由此法院判决被告人有期徒刑，等到发现有人在病历上做手脚的时候，被告人的刑期已经过半，尽管法院撤销了原判决定，有关法医鉴定人也受到了惩处，但是，形成的一系列负面影响已经很难挽回。

其次，需要注意法医鉴定意见针对的鉴定目标是否与委托要求相矛盾。

一般来说，人身伤亡类案件中造成的损伤程度或者死亡原因是法医鉴定的主要目标，但是鉴定目标由于不同的委托要求会出现某些不同。例如，一件误食去污剂的死亡案件，委托要求是鉴定死亡原因，可是在诉讼的过程中，辩方询问鉴定机构误食的去污剂中含有什么成分，似乎鉴定意见与鉴定目标之间出现了矛盾。然而经查阅受理鉴定记录后发现，委托鉴定要求并不是以去污剂的成分为目标，而是针对死亡原因的鉴定为目标。

因此在评价法医鉴定质量时，应注意委托鉴定要求与鉴定目标，理清案件诸多事实中属于法医鉴定解决的专门性问题，避免将案件中诸多事实混为一谈。

最后，需要注意评价法医鉴定意见形成的技术手段是否完善，法医检验方法的不一致，所形成的鉴定意见也不尽相同。当针对案件中专门性问题出现两个或以上法医鉴定意见时，采取把初次鉴定意见与心理预期的鉴定意见相比较，是一种常见评价鉴定质量的做法。在这种情况下，需要注意对鉴定机构的检验方法、鉴定客体或者检材进行评价，以其求证不同鉴定机构之间鉴定意见出现差距的原因。例如，针对一件投毒案的溶液检材，两个鉴定机构分别进行检验，得出的结果不尽相同，经比对系两个鉴定机构的检测方法不同所致。

第三节　鉴定意见依据标准及技术公认情况

法医鉴定意见的成立需要按照一定的鉴定标准或依据作为支撑，所以在对其进行质量评价时，可以从成条文的标准、非成条文的标准和依据的技术公认情况三个方面来评价。

一、鉴定意见依据成条文标准

当法医鉴定的目标是针对人身伤害的案件时，即所谓的活体损伤鉴定时，法医鉴定意见的成立均需要依据《人体损伤程度鉴定标准》，此标准以条文规范的形式，明确地将人身损伤程度的鉴定分为重伤、轻伤和轻微伤三类，在每一类的程度中又相应地分成不同的级别。所以关于人身损伤程度法医鉴定意见的成立，均需要援引此标准中成条文的款项作为其法定的依据。

依据成条文鉴定标准形成的法医鉴定意见，在评价其鉴定质量的时候，需要注意所依据的鉴定条款，必须是具体的条款，不能是在宏观上比照条款或者引用总则条款，更不能张冠李戴。

例如，一件心包膜破裂的活体损伤案件，鉴定人认为没有危及生命，故引用总则条款鉴定为轻伤，尽管当时的重伤条款规定心脏破裂为重伤，没有明细心包的问题，但是心脏的解剖学概念中包括心包是不容置疑的，所以这种牵强的鉴定意见就是标准依据的问题。

评价依据成条文标准形成的法医鉴定意见时，还需要注意不能因为损伤程度的鉴定而改变了案件的性质，即民事、刑事互改的问题。例如，一件因墙体倒塌致腰部损伤的民事案件，因法医鉴定出五级伤残的基础上，又作出重伤的鉴定意见，结果导致民事上的被告人因此承担了刑事上的责任。

二、鉴定意见依据非成条文标准

法医鉴定依据非成条文标准形成的鉴定意见，在评价其鉴定质量时，比较评价依据成条文标准形成的鉴定意见的难度更大，一方面是所依据非成条文的鉴定标准出处，大多是大专院校的教科书、专家学者的著作以及学术研究机构的理论观点，其权威性有待考量。另一方面是非成条文标准的取舍存在着自由度的问题，这些因素在评价鉴定意见的质量过程中都需要综合考量。

由于采用非成文鉴定标准形成法医鉴定意见的自由度问题，所以对这一类型的法医鉴定意见的质量评价，既要评价标准的出处、与案件中其他证据的比对，也要评价鉴定机构和鉴定人的综合素质及信誉情况，非成条文的鉴定标准是法医鉴定评价体系中普遍关注的问题。

三、技术公认情况

法医鉴定意见的形成，除了需要一定的理论和鉴定标准作为其必要条件之外，技术操作的公认情况在评价鉴定质量的过程中也是不容忽略的因素。

其中，除法医鉴定技术操作缺乏统一的制式标准外，法医鉴定人的技术水平必须达到一定程度才能够胜任其所在岗位的职责。因为在评估法医鉴定意见的质量时，不仅要评价所列举的技术标准出处、应用情况，更要评价技术的公认程度，公认的程度越高、范围越广，其可靠性、可信任性越大。

法医鉴定中技术问题是法医鉴定意见形成的基础，检验的结果如何与所使用的技术的公认情况密切相关。因此,检验技术是否到位、是否科学先进、是否公认应该是评价法医鉴定意见质量的重要指标。

第四节 法医鉴定意见形成过程

一、检验后形成的鉴定意见

法医鉴定体现着法医鉴定人在检验过程中的主观能动性,通过法医鉴定人亲自进行检验后,所形成的鉴定意见最能够反映出鉴定人的鉴定水平。

因此在评价法医鉴定意见的质量时,需要注意审查和评价法医鉴定意见中的检查所见部分,在这一部分中可以看出法医鉴定人通过检验发现了什么,这些发现提示了什么,进而可以看出法医鉴定人的注意力和兴奋点在哪里。

通常意义上讲,法医鉴定人在检验过程中的注意点就是形成鉴定意见的基础和前提。如果法医鉴定人在法医鉴定意见中对检查所见部分轻描淡写,或者比较宏观、武断,至少可以提示这样的法医鉴定意见需要认真地与案件中的其他证据进行印证比对。

例如,某案例一种检查所见中的描述是"在检查中见有头皮下出血、血肿,面部擦挫伤,"而另外一种描述是"在检查中见头皮局限性颜色变暗红色、局部隆起于头皮表面且境界不清,触之有波动感,面部皮肤表层向一个方向卷翘,形成细小的皮瓣,皮肤的基底层裸露,颜色呈深暗红色"。显然两种不同的描述,诠释着两种截然不同的检查质量,前一种表述比较笼统宏观,带有明显的诊断色彩,由于过于抽象,使之不能还原检查所见的原来面目,具有一定的主观性。而后一种表述则非常具体,给人以实事求是的感觉,很容易让内行通过这种描述重塑损伤的原貌,在鉴定意见形成质量的评价中具有可信度。

二、依据有关医疗文证材料形成的鉴定意见

法医鉴定意见的形成依据有关的医疗文证材料，即病历、医疗性检查报告等材料的情况是比较常见的。因为法医鉴定人不可能是所有法医学科和医学学科的精通者或者专家，借助于有关医疗文证材料形成法医鉴定意见是很正常的。

问题是有关医疗文证材料的形成是否规范，是否真实地反映出法医鉴定客体的原貌，法医鉴定人是否有审查甄别有关医疗文证材料的能力。

例如，肋骨骨折伴有呼吸困难者即可鉴定为轻伤的案情，而呼吸困难在临床上有一定的主观性，即当事人可以感觉呼吸困难，医生也可以认为有呼吸困难，在这种情况下，法医鉴定人如果简单地把呼吸困难作为肋骨骨折的附加条件鉴定为轻伤，由此种情况形成的法医鉴定意见有可能因为放大了损伤程度，而将这种影响传递到法律责任之中。

例如，一件眼睛重伤的案件，犯罪嫌疑人坚持没有用拳头打击被害人的头部，声称病历造假，后经查证被害人的眼睛是被案发现场飞溅的瓷碗碎片划伤，此案例说明法医鉴定人在引用医生形成的病历时，审查和甄别有关医疗文证材料的能力不到位。

因此，在评价法医鉴定意见主要是以医疗文证材料形成的时候，必须评价鉴定意见依据的医疗文证材料的客观真实性问题。可以从当事人对医疗材料的反应，对形成医疗材料的医院及医务人员的信誉情况，医疗材料的传来方式和规范程度以及法医鉴定人对医疗材料的载录和取舍情况等方面进行评价和把握。

法医鉴定中把仅凭有关医疗文证材料的审查而形成的鉴定意见统称为法医文证审查意见，由于这种文证审查意见缺少法医鉴定人亲自检验的过

程，所以在评价其鉴定意见质量时与法医鉴定意见书是有区别的。

三、通过仪器设备检查后形成的鉴定意见

法医鉴定意见的形成不仅需要法医鉴定人的从业经验和认真的检查检验，而且还需要借助于某些实验仪器设备延伸和加强鉴定人的感知能力。例如，X 光设备的应用，可以使法医鉴定人更加准确地认知骨组织的情况，显微仪器的应用可以使法医鉴定人看清楚组织细胞层面上的现象。影像设备的运用可以使法医鉴定人将阳性或者阴性所见固定下来，在形成法医鉴定意见的时候加以应用，在质证的过程中进行回顾性展示。

例如，一件扼颈与刺胸同时进行致人死亡的凶杀案件，两名犯罪嫌疑人同时实施了两种致死方式，由于刺胸致肺脏、肝脏破裂出血与扼颈造成窒息的致死机制原因有所不同，经病理组织学检验确定了肺气肿、肺泡破裂的微观所见，所以扼颈窒息构成了联合死因之一。

通过仪器设备检查以后形成的法医鉴定结论，其中蕴含了客观上的检查结果，尽管仪器设备也是人为操控的，但是同一种类仪器设备的检查结果应该具有可重复性，在评价法医鉴定意见的质量时，把经过仪器设备检查作为一种重要的参考和溯源性操作的平台，可以使法医鉴定的评价信誉度得到提升。

法医鉴定意见形成过程中充分运用影视资料的形态上依据，可以使法医鉴定的理论知识深、专业性强的问题形象化，非专业人员可能在短时间内充分地深入理解，所以法医鉴定意见中有形态上的图像能够证明法医鉴定的所见所闻，比抽象的理论阐述好。

评价法医鉴定意见的形成时，仪器设备的运用以及由此生成的影视图片等形态资料的充分翔实，说明这样的鉴定意见更具有可信性，评价的信誉程度更高。

四、经过复核后形成的鉴定意见

法医鉴定意见的形成一般需要经过复核程序，两名法医鉴定人共同完成鉴定的法律规定，以及鉴定机构实行的会检制度等都蕴含着复核的成分，法医鉴定意见书送达前的签批程序中也含有复核的意向。复核是保证鉴定质量的重要途径，复核以后形成的鉴定意见文书形式，在鉴定人落款处标示为两名鉴定人及复核人签名盖章，或者鉴定文书中附有会检意见等。

目前，公安机关、检察机关和社会司法鉴定机构，虽然在鉴定机构的层级上没有隶属关系，但是由于公安机关、检察机关的行政级别区划缘故，所属的法医鉴定机构发出的鉴定意见，在习惯性认识中自然有着级别之分，所以上一级行政级别的法医鉴定机构对下一级的鉴定意见有复核成分。社会司法鉴定机构由于处于不同的行政地域，一线城市和二三线城市的鉴定机构，在所受理的案件的难易程度上也有区别，况且国家司法鉴定管理部门也通过一定的程序，筛选和确定了某些鉴定能力较强的社会司法鉴定机构为国家级司法鉴定机构，所以一线城市、科研院校的法医鉴定机构对应二三线城市鉴定机构的鉴定意见有复核的意向。

第五节　同行业中的评价

一、法医鉴定人之间的评价

法医鉴定意见形成的过程鉴定人是最清楚的，有关鉴定管理部门颁布实施的鉴定程序或者制度，不可能将其全部鉴定过程规范细化到位，尤其是具体的操作流程，更是因为具体的鉴定机构和鉴定人的技术水平、职业道德、品行修养等综合素质的缘故而有所差别。对这种软实力的考量和评价，同行中彼此之间比较了解，也熟悉具体鉴定人的技术状态，尽管同行是冤家的俗语有一定偏颇，但是内行之间的评价更有针对性、更切合实际、更具有话语权。

二、医学行业中的评价

法医鉴定是基于基础医学和临床医学基础之上进行的，尤其是现代医学的进步和发展，给法医鉴定质量的提高带来了明显的促进作用，法医鉴定意见的形成过程中，医学理论和技术运用的多寡与其技术含量成正比，法医学是医学的一个分支，法医鉴定技术虽然具有一定的特殊性，但总体上是在医学的框架中运作，所以，医学行业中对法医鉴定意见的评价，是衡量法医鉴定意见质量的重要参考和指标。

三、法律行业内的评价

法律行业内运用法医鉴定意见证明案件事实时，通常的做法是简单地应用法医鉴定意见中的鉴定意见部分，而法医鉴定意见中的检查所见和分析说明很少应用。

随着《刑事诉讼法》把鉴定结论改为鉴定意见、鉴定意见必须经过法庭质证等规定的出台，运用与研究法医鉴定意见形成的基础，即法医鉴定意见中检查所见、分析说明等部分已经是不可回避的问题。

在司法实践中，从事侦查、起诉、审判和刑事辩护的司法人员，对法医鉴定意见中的分析说明部分研究颇深，了解法医鉴定意见形成的前置条件与案件中事实的对接串联、比对印证情况，法医鉴定对案件中专门性问题解决得如何，法医鉴定意见在案件的诉讼中是否管用体会深刻、关注度极高。所以对法医鉴定意见质量的评价具有说服力和针对性，是最具实践意义上的鉴定质量重要的评价指标。

第六节 鉴定机构和鉴定人的自然情况

一、鉴定机构和鉴定人的信誉、奖惩情况

法医鉴定机构和鉴定人的信誉指数是鉴定质量内在的、非显性的保证，讲诚信的鉴定机构和鉴定人在形成法医鉴定意见的过程中，能够自觉地约束其检验鉴定过程的非规范行为，而且这些行为有着专业技术性的外衣包裹，外行人很难洞悉其轨迹宽幅的界限，因此，自律性在法医鉴定意见的形成过程中非常重要，这种自律性的保证底线就是诚实、守信誉。

所以，在评价鉴定机构和鉴定人与鉴定意见质量的二者关系时，考量其信誉情况是比较简捷的途径。可以从鉴定机构和鉴定人情况简介、信誉记录、奖惩情况以及参与的社会活动中，或者司法鉴定管理机关公告的情况中进行考量和评价，从其中的褒贬词义里提炼出有关鉴定意见质量的评价预期。

二、鉴定机构及人员的资质情况

2005 年全国人大常委会颁布《关于司法鉴定管理问题的决定》以后，司法鉴定的有偿服务基本上成为常态，社会司法鉴定机构在经济上均属自负盈亏模式，因此在获得鉴定资源的同时，拓宽鉴定领域是增加经济收入的必要途径，所以，是否具备相应的鉴定资质，是否具备相应的鉴定能力，就成为评价鉴定机构和鉴定人能否有效地保证鉴定意见质量的重要指标。

在评价鉴定机构和鉴定人的资质时，不仅需要考量其是否具备相应的

证书资质，更要考量其在解决具体案件的专门性问题的过程中，是通过什么样的途径、方法完成的，以便从中厘清鉴定机构和鉴定人独立完成鉴定工作的规则。

如果一个鉴定机构受理了委托鉴定之后，从医院里聘请相应的医务人员来帮助鉴定，表面上看该委托鉴定的目的得以实现，但是实际上在鉴定程序中存在着不规范性。试想一个鉴定机构的鉴定人基本都是聘请的鉴定人，那么在办理案件的纪律、鉴定程序的规范以及对鉴定意见形成的把握上，如何与承担相应鉴定责任、案件质量终生负责的专职鉴定人相比。

因此，评价法医鉴定意见质量时，考量鉴定机构和鉴定人的资质，应该注意专职鉴定人与临时鉴定人在鉴定机构中的比例情况，并且与鉴定管理、鉴定程序、制度联系起来综合评价。

三、鉴定人的教育背景、研究方向情况

法医鉴定人属于自然科学范畴的科技人员，其教育背景直接反映所承载的科学技术含量，在院校接受的学历教育基础上，工作中的继续教育和实践积累，同样反映了法医鉴定人技术水平优劣。所以，在评价法医鉴定人所形成的鉴定意见质量时，考察考量其教育背景、研究方向等方面的情况，可以作为专业能力和水平的佐证。

第七节　鉴定机构硬件条件以及外包情况

一、鉴定机构仪器设备及实验室情况

《关于司法鉴定管理问题的决定》规定，司法鉴定机构需要具备相应实

验室仪器设备,这是承担检验鉴定的必备条件。法医鉴定仅凭手术刀、听诊器的时代已经远去,先进的仪器设备越来越多地引进到具体案件的检验之中,对于提高鉴定意见的质量发挥着重要的积极作用。

例如,一件因为吸食毒品死亡的案件,法医鉴定人在进行解剖检验的过程中,发现死者有主动脉瘤破裂出血,同时又有胰腺出血的现象,在分析死亡原因时,有吸食毒品、主动脉瘤破裂以及胰腺出血导致死亡的几种考虑,通过病理切片技术、显微摄影仪器的检验后,发现死者全身脏器均高度充血,由此可以解释主动脉瘤破裂、胰腺出血,均为吸食毒品过量导致的血压升高、血管扩张而造成后果,而非独立的死亡原因。

由此可见通过实验室仪器设备的使用,对于提高法医鉴定意见质量的保障作用。

法医鉴定机构实验室建设及仪器设备的配备,是设立法医鉴定机构的硬件条件,不应该是临时的、租借的,即便是外包单位的实验室及仪器设备,也需要按照法医鉴定的相关程序,进行管理和使用。如果法医鉴定机构在仪器设备方面利用借鸡生蛋的方法进行检验鉴定,其鉴定质量与仪器设备的评价指标可想而知。

二、鉴定机构的外包单位情况

从节约资源和充分利用高精尖实验室及所属仪器设备的角度出发,在法医鉴定活动中,将某些实验室检验工作外包给有关院校科研单位,是司法实践中普遍存在的情况。

在评价由外包单位形成的法医鉴定意见,或者法医鉴定意见主要是依据外包单位提供的实验室数据形成时,要注意外包实验室是否经过相关部门的认证认可,所属仪器设备是否经过定期不定期的校正检验,所用试剂配方是否符合有关部门的认可或者批准等,以免形成操作误差。

此外还要评价案件中的专门性问题外包数量，如果全部外包、经常性的外包是否会影响法医鉴定意见形成的质量等问题。

法医鉴定意见的形成需要严格按照案件的诉讼程序来进行，如证据的固定、鉴定人责任、文书的发放以及检验样本的流转、存档等，尤其是操作过程的精准和细化，直接关系到法医鉴定质量的优劣，所以在进行鉴定意见质量评价时，对于由外包实验室形成的意见、数据等不仅应关注其意见的结果，更需要关注外包鉴定意见形成的程序。

第八节　法医鉴定书的行文情况

一、装帧

法医鉴定意见书的装帧情况，虽然不影响其鉴定意见质量的优劣，但是可以直接反映出鉴定机构和鉴定人的文案风格。

规范整洁的鉴定书装帧文本，字迹、段落、抬头、落款、签名、用章(钢印、红印、骑缝印、个人印)等，都能够从点滴中反映出法医鉴定机构行文的循规蹈矩和文风的严谨，进而给使用法医鉴定意见书的有关诉讼参与人以清晰明快、爽朗透彻的感觉。

二、公文格式

法医鉴定意见书有着一定格式，比如绪言部分主要介绍委托事项等，案情简介主要承载案发的人、物、事等，检查所见主要记录鉴定人的主、客观感知到的事实现象，分析说明则是就上述款项中的与鉴定意见的成立与否的关系进行论述，鉴定意见部分则是引入鉴定依据，得出回应委托要求的鉴定结构,最后的附录部分,则是将与鉴定意见形成有直接关系的图片、文献、专家意见等资料,附在鉴定文书之后备查。

上述法医鉴定意见文书的格式,根据案件的具体情况可详可简,没有特别固定的要求。例如,在案情简介中涉及医疗行为可直接援引病历编号,但鉴定书的基本公文格式必须保证,一目了然的格式是评价法医鉴定质量的最基本的指标。

三、行文语句

法医鉴定意见书的行文语句,必须通俗易懂,即便是专业很强的技术性术语,也应该力求避免艰深晦涩、装腔作势。

文字用词要求工整流畅,避免白话、错字或俗话、土语。如瘢痕组织不能写成疤瘌组织,面色污秽不能写成面色脏兮、埋汰,下腹部不能写成小肚子,口唇不能写成嘴唇等。

在鉴定意见书的结尾部分回答委托要求的语句应该是正面的,即采取肯定式或者否定式的回答方式,例如,符合或者不符合几级伤害程度等,而不应该采取弹性式的回答方式,如不排除或者不确定,请结合案情综合分析等。

在评价法医鉴定意见质量时,如果遇到弹性或者中性的意见表示,首先反映出法医鉴定人对自己形成的鉴定意见缺乏自信,其次要在分析说明中寻找解释原因,以了解鉴定人是否就此意见说法,在分析说明中予以阐述清楚。

例如,一件多车碾压致人死亡的交通肇事案件,委托要求是确定哪辆车致人死亡,哪辆车是人死以后再碾压过去的。通过检查检验以后,法医鉴定人在尸体着装和体表上,没有发现能够证明不同车辆碾压的轮胎状印痕,因此,在鉴定意见的表述上,采取了“不能够确定哪辆车碾压”的表述方式。

四、附录的规范性

规范的法医鉴定意见书的末尾部分，一般会以附录的形式，把在检验鉴定过程中引用的文献资料的出处、影像资料的编号、专家意见的文稿等收录其中，为了避免累赘或者任意扩散，也可以采取在鉴定意见书的正本附录中，只列举附录资料的题目，而将资料的全文附录在副本之中，并予以存档。如果需要调取或者查阅时，可以到鉴定机构的档案室查阅或者复制副本中的附录材料原件。

在评价法医鉴定意见质量时，能够调取这部分附录无疑是重要的评价指标。

附录一　法医鉴定书样本

法医鉴定委托书

<table>
<tr><td>委托单位：</td><td>送检人：</td><td>联系电话：</td></tr>
<tr><td>证件名称号码：</td><td colspan="2">通信地址：　　　　　　　　　邮编：</td></tr>
<tr><td>案由：</td><td colspan="2">委托时间：</td></tr>
</table>

续表

<table>
<tr><td colspan="2">原鉴定意见：</td></tr>
<tr><td>委托日期：　　　　年　　月　　日</td><td>批准人：</td></tr>
<tr><td colspan="2">简要案情：</td></tr>
<tr><td colspan="2">检材：</td></tr>
<tr><td colspan="2">备注：</td></tr>
</table>

法医鉴定受理登记表

<table>
<tr><td>委托单位：</td><td>送检人：</td><td>联系电话：</td></tr>
<tr><td>证件名称号码：</td><td colspan="2">通信地址：　　　　　　　　邮编：</td></tr>
<tr><td colspan="2">案由：</td><td>委托时间：</td></tr>
<tr><td colspan="3">原鉴定意见：</td></tr>
</table>

续表

受理日期：　　　　年　　月　　日	受理人：	批准人：
简要案情：		
检材：		
注：送检检材须注明名称、形状、来源、包装、数量等。		

法医鉴定书封面

年度	(　　　　　　)法医鉴字(　　　　　)号		
委托单位：			
案由：			
鉴定意见：	原鉴定意见：	补充鉴定意见：	重新鉴定意见：

续表

<table>
<tr><td colspan="3">受理日期：　　　　　　年　　月　　日</td></tr>
<tr><td colspan="3">完成日期：　　　　　　年　　月　　日</td></tr>
<tr><td>本案共　卷</td><td colspan="2">第　　卷　　共　　页</td></tr>
<tr><td>承办人：</td><td colspan="2">法医鉴定人：</td></tr>
<tr><td>成卷人：</td><td colspan="2">保管期限：</td></tr>
<tr><td>全宗号：</td><td>目录号：　年　度</td><td>卷号：</td></tr>
</table>

法医鉴定意见书

________法医鉴字(____)号

一、绪言：

委托单位、要求、时间、人员，受理时间，送件材料，鉴定人，检验地点、方法，在场人员等。

二、案情(病情)摘要：

案情摘要：摘自××案件××卷宗××页。

病情摘要：摘自××医院，住院病历××号××时间，或者门诊病历××号××时间。

三、检验所见：

四、分析说明：

五、鉴定意见：

鉴定人________执业证书编号________

年　月　日

六、附件

1. 鉴定人鉴定权或者职业证书

2. 照片等

法医检验报告书

________法医鉴字(____)号

案件名称：

检验地点：

检验对象：

检验目的：

检验过程：

检验方法：

检验结果：

报告人________执业证书编号________

年　月　日

附件

1. 鉴定人鉴定权或者职业证书

2. 照片等

附录二　法医鉴定标准

最高人民法院　最高人民检察院　公安部　国家安全部　司法部关于发布《人体损伤程度鉴定标准》的公告

为进一步加强人身损伤程度鉴定标准化、规范化工作，现将《人体损伤程度鉴定标准》发布，自2014年1月1日起施行。《人体重伤鉴定标准》（司发[1990]070号）、《人体轻伤鉴定标准（试行）》（法（司）发[1990]6号）和《人体轻微伤的鉴定》（GA/T 146－1996）同时废止。

《人体损伤程度鉴定标准》目录

人体损伤程度鉴定标准

1　范围

本标准规定了人体损伤程度鉴定的原则、方法、内容和等级划分。

本标准适用于《中华人民共和国刑法》及其他法律、法规所涉及的人体损伤程度鉴定。

2 规范性引用文件

下列文件对于本文件的应用是必不可少的。本标准引用文件的最新版本适用于本标准。

GB 18667 道路交通事故受伤人员伤残评定

GB/T 16180 劳动能力鉴定 职工工伤与职业病致残等级

GB/T 26341－2010 残疾人残疾分类和分级

3 术语和定义

3.1 重伤

使人肢体残废、毁人容貌、丧失听觉、丧失视觉、丧失其他器官功能或者其他对于人身健康有重大伤害的损伤，包括重伤一级和重伤二级。

3.2 轻伤

使人肢体或者容貌损害，听觉、视觉或者其他器官功能部分障碍或者其他对于人身健康有中度伤害的损伤，包括轻伤一级和轻伤二级。

3.3 轻微伤

各种致伤因素所致的原发性损伤，造成组织器官结构轻微损害或者轻微功能障碍。

4 总则

4.1 鉴定原则

4.1.1 遵循实事求是的原则,坚持以致伤因素对人体直接造成的原发性损伤及由损伤引起的并发症或者后遗症为依据,全面分析,综合鉴定。

4.1.2 对于以原发性损伤及其并发症作为鉴定依据的,鉴定时应以损伤当时伤情为主,损伤的后果为辅,综合鉴定。

4.1.3 对于以容貌损害或者组织器官功能障碍作为鉴定依据的,鉴定时应以损伤的后果为主,损伤当时伤情为辅,综合鉴定。

4.2 鉴定时机

4.2.1 以原发性损伤为主要鉴定依据的,伤后即可进行鉴定;以损伤所致的并发症为主要鉴定依据的,在伤情稳定后进行鉴定。

4.2.2 以容貌损害或者组织器官功能障碍为主要鉴定依据的,在损伤90日后进行鉴定;在特殊情况下可以根据原发性损伤及其并发症出具鉴定意见,但须对有可能出现的后遗症加以说明,必要时应进行复检并予以补充鉴定。

4.2.3 疑难、复杂的损伤,在临床治疗终结或者伤情稳定后进行鉴定。

4.3 伤病关系处理原则

4.3.1 损伤为主要作用的,既往伤/病为次要或者轻微作用的,应依据本标准相应条款进行鉴定。

4.3.2 损伤与既往伤/病共同作用的,即二者作用相当的,应依据本标准相应条款适度降低损伤程度等级,即等级为重伤一级和重伤二级的,可视具体情况鉴定为轻伤一级或者轻伤二级,等级为轻伤一级和轻伤二级的,均鉴定为轻微伤。

4.3.3 既往伤/病为主要作用的,即损伤为次要或者轻微作用的,不宜进行损伤程度鉴定,只说明因果关系。

5　损伤程度分级

5.1　颅脑、脊髓损伤

5.1.1　重伤一级

a)植物生存状态。

b)四肢瘫(三肢以上肌力3级以下)。

c)偏瘫、截瘫(肌力2级以下),伴大便、小便失禁。

d)非肢体瘫的运动障碍(重度)。

e)重度智能减退或者器质性精神障碍,生活完全不能自理。

5.1.2　重伤二级

a)头皮缺损面积累计75.0cm^2以上。

b)开放性颅骨骨折伴硬脑膜破裂。

c)颅骨凹陷性或者粉碎性骨折,出现脑受压症状和体征,须手术治疗。

d)颅底骨折,伴脑脊液漏持续4周以上。

e)颅底骨折,伴面神经或者听神经损伤引起相应神经功能障碍。

f)外伤性蛛网膜下腔出血,伴神经系统症状和体征。

g)脑挫(裂)伤,伴神经系统症状和体征。

h)颅内出血,伴脑受压症状和体征。

i)外伤性脑梗死,伴神经系统症状和体征。

j)外伤性脑脓肿。

k)外伤性脑动脉瘤,须手术治疗。

l)外伤性迟发性癫痫。

m)外伤性脑积水,须手术治疗。

n)外伤性颈动脉海绵窦瘘。

o)外伤性下丘脑综合征。

p）外伤性尿崩症。

q）单肢瘫（肌力3级以下）。

r）脊髓损伤致重度肛门失禁或者重度排尿障碍。

5.1.3　轻伤一级

a）头皮创口或者瘢痕长度累计20.0cm以上。

b）头皮撕脱伤面积累计50.0cm^{2}以上；头皮缺损面积累计24.0cm^{2}以上。

c）颅骨凹陷性或者粉碎性骨折。

d）颅底骨折伴脑脊液漏。

e）脑挫（裂）伤；颅内出血；慢性颅内血肿；外伤性硬脑膜下积液。

f）外伤性脑积水；外伤性颅内动脉瘤；外伤性脑梗死；外伤性颅内低压综合征。

g）脊髓损伤致排便或者排尿功能障碍（轻度）。

h）脊髓挫裂伤。

5.1.4　轻伤二级

a）头皮创口或者瘢痕长度累计8.0cm以上。

b）头皮撕脱伤面积累计20.0cm^{2}以上；头皮缺损面积累计10.0cm^{2}以上。

c）帽状腱膜下血肿范围50.0cm^{2}以上。

d）颅骨骨折。

e）外伤性蛛网膜下腔出血。

f）脑神经损伤引起相应神经功能障碍。

5.1.5　轻微伤

a）头部外伤后伴有神经症状。

b）头皮擦伤面积5.0cm^{2}以上；头皮挫伤；头皮下血肿。

c）头皮创口或者瘢痕。

5.2 面部、耳廓损伤

5.2.1 重伤一级

a)容貌毁损(重度)。

5.2.2 重伤二级

a)面部条状瘢痕(50%以上位于中心区),单条长度10.0cm以上,或者两条以上长度累计15.0cm以上。

b)面部块状瘢痕(50%以上位于中心区),单块面积6.0cm^{2}以上,或者两块以上面积累计10.0cm^{2}以上。

c)面部片状细小瘢痕或者显著色素异常,面积累计达面部30%。

d)一侧眼球萎缩或者缺失。

e)眼睑缺失相当于一侧上眼睑1/2以上。

f)一侧眼睑重度外翻或者双侧眼睑中度外翻。

g)一侧上睑下垂完全覆盖瞳孔。

h)一侧眼眶骨折致眼球内陷0.5cm以上。

i)一侧鼻泪管和内眦韧带断裂。

j)鼻部离断或者缺损30%以上。

k)耳廓离断、缺损或者挛缩畸形累计相当于一侧耳廓面积50%以上。

l)口唇离断或者缺损致牙齿外露3枚以上。

m)舌体离断或者缺损达舌系带。

n)牙齿脱落或者牙折共7枚以上。

o)损伤致张口困难Ⅲ度。

p)面神经损伤致一侧面肌大部分瘫痪,遗留眼睑闭合不全和口角歪斜。

q)容貌毁损(轻度)。

5.2.3 轻伤一级

a)面部单个创口或者瘢痕长度6.0cm以上;多个创口或者瘢痕长度累

计10.0cm以上。

b)面部块状瘢痕,单块面积$4.0cm^2$以上;多块面积累计$7.0cm^2$以上。

c)面部片状细小瘢痕或者明显色素异常,面积累计$30.0cm^2$以上。

d)眼睑缺失相当于一侧上眼睑1/4以上。

e)一侧眼睑中度外翻;双侧眼睑轻度外翻。

f)一侧上眼睑下垂覆盖瞳孔超过1/2。

g)两处以上不同眶壁骨折;一侧眶壁骨折致眼球内陷0.2cm以上。

h)双侧泪器损伤伴溢泪。

i)一侧鼻泪管断裂;一侧内眦韧带断裂。

j)耳廓离断、缺损或者挛缩畸形累计相当于一侧耳廓面积30%以上。

k)鼻部离断或者缺损15%以上。

l)口唇离断或者缺损致牙齿外露1枚以上。

m)牙齿脱落或者牙折共4枚以上。

n)损伤致张口困难Ⅱ度。

o)腮腺总导管完全断裂。

p)面神经损伤致一侧面肌部分瘫痪,遗留眼睑闭合不全或者口角歪斜。

5.2.4　轻伤二级

a)面部单个创口或者瘢痕长度4.5cm以上;多个创口或者瘢痕长度累计6.0cm以上。

b)面颊穿透创,皮肤创口或者瘢痕长度1.0cm以上。

c)口唇全层裂创,皮肤创口或者瘢痕长度1.0cm以上。

d)面部块状瘢痕,单块面积$3.0cm^2$以上或多块面积累计$5.0cm^2$以上。

e)面部片状细小瘢痕或者色素异常,面积累计$8.0cm^2$以上。

f)眶壁骨折(单纯眶内壁骨折除外)。

g)眼睑缺损。

h)一侧眼睑轻度外翻。

i）一侧上眼睑下垂覆盖瞳孔。

j）一侧眼睑闭合不全。

k）一侧泪器损伤伴溢泪。

l）耳廓创口或者瘢痕长度累计6.0cm以上。

m）耳廓离断、缺损或者挛缩畸形累计相当于一侧耳廓面积15%以上。

n）鼻尖或者一侧鼻翼缺损。

o）鼻骨粉碎性骨折；双侧鼻骨骨折；鼻骨骨折合并上颌骨额突骨折；鼻骨骨折合并鼻中隔骨折；双侧上颌骨额突骨折。

p）舌缺损。

q）牙齿脱落或者牙折2枚以上。

r）腮腺、颌下腺或者舌下腺实质性损伤。

s）损伤致张口困难Ⅰ度。

t）颌骨骨折（牙槽突骨折及一侧上颌骨额突骨折除外）。

u）颧骨骨折。

5.2.5　轻微伤

a）面部软组织创。

b）面部损伤留有瘢痕或者色素改变。

c）面部皮肤擦伤，面积2.0cm^{2}以上；面部软组织挫伤；面部划伤4.0cm以上。

d）眶内壁骨折。

e）眼部挫伤；眼部外伤后影响外观。

f）耳廓创。

g）鼻骨骨折；鼻出血。

h）上颌骨额突骨折。

i）口腔粘膜破损；舌损伤。

j）牙齿脱落或者缺损；牙槽突骨折；牙齿松动2枚以上或者Ⅲ度松动1

枚以上。

5.3 听器听力损伤

5.3.1 重伤一级

a)双耳听力障碍(≥91dB HL)。

5.3.2 重伤二级

a)一耳听力障碍(≥91dB HL)。

b)一耳听力障碍(≥81dB HL),另一耳听力障碍(≥41dB HL)。

c)一耳听力障碍(≥81dB HL),伴同侧前庭平衡功能障碍。

d)双耳听力障碍(≥61dB HL)。

e)双侧前庭平衡功能丧失,睁眼行走困难,不能并足站立。

5.3.3 轻伤一级

a)双耳听力障碍(≥41dB HL)。

b)双耳外耳道闭锁。

5.3.4 轻伤二级

a)外伤性鼓膜穿孔6周不能自行愈合。

b)听骨骨折或者脱位;听骨链固定。

c)一耳听力障碍(≥41dB HL)。

d)一侧前庭平衡功能障碍,伴同侧听力减退。

e)一耳外耳道横截面1/2以上狭窄。

5.3.5 轻微伤

a)外伤性鼓膜穿孔。

b)鼓室积血。

c)外伤后听力减退。

5.4 视器视力损伤

5.4.1 重伤一级

a)一眼眼球萎缩或者缺失,另一眼盲目3级。

b)一眼视野完全缺损,另一眼视野半径20°以下(视野有效值32%以下)。

c)双眼盲目4级。

5.4.2 重伤二级

a)一眼盲目3级。

b)一眼重度视力损害,另一眼中度视力损害。

c)一眼视野半径10°以下(视野有效值16%以下)。

d)双眼偏盲;双眼残留视野半径30°以下(视野有效值48%以下)。

5.4.3 轻伤一级

a)外伤性青光眼,经治疗难以控制眼压。

b)一眼虹膜完全缺损。

c)一眼重度视力损害;双眼中度视力损害。

d)一眼视野半径30°以下(视野有效值48%以下);双眼视野半径50°以下(视野有效值80%以下)。

5.4.4 轻伤二级

a)眼球穿通伤或者眼球破裂伤;前房出血须手术治疗;房角后退;虹膜根部离断或者虹膜缺损超过1个象限;睫状体脱离;晶状体脱位;玻璃体积血;外伤性视网膜脱离;外伤性视网膜出血;外伤性黄斑裂孔;外伤性脉络膜脱离。

b)角膜斑翳或者血管翳;外伤性白内障;外伤性低眼压;外伤性青光眼。

c)瞳孔括约肌损伤致瞳孔显著变形或者瞳孔散大(直径0.6cm以上)。

d)斜视;复视。

e)睑球粘连。

f)一眼矫正视力减退至0.5以下(或者较伤前视力下降0.3以上);双眼矫正视力减退至0.7以下(或者较伤前视力下降0.2以上);原单眼中度以上视力损害者,伤后视力降低一个级别。

g)一眼视野半径50°以下(视野有效值80%以下)。

5.4.5 轻微伤

a)眼球损伤影响视力。

5.5 颈部损伤

5.5.1 重伤一级

a)颈部大血管破裂。

b)咽喉部广泛毁损,呼吸完全依赖气管套管或者造口。

c)咽或者食管广泛毁损,进食完全依赖胃管或者造口。

5.5.2 重伤二级

a)甲状旁腺功能低下(重度)。

b)甲状腺功能低下,药物依赖。

c)咽部、咽后区、喉或者气管穿孔。

d)咽喉或者颈部气管损伤,遗留呼吸困难(3级)。

e)咽或者食管损伤,遗留吞咽功能障碍(只能进流食)。

f)喉损伤遗留发声障碍(重度)。

g)颈内动脉血栓形成,血管腔狭窄(50%以上)。

h)颈总动脉血栓形成,血管腔狭窄(25%以上)。

i)颈前三角区增生瘢痕,面积累计30.0cm^2以上。

5.5.3 轻伤一级

a)颈前部单个创口或者瘢痕长度10.0cm以上;多个创口或者瘢痕长度累计16.0cm以上。

b)颈前三角区瘢痕,单块面积10.0cm^2以上;多块面积累计12.0cm^2以上。

c) 咽喉部损伤遗留发声或者构音障碍。

d) 咽或者食管损伤，遗留吞咽功能障碍（只能进半流食）。

e) 颈总动脉血栓形成；颈内动脉血栓形成；颈外动脉血栓形成；椎动脉血栓形成。

5.5.4　轻伤二级

a) 颈前部单个创口或者瘢痕长度 5.0cm 以上；多个创口或者瘢痕长度累计 8.0cm 以上。

b) 颈前部瘢痕，单块面积 4.0cm^2 以上，或者两块以上面积累计 6.0cm^2 以上。

c) 甲状腺挫裂伤。

d) 咽喉软骨骨折。

e) 喉或者气管损伤。

f) 舌骨骨折。

g) 膈神经损伤。

h) 颈部损伤出现窒息征象。

5.5.5　轻微伤

a) 颈部创口或者瘢痕长度 1.0cm 以上。

b) 颈部擦伤面积 4.0cm^2 以上。

c) 颈部挫伤面积 2.0cm^2 以上。

d) 颈部划伤长度 5.0cm 以上。

5.6　胸部损伤

5.6.1　重伤一级

a) 心脏损伤，遗留心功能不全（心功能Ⅳ级）。

b) 肺损伤致一侧全肺切除或者双肺三肺叶切除。

5.6.2　重伤二级

a)心脏损伤,遗留心功能不全(心功能Ⅲ级)。

b)心脏破裂;心包破裂。

c)女性双侧乳房损伤,完全丧失哺乳功能;女性一侧乳房大部分缺失。

d)纵隔血肿或者气肿,须手术治疗。

e)气管或者支气管破裂,须手术治疗。

f)肺破裂,须手术治疗。

g)血胸、气胸或者血气胸,伴一侧肺萎陷70%以上,或者双侧肺萎陷均在50%以上。

h)食管穿孔或者全层破裂,须手术治疗。

i)脓胸或者肺脓肿;乳糜胸;支气管胸膜瘘;食管胸膜瘘;食管支气管瘘。

j)胸腔大血管破裂。

k)膈肌破裂。

5.6.3　轻伤一级

a)心脏挫伤致心包积血。

b)女性一侧乳房损伤,丧失哺乳功能。

c)肋骨骨折6处以上。

d)纵隔血肿;纵隔气肿。

e)血胸、气胸或者血气胸,伴一侧肺萎陷30%以上,或者双侧肺萎陷均在20%以上。

f)食管挫裂伤。

5.6.4　轻伤二级

a)女性一侧乳房部分缺失或者乳腺导管损伤。

b)肋骨骨折2处以上。

c)胸骨骨折;锁骨骨折;肩胛骨骨折。

d)胸锁关节脱位;肩锁关节脱位。

e)胸部损伤,致皮下气肿1周不能自行吸收。

f)胸腔积血;胸腔积气。

g)胸壁穿透创。

h)胸部挤压出现窒息征象。

5.6.5 轻微伤

a)肋骨骨折;肋软骨骨折。

b)女性乳房擦挫伤。

5.7 腹部损伤

5.7.1 重伤一级

a)肝功能损害(重度)。

b)胃肠道损伤致消化吸收功能严重障碍,依赖肠外营养。

c)肾功能不全(尿毒症期)。

5.7.2 重伤二级

a)腹腔大血管破裂。

b)胃、肠、胆囊或者胆道全层破裂,须手术治疗。

c)肝、脾、胰或者肾破裂,须手术治疗。

d)输尿管损伤致尿外渗,须手术治疗。

e)腹部损伤致肠瘘或者尿瘘。

f)腹部损伤引起弥漫性腹膜炎或者感染性休克。

g)肾周血肿或者肾包膜下血肿,须手术治疗。

h)肾功能不全(失代偿期)。

i)肾损伤致肾性高血压。

j)外伤性肾积水;外伤性肾动脉瘤;外伤性肾动静脉瘘。

k)腹腔积血或者腹膜后血肿,须手术治疗。

5.7.3　轻伤一级

a)胃、肠、胆囊或者胆道非全层破裂。

b)肝包膜破裂;肝脏实质内血肿直径2.0cm以上。

c)脾包膜破裂;脾实质内血肿直径2.0cm以上。

d)胰腺包膜破裂。

e)肾功能不全(代偿期)。

5.7.4　轻伤二级

a)胃、肠、胆囊或者胆道挫伤。

b)肝包膜下或者实质内出血。

c)脾包膜下或者实质内出血。

d)胰腺挫伤。

e)肾包膜下或者实质内出血。

f)肝功能损害(轻度)。

g)急性肾功能障碍(可恢复)。

h)腹腔积血或者腹膜后血肿。

i)腹壁穿透创。

5.7.5　轻微伤

a)外伤性血尿。

5.8　盆部及会阴损伤

5.8.1　重伤一级

a)阴茎及睾丸全部缺失。

b)子宫及卵巢全部缺失。

5.8.2　重伤二级

a)骨盆骨折畸形愈合,致双下肢相对长度相差5.0cm以上。

b)骨盆不稳定性骨折,须手术治疗。

c）直肠破裂，须手术治疗。

d）肛管损伤致大便失禁或者肛管重度狭窄，须手术治疗。

e）膀胱破裂，须手术治疗。

f）后尿道破裂，须手术治疗。

g）尿道损伤致重度狭窄。

h）损伤致早产或者死胎；损伤致胎盘早期剥离或者流产，合并轻度休克。

i）子宫破裂，须手术治疗。

j）卵巢或者输卵管破裂，须手术治疗。

k）阴道重度狭窄。

l）幼女阴道Ⅱ度撕裂伤。

m）女性会阴或者阴道Ⅲ度撕裂伤。

n）龟头缺失达冠状沟。

o）阴囊皮肤撕脱伤面积占阴囊皮肤面积50%以上。

p）双侧睾丸损伤，丧失生育能力。

q）双侧附睾或者输精管损伤，丧失生育能力。

r）直肠阴道瘘；膀胱阴道瘘；直肠膀胱瘘。

s）重度排尿障碍。

5.8.3　轻伤一级

a）骨盆2处以上骨折；骨盆骨折畸形愈合；髋臼骨折。

b）前尿道破裂，须手术治疗。

c）输尿管狭窄。

d）一侧卵巢缺失或者萎缩。

e）阴道轻度狭窄。

f）龟头缺失1/2以上。

g）阴囊皮肤撕脱伤面积占阴囊皮肤面积30%以上。

h）一侧睾丸或者附睾缺失；一侧睾丸或者附睾萎缩。

5.8.4　轻伤二级

a)骨盆骨折。

b)直肠或者肛管挫裂伤。

c)一侧输尿管挫裂伤;膀胱挫裂伤;尿道挫裂伤。

d)子宫挫裂伤;一侧卵巢或者输卵管挫裂伤。

e)阴道撕裂伤。

f)女性外阴皮肤创口或者瘢痕长度累计4.0cm以上。

g)龟头部分缺损。

h)阴茎撕脱伤;阴茎皮肤创口或者瘢痕长度2.0cm以上;阴茎海绵体出血并形成硬结。

i)阴囊壁贯通创;阴囊皮肤创口或者瘢痕长度累计4.0cm以上;阴囊内积血,2周内未完全吸收。

j)一侧睾丸破裂、血肿、脱位或者扭转。

k)一侧输精管破裂。

l)轻度肛门失禁或者轻度肛门狭窄。

m)轻度排尿障碍。

n)外伤性难免流产;外伤性胎盘早剥。

5.8.5　轻微伤

a)会阴部软组织挫伤。

b)会阴创;阴囊创;阴茎创。

c)阴囊皮肤挫伤。

d)睾丸或者阴茎挫伤。

e)外伤性先兆流产。

5.9 脊柱四肢损伤

5.9.1 重伤一级

a)二肢以上离断或者缺失(上肢腕关节以上、下肢踝关节以上)。

b)二肢六大关节功能完全丧失。

5.9.2 重伤二级

a)四肢任一大关节强直畸形或者功能丧失50%以上。

b)臂丛神经干性或者束性损伤,遗留肌瘫(肌力3级以下)。

c)正中神经肘部以上损伤,遗留肌瘫(肌力3级以下)。

d)桡神经肘部以上损伤,遗留肌瘫(肌力3级以下)。

e)尺神经肘部以上损伤,遗留肌瘫(肌力3级以下)。

f)骶丛神经或者坐骨神经损伤,遗留肌瘫(肌力3级以下)。

g)股骨干骨折缩短5.0cm以上、成角畸形30°以上或者严重旋转畸形。

h)胫腓骨骨折缩短5.0cm以上、成角畸形30°以上或者严重旋转畸形。

i)膝关节挛缩畸形屈曲30°以上。

j)一侧膝关节交叉韧带完全断裂遗留旋转不稳。

k)股骨颈骨折或者髋关节脱位,致股骨头坏死。

l)四肢长骨骨折不愈合或者假关节形成;四肢长骨骨折并发慢性骨髓炎。

m)一足离断或者缺失50%以上;足跟离断或者缺失50%以上。

n)一足的第一趾和其余任何二趾离断或者缺失;一足除第一趾外,离断或者缺失4趾。

o)两足5个以上足趾离断或者缺失。

p)一足第一趾及其相连的跖骨离断或者缺失。

q)一足除第一趾外,任何三趾及其相连的跖骨离断或者缺失。

5.9.3 轻伤一级

a)四肢任一大关节功能丧失25%以上。

b)一节椎体压缩骨折超过1/3以上;二节以上椎体骨折;三处以上横突、棘突或者椎弓骨折。

c)膝关节韧带断裂伴半月板破裂。

d)四肢长骨骨折畸形愈合。

e)四肢长骨粉碎性骨折或者两处以上骨折。

f)四肢长骨骨折累及关节面。

g)股骨颈骨折未见股骨头坏死,已行假体置换。

h)骺板断裂。

i)一足离断或者缺失10%以上;足跟离断或者缺失20%以上。

j)一足的第一趾离断或者缺失;一足除第一趾外的任何二趾离断或者缺失。

k)三个以上足趾离断或者缺失。

l)除第一趾外任何一趾及其相连的跖骨离断或者缺失。

m)肢体皮肤创口或者瘢痕长度累计45.0cm以上。

5.9.4 轻伤二级

a)四肢任一大关节功能丧失10%以上。

b)四肢重要神经损伤。

c)四肢重要血管破裂。

d)椎骨骨折或者脊椎脱位(尾椎脱位不影响功能的除外);外伤性椎间盘突出。

e)肢体大关节韧带断裂;半月板破裂。

f)四肢长骨骨折;髌骨骨折。

g)骨骺分离。

h)损伤致肢体大关节脱位。

i)第一趾缺失超过趾间关节;除第一趾外,任何二趾缺失超过趾间关节;一趾缺失。

j)两节趾骨骨折;一节趾骨骨折合并一跖骨骨折。

k)两跖骨骨折或者一跖骨完全骨折;距骨、跟骨、骰骨、楔骨或者足舟骨骨折;跖跗关节脱位。

l)肢体皮肤一处创口或者瘢痕长度10.0cm以上;两处以上创口或者瘢痕长度累计15.0cm以上。

5.9.5　轻微伤

a)肢体一处创口或者瘢痕长度1.0cm以上;两处以上创口或者瘢痕长度累计1.5cm以上;刺创深达肌层。

b)肢体关节、肌腱或者韧带损伤。

c)骨挫伤。

d)足骨骨折。

e)外伤致趾甲脱落,甲床暴露;甲床出血。

f)尾椎脱位。

5.10　手损伤

5.10.1　重伤一级

a)双手离断、缺失或者功能完全丧失。

5.10.2　重伤二级

a)手功能丧失累计达一手功能36%。

b)一手拇指挛缩畸形不能对指和握物。

c)一手除拇指外,其余任何三指挛缩畸形,不能对指和握物。

d)一手拇指离断或者缺失超过指间关节。

e)一手食指和中指全部离断或者缺失。

f)一手除拇指外的任何三指离断或者缺失均超过近侧指间关节。

5.10.3　轻伤一级

a)手功能丧失累计达一手功能16%。

b)一手拇指离断或者缺失未超过指间关节。

c)一手除拇指外的食指和中指离断或者缺失均超过远侧指间关节。

d)一手除拇指外的环指和小指离断或者缺失均超过近侧指间关节。

5.10.4　轻伤二级

a)手功能丧失累计达一手功能4%。

b)除拇指外的一个指节离断或者缺失。

c)两节指骨线性骨折或者一节指骨粉碎性骨折(不含第2至5指末节)。

d)舟骨骨折、月骨脱位或者掌骨完全性骨折。

5.10.5　轻微伤

a)手擦伤面积$10.0cm^2$以上或者挫伤面积$6.0cm^2$以上。

b)手一处创口或者瘢痕长度1.0cm以上;两处以上创口或者瘢痕长度累计1.5cm以上;刺伤深达肌层。

c)手关节或者肌腱损伤。

d)腕骨、掌骨或者指骨骨折。

e)外伤致指甲脱落,甲床暴露;甲床出血。

5.11　体表损伤

5.11.1　重伤二级

a)挫伤面积累计达体表面积30%。

b)创口或者瘢痕长度累计200.0cm以上。

5.11.2　轻伤一级

a)挫伤面积累计达体表面积10%。

b)创口或者瘢痕长度累计40.0cm以上。

c)撕脱伤面积 100.0cm² 以上。

d)皮肤缺损 30.0cm² 以上。

5.11.3　轻伤二级

a)挫伤面积达体表面积 6%。

b)单个创口或者瘢痕长度 10.0cm 以上;多个创口或者瘢痕长度累计 15.0cm 以上。

c)撕脱伤面积 50.0cm² 以上。

d)皮肤缺损 6.0cm² 以上。

5.11.4　轻微伤

a)擦伤面积 20.0cm² 以上或者挫伤面积 15.0cm² 以上。

b)一处创口或者瘢痕长度 1.0cm 以上;两处以上创口或者瘢痕长度累计 1.5cm 以上;刺创深达肌层。

c)咬伤致皮肤破损。

5.12　其他损伤

5.12.1　重伤一级

a)深Ⅱ°以上烧烫伤面积达体表面积 70% 或者Ⅲ°面积达 30%。

5.12.2　重伤二级

a)Ⅱ°以上烧烫伤面积达体表面积 30% 或者Ⅲ°面积达 10%;面积低于上述程度但合并吸入有毒气体中毒或者严重呼吸道烧烫伤。

b)枪弹创,创道长度累计 180.0cm。

c)各种损伤引起脑水肿(脑肿胀),脑疝形成。

d)各种损伤引起休克(中度)。

e)挤压综合征(Ⅱ级)。

f)损伤引起脂肪栓塞综合征(完全型)。

g)各种损伤致急性呼吸窘迫综合征(重度)。

h)电击伤(Ⅱ°)。

i)溺水(中度)。

j)脑内异物存留;心脏异物存留。

k)器质性阴茎勃起障碍(重度)。

5.12.3　轻伤一级

a)Ⅱ°以上烧烫伤面积达体表面积20%或者Ⅲ°面积达5%。

b)损伤引起脂肪栓塞综合征(不完全型)。

c)器质性阴茎勃起障碍(中度)。

5.12.4　轻伤二级

a)Ⅱ°以上烧烫伤面积达体表面积5%或者Ⅲ°面积达0.5%。

b)呼吸道烧伤。

c)挤压综合征(Ⅰ级)。

d)电击伤(Ⅰ°)。

e)溺水(轻度)。

f)各种损伤引起休克(轻度)。

g)呼吸功能障碍,出现窒息征象。

h)面部异物存留;眶内异物存留;鼻窦异物存留。

i)胸腔内异物存留;腹腔内异物存留;盆腔内异物存留。

j)深部组织内异物存留。

k)骨折内固定物损坏需要手术更换或者修复。

l)各种置入式假体装置损坏需要手术更换或者修复。

m)器质性阴茎勃起障碍(轻度)。

5.12.5　轻微伤

a)身体各部位骨皮质的砍(刺)痕;轻微撕脱性骨折,无功能障碍。

b)面部Ⅰ°烧烫伤面积10.0cm^2以上;浅Ⅱ°烧烫伤。

c)颈部Ⅰ°烧烫伤面积15.0cm^2以上;浅Ⅱ°烧烫伤面积2.0cm^2以上。

d)体表Ⅰ°烧烫伤面积20.0cm^2以上;浅Ⅱ°烧烫伤面积4.0cm^2以上;深Ⅱ°烧烫伤。

6　附则

6.1　伤后因其他原因死亡的个体,其生前损伤比照本标准相关条款综合鉴定。

6.2　未列入本标准中的物理性、化学性和生物性等致伤因素造成的人体损伤,比照本标准中的相应条款综合鉴定。

6.3　本标准所称的损伤是指各种致伤因素所引起的人体组织器官结构破坏或者功能障碍。反应性精神病、癔症等,均为内源性疾病,不宜鉴定损伤程度。

6.4　本标准未作具体规定的损伤,可以遵循损伤程度等级划分原则,比照本标准相近条款进行损伤程度鉴定。

6.5　盲管创、贯通创,其创道长度可视为皮肤创口长度,并参照皮肤创口长度相应条款鉴定损伤程度。

6.6　牙折包括冠折、根折和根冠折,冠折须暴露髓腔。

6.7　骨皮质的砍(刺)痕或者轻微撕脱性骨折(无功能障碍)的,不构成本标准所指的轻伤。

6.8　本标准所称大血管是指胸主动脉、主动脉弓分支、肺动脉、肺静脉、上腔静脉和下腔静脉,腹主动脉、髂总动脉、髂外动脉、髂外静脉。

6.9　本标准四肢大关节是指肩、肘、腕、髋、膝、踝等六大关节。

6.10　本标准四肢重要神经是指臂丛及其分支神经(包括正中神经、尺神经、桡神经和肌皮神经等)和腰骶丛及其分支神经(包括坐骨神经、腓总神经、腓浅神经和胫神经等)。

6.11　本标准四肢重要血管是指与四肢重要神经伴行的同名动、静脉。

6.12　本标准幼女或者儿童是指年龄不满14周岁的个体。

6.13　本标准所称的假体是指植入体内替代组织器官功能的装置，如：颅骨修补材料、人工晶体、义眼座、固定义齿（种植牙）、阴茎假体、人工关节、起搏器、支架等，但可摘式义眼、义齿等除外。

6.14　移植器官损伤参照相应条款综合鉴定。

6.15　本标准所称组织器官包括再植或者再造成活的。

6.16　组织器官缺失是指损伤当时完全离体或者仅有少量皮肤和皮下组织相连，或者因损伤经手术切除的。器官离断（包括牙齿脱落），经再植、再造手术成功的，按损伤当时情形鉴定损伤程度。

6.17　对于两个部位以上同类损伤可以累加，比照相关部位数值规定高的条款进行评定。

6.18　本标准所涉及的体表损伤数值，0～6岁按50%计算，7～10岁按60%计算，11～14岁按80%计算。

6.19　本标准中出现的数字均含本数。

附录A

A.1　重伤一级

各种致伤因素所致的原发性损伤或者由原发性损伤引起的并发症，严重危及生命；遗留肢体严重残废或者重度容貌毁损；严重丧失听觉、视觉或者其他重要器官功能。

A.2　重伤二级

各种致伤因素所致的原发性损伤或者由原发性损伤引起的并发症，危及生命；遗留肢体残废或者轻度容貌毁损；丧失听觉、视觉或者其他重要器官功能。

A.3　轻伤一级

各种致伤因素所致的原发性损伤或者由原发性损伤引起的并发症，未危及生命；遗留组织器官结构、功能中度损害或者明显影响容貌。

A.4　轻伤二级

各种致伤因素所致的原发性损伤或者由原发性损伤引起的并发症，未危及生命；遗留组织器官结构、功能轻度损害或者影响容貌。

A.5　轻微伤

各种致伤因素所致的原发性损伤，造成组织器官结构轻微损害或者轻微功能障碍。

A.6　等级限度

重伤二级是重伤的下限，与重伤一级相衔接，重伤一级的上限是致人死亡；轻伤二级是轻伤的下限，与轻伤一级相衔接，轻伤一级的上限与重伤二级相衔接；轻微伤的上限与轻伤二级相衔接，未达轻微伤标准的，不鉴定为轻微伤。

附录B　略

附录C　略

附录三　法医鉴定有关法律法规

全国人大常委会
《关于司法鉴定管理问题的决定》

（2005 年 2 月 28 日第十届全国人民代表大会常务委员会第十四次会议通过）

为了加强对鉴定人和鉴定机构的管理，适应司法机关和公民、组织进行诉讼的需要，保障诉讼活动的顺利进行，特作如下决定：

一、司法鉴定是指在诉讼活动中鉴定人运用科学技术或者专门知识对诉讼涉及的专门性问题进行鉴别和判断并提供鉴定意见的活动。

二、国家对从事下列司法鉴定业务的鉴定人和鉴定机构实行登记管理制度：

（一）法医类鉴定；

（二）物证类鉴定；

（三）声像资料鉴定；

（四）根据诉讼需要由国务院司法行政部门商最高人民法院、最高人民检察院确定的其他应当对鉴定人和鉴定机构实行登记管理的鉴定事项。

法律对前款规定事项的鉴定人和鉴定机构的管理另有规定的，从其规定。

三、国务院司法行政部门主管全国鉴定人和鉴定机构的登记管理工作。省级人民政府司法行政部门依照本决定的规定，负责对鉴定人和鉴定机构的登记、名册编制和公告。

四、具备下列条件之一的人员，可以申请登记从事司法鉴定业务：

（一）具有与所申请从事的司法鉴定业务相关的高级专业技术职称；

（二）具有与所申请从事的司法鉴定业务相关的专业执业资格或者高等院校相关专业本科以上学历，从事相关工作五年以上；

（三）具有与所申请从事的司法鉴定业务相关工作十年以上经历，具有较强的专业技能。

因故意犯罪或者职务过失犯罪受过刑事处罚的，受过开除公职处分的，以及被撤销鉴定人登记的人员，不得从事司法鉴定业务。

五、法人或者其他组织申请从事司法鉴定业务的，应当具备下列条件：

（一）有明确的业务范围；

（二）有在业务范围内进行司法鉴定所必需的仪器、设备；

（三）有在业务范围内进行司法鉴定所必需的依法通过计量认证或者实验室认可的检测实验室；

（四）每项司法鉴定业务有三名以上鉴定人。

六、申请从事司法鉴定业务的个人、法人或者其他组织，由省级人民政府司法行政部门审核，对符合条件的予以登记，编入鉴定人和鉴定机构名册并公告。

省级人民政府司法行政部门应当根据鉴定人或者鉴定机构的增加和撤销登记情况，定期更新所编制的鉴定人和鉴定机构名册并公告。

七、侦查机关根据侦查工作的需要设立的鉴定机构，不得面向社会接受委托从事司法鉴定业务。

人民法院和司法行政部门不得设立鉴定机构。

八、各鉴定机构之间没有隶属关系；鉴定机构接受委托从事司法鉴定业务,不受地域范围的限制。

鉴定人应当在一个鉴定机构中从事司法鉴定业务。

九、在诉讼中,对本决定第二条所规定的鉴定事项发生争议,需要鉴定的,应当委托列入鉴定人名册的鉴定人进行鉴定。鉴定人从事司法鉴定业务,由所在的鉴定机构统一接受委托。

鉴定人和鉴定机构应当在鉴定人和鉴定机构名册注明的业务范围内从事司法鉴定业务。

鉴定人应当依照诉讼法律规定实行回避。

十、司法鉴定实行鉴定人负责制度。鉴定人应当独立进行鉴定,对鉴定意见负责并在鉴定书上签名或者盖章。多人参加的鉴定,对鉴定意见有不同意见的,应当注明。

十一、在诉讼中,当事人对鉴定意见有异议的,经人民法院依法通知,鉴定人应当出庭作证。

十二、鉴定人和鉴定机构从事司法鉴定业务,应当遵守法律、法规,遵守职业道德和职业纪律,尊重科学,遵守技术操作规范。

十三、鉴定人或者鉴定机构有违反本决定规定行为的,由省级人民政府司法行政部门予以警告,责令改正。

鉴定人或者鉴定机构有下列情形之一的,由省级人民政府司法行政部门给予停止从事司法鉴定业务三个月以上一年以下的处罚;情节严重的,撤销登记:

(一)因严重不负责任给当事人合法权益造成重大损失的;

(二)提供虚假证明文件或者采取其他欺诈手段,骗取登记的;

(三)经人民法院依法通知,拒绝出庭作证的;

(四)法律、行政法规规定的其他情形。

鉴定人故意作虚假鉴定,构成犯罪的,依法追究刑事责任;尚不构成犯罪的,依照前款规定处罚。

十四、司法行政部门在鉴定人和鉴定机构的登记管理工作中，应当严格依法办事，积极推进司法鉴定的规范化、法制化。对于滥用职权、玩忽职守，造成严重后果的直接责任人员，应当追究相应的法律责任。

十五、司法鉴定的收费项目和收费标准由国务院司法行政部门商国务院价格主管部门确定。

十六、对鉴定人和鉴定机构进行登记、名册编制和公告的具体办法，由国务院司法行政部门制定，报国务院批准。

十七、本决定下列用语的含义是：

（一）法医类鉴定，包括法医病理鉴定、法医临床鉴定、法医精神病鉴定、法医物证鉴定和法医毒物鉴定。

（二）物证类鉴定，包括文书鉴定、痕迹鉴定和微量鉴定。

（三）声像资料鉴定，包括对录音带、录像带、磁盘、光盘、图片等载体上记录的声音、图像信息的真实性、完整性及其所反映的情况过程进行的鉴定和对记录的声音、图像中的语言、人体、物体作出种类或者同一认定。

十八、本决定自2005年10月1日起施行。

《中华人民共和国刑事诉讼法》（节选）

根据2012年3月14日第十一届全国人民代表大会第五次会议《关于修改〈中华人民共和国刑事诉讼法〉的决定》第二次修正）

目　　录

第三章　回避

第四章　辩护与代理

第五章　证据

第六章　强制措施

第七章　附带民事诉讼

第八章　期间、送达

第九章　其他规定

第二编　立案、侦查和提起公诉

第一章　立案

第二章　侦查

第一节　一般规定

第二节　讯问犯罪嫌疑人

第三节　询问证人

第四节　勘验、检查

第五节　搜查

第六节　查封、扣押物证、书证

第七节　鉴定

第八节　技术侦查措施

第九节　通缉

第十节　侦查终结

第十一节　人民检察院对直接受理的案件的侦查

第三章　提起公诉

第三编　审判

第一章　审判组织

第二章　第一审程序

第一节　公诉案件

第三章　回避

第二十八条　审判人员、检察人员、侦查人员有下列情形之一的，应当自行回避，当事人及其法定代理人也有权要求他们回避：

（一）是本案的当事人或者是当事人的近亲属的；

（二）本人或者他的近亲属和本案有利害关系的；

（三）担任过本案的证人、鉴定人、辩护人、诉讼代理人的；

（四）与本案当事人有其他关系，可能影响公正处理案件的。

第二十九条　审判人员、检察人员、侦查人员不得接受当事人及其委托的人的请客送礼，不得违反规定会见当事人及其委托的人。

审判人员、检察人员、侦查人员违反前款规定的，应当依法追究法律责任。当事人及其法定代理人有权要求他们回避。

第三十条　审判人员、检察人员、侦查人员的回避，应当分别由院长、检察长、公安机关负责人决定；院长的回避，由本院审判委员会决定；检察长和公安机关负责人的回避，由同级人民检察院检察委员会决定。

对侦查人员的回避作出决定前，侦查人员不能停止对案件的侦查。

对驳回申请回避的决定，当事人及其法定代理人可以申请复议一次。

第三十一条　本章关于回避的规定适用于书记员、翻译人员和鉴定人。

辩护人、诉讼代理人可以依照本章的规定要求回避、申请复议。

第四章　辩护与代理

第三十二条　犯罪嫌疑人、被告人除自己行使辩护权以外，还可以委托一至二人作为辩护人。下列的人可以被委托为辩护人：

（一）律师；

（二）人民团体或者犯罪嫌疑人、被告人所在单位推荐的人；

（三）犯罪嫌疑人、被告人的监护人、亲友。

正在被执行刑罚或者依法被剥夺、限制人身自由的人，不得担任辩护人。

第三十三条　犯罪嫌疑人自被侦查机关第一次讯问或者采取强制措施之日起，有权委托辩护人；在侦查期间，只能委托律师作为辩护人。被告人有权随时委托辩护人。

侦查机关在第一次讯问犯罪嫌疑人或者对犯罪嫌疑人采取强制措施的时候，应当告知犯罪嫌疑人有权委托辩护人。人民检察院自收到移送审查起诉的案件材料之日起三日以内，应当告知犯罪嫌疑人有权委托辩护人。人民法院自受理案件之日起三日以内，应当告知被告人有权委托辩护人。犯罪嫌疑人、被告人在押期间要求委托辩护人的，人民法院、人民检察院和公安机关应当及时转达其要求。

犯罪嫌疑人、被告人在押的，也可以由其监护人、近亲属代为委托辩护人。

辩护人接受犯罪嫌疑人、被告人委托后，应当及时告知办理案件的机关。

第三十四条　犯罪嫌疑人、被告人因经济困难或者其他原因没有委托辩护人的，本人及其近亲属可以向法律援助机构提出申请。对符合法律援助条件的，法律援助机构应当指派律师为其提供辩护。

犯罪嫌疑人、被告人是盲、聋、哑人，或者是尚未完全丧失辨认或者控制自己行为能力的精神病人，没有委托辩护人的，人民法院、人民检察院和公安机关应当通知法律援助机构指派律师为其提供辩护。

犯罪嫌疑人、被告人可能被判处无期徒刑、死刑，没有委托辩护人的，人民法院、人民检察院和公安机关应当通知法律援助机构指派律师为其提供辩护。

第三十五条　辩护人的责任是根据事实和法律，提出犯罪嫌疑人、被告人无罪、罪轻或者减轻、免除其刑事责任的材料和意见，维护犯罪嫌疑人、被告人的诉讼权利和其他合法权益。

第三十六条　辩护律师在侦查期间可以为犯罪嫌疑人提供法律帮助；代理申诉、控告；申请变更强制措施；向侦查机关了解犯罪嫌疑人涉嫌的罪名和案件有关情况，提出意见。

第三十七条　辩护律师可以同在押的犯罪嫌疑人、被告人会见和通信。其他辩护人经人民法院、人民检察院许可，也可以同在押的犯罪嫌疑人、被告人会见和通信。

辩护律师持律师执业证书、律师事务所证明和委托书或者法律援助公函要求会见在押的犯罪嫌疑人、被告人的，看守所应当及时安排会见，至迟不得超过四十八小时。

危害国家安全犯罪、恐怖活动犯罪、特别重大贿赂犯罪案件，在侦查期间辩护律师会见在押的犯罪嫌疑人，应当经侦查机关许可。上述案件，侦查机关应当事先通知看守所。

辩护律师会见在押的犯罪嫌疑人、被告人，可以了解案件有关情况，提供法律咨询等；自案件移送审查起诉之日起，可以向犯罪嫌疑人、被告人核实有关证据。辩护律师会见犯罪嫌疑人、被告人时不被监听。

辩护律师同被监视居住的犯罪嫌疑人、被告人会见、通信，适用第一款、第三款、第四款的规定。

第三十八条　辩护律师自人民检察院对案件审查起诉之日起，可以查阅、摘抄、复制本案的案卷材料。其他辩护人经人民法院、人民检察院许可，也可以查阅、摘抄、复制上述材料。

第三十九条　辩护人认为在侦查、审查起诉期间公安机关、人民检察院收集的证明犯罪嫌疑人、被告人无罪或者罪轻的证据材料未提交的，有权申请人民检察院、人民法院调取。

第四十条　辩护人收集的有关犯罪嫌疑人不在犯罪现场、未达到刑事责任年龄、属于依法不负刑事责任的精神病人的证据，应当及时告知公安机关、人民检察院。

第四十一条　辩护律师经证人或者其他有关单位和个人同意，可以向他们收集与本案有关的材料，也可以申请人民检察院、人民法院收集、调取证据，或者申请人民法院通知证人出庭作证。辩护律师经人民检察院或者人民法院许可，并且经被害人或者其近亲属、被害人提供的证人同意，可以向他们收集与本案有关的材料。

第四十二条　辩护人或者其他任何人，不得帮助犯罪嫌疑人、被告人隐匿、毁灭、伪造证据或者串供，不得威胁、引诱证人作伪证以及进行其他干扰司法机关诉讼活动的行为。

违反前款规定的，应当依法追究法律责任，辩护人涉嫌犯罪的，应当由办理辩护人所承办案件的侦查机关以外的侦查机关办理。辩护人是律师的，应当及时通知其所在的律师事务所或者所属的律师协会。

第四十三条　在审判过程中，被告人可以拒绝辩护人继续为他辩护，也可以另行委托辩护人辩护。

第四十四条　公诉案件的被害人及其法定代理人或者近亲属,附带民事诉讼的当事人及其法定代理人,自案件移送审查起诉之日起,有权委托诉讼代理人。自诉案件的自诉人及其法定代理人,附带民事诉讼的当事人及其法定代理人,有权随时委托诉讼代理人。

人民检察院自收到移送审查起诉的案件材料之日起三日以内,应当告知被害人及其法定代理人或者其近亲属、附带民事诉讼的当事人及其法定代理人有权委托诉讼代理人。人民法院自受理自诉案件之日起三日以内,应当告知自诉人及其法定代理人、附带民事诉讼的当事人及其法定代理人有权委托诉讼代理人。

第四十五条　委托诉讼代理人,参照本法第三十二条的规定执行。

第四十六条　辩护律师对在执业活动中知悉的委托人的有关情况和信息,有权予以保密。但是,辩护律师在执业活动中知悉委托人或者其他人,准备或者正在实施危害国家安全、公共安全以及严重危害他人人身安全的犯罪的,应当及时告知司法机关。

第四十七条　辩护人、诉讼代理人认为公安机关、人民检察院、人民法院及其工作人员阻碍其依法行使诉讼权利的,有权向同级或者上一级人民检察院申诉或者控告。人民检察院对申诉或者控告应当及时进行审查,情况属实的,通知有关机关予以纠正。

第五章　证据

第四十八条　可以用于证明案件事实的材料,都是证据。

证据包括:

(一)物证;

(二)书证;

(三)证人证言;

（四）被害人陈述；

（五）犯罪嫌疑人、被告人供述和辩解；

（六）鉴定意见；

（七）勘验、检查、辨认、侦查实验等笔录；

（八）视听资料、电子数据。

证据必须经过查证属实，才能作为定案的根据。

第四十九条 公诉案件中被告人有罪的举证责任由人民检察院承担，自诉案件中被告人有罪的举证责任由自诉人承担。

第五十条 审判人员、检察人员、侦查人员必须依照法定程序，收集能够证实犯罪嫌疑人、被告人有罪或者无罪、犯罪情节轻重的各种证据。严禁刑讯逼供和以威胁、引诱、欺骗以及其他非法方法收集证据，不得强迫任何人证实自己有罪。必须保证一切与案件有关或者了解案情的公民，有客观地充分地提供证据的条件，除特殊情况外，可以吸收他们协助调查。

第五十一条 公安机关提请批准逮捕书、人民检察院起诉书、人民法院判决书，必须忠实于事实真相。故意隐瞒事实真相的，应当追究责任。

第五十二条 人民法院、人民检察院和公安机关有权向有关单位和个人收集、调取证据。有关单位和个人应当如实提供证据。

行政机关在行政执法和查办案件过程中收集的物证、书证、视听资料、电子数据等证据材料，在刑事诉讼中可以作为证据使用。

对涉及国家秘密、商业秘密、个人隐私的证据，应当保密。

凡是伪造证据、隐匿证据或者毁灭证据的，无论属于何方，必须受法律追究。

第五十三条 对一切案件的判处都要重证据，重调查研究，不轻信口供。只有被告人供述，没有其他证据的，不能认定被告人有罪和处以刑罚；没有被告人供述，证据确实、充分的，可以认定被告人有罪和处以刑罚。

证据确实、充分，应当符合以下条件：

（一）定罪量刑的事实都有证据证明；

（二）据以定案的证据均经法定程序查证属实；

（三）综合全案证据，对所认定事实已排除合理怀疑。

第五十四条　采信刑讯逼供等非法方法收集的犯罪嫌疑人、被告人供述和采信暴力、威胁等非法方法收集的证人证言、被害人陈述，应当予以排除。收集物证、书证不符合法定程序，可能严重影响司法公正的，应当予以补正或者作出合理解释；不能补正或者作出合理解释的，对该证据应当予以排除。

在侦查、审查起诉、审判时发现有应当排除的证据的，应当依法予以排除，不得作为起诉意见、起诉决定和判决的依据。

第五十五条　人民检察院接到报案、控告、举报或者发现侦查人员以非法方法收集证据的，应当进行调查核实。对于确有以非法方法收集证据情形的，应当提出纠正意见；构成犯罪的，依法追究刑事责任。

第五十六条　法庭审理过程中，审判人员认为可能存在本法第五十四条规定的以非法方法收集证据情形的，应当对证据收集的合法性进行法庭调查。

当事人及其辩护人、诉讼代理人有权申请人民法院对以非法方法收集的证据依法予以排除。申请排除以非法方法收集的证据的，应当提供相关线索或者材料。

第五十七条　在对证据收集的合法性进行法庭调查的过程中，人民检察院应当对证据收集的合法性加以证明。

现有证据材料不能证明证据收集的合法性的，人民检察院可以提请人民法院通知有关侦查人员或者其他人员出庭说明情况；人民法院可以通知有关侦查人员或者其他人员出庭说明情况。有关侦查人员或者其他人员也可以要求出庭说明情况。经人民法院通知，有关人员应当出庭。

第五十八条　对于经过法庭审理，确认或者不能排除存在本法第五十四条规定的以非法方法收集证据情形的，对有关证据应当予以排除。

第五十九条 证人证言必须在法庭上经过公诉人、被害人和被告人、辩护人双方质证并且查实以后，才能作为定案的根据。法庭查明证人有意作伪证或者隐匿罪证的时候，应当依法处理。

第六十条 凡是知道案件情况的人，都有作证的义务。

生理上、精神上有缺陷或者年幼，不能辨别是非、不能正确表达的人，不能作证人。

第六十一条 人民法院、人民检察院和公安机关应当保障证人及其近亲属的安全。

对证人及其近亲属进行威胁、侮辱、殴打或者打击报复，构成犯罪的，依法追究刑事责任；尚不够刑事处罚的，依法给予治安管理处罚。

第六十二条 对于危害国家安全犯罪、恐怖活动犯罪、黑社会性质的组织犯罪、毒品犯罪等案件，证人、鉴定人、被害人因在诉讼中作证，本人或者其近亲属的人身安全面临危险的，人民法院、人民检察院和公安机关应当采取以下一项或者多项保护措施：

（一）不公开真实姓名、住址和工作单位等个人信息；

（二）采取不暴露外貌、真实声音等出庭作证措施；

（三）禁止特定的人员接触证人、鉴定人、被害人及其近亲属；

（四）对人身和住宅采取专门性保护措施；

（五）其他必要的保护措施。

证人、鉴定人、被害人认为因在诉讼中作证，本人或者其近亲属的人身安全面临危险的，可以向人民法院、人民检察院、公安机关请求予以保护。

人民法院、人民检察院、公安机关依法采取保护措施，有关单位和个人应当配合。

第六十三条 证人因履行作证义务而支出的交通、住宿、就餐等费用，应当给予补助。证人作证的补助列入司法机关业务经费，由同级政府财政予以保障。

有工作单位的证人作证，所在单位不得克扣或者变相克扣其工资、奖金及其他福利待遇。

第二编　立案、侦查和提起公诉

第二章　侦查

第一节　一般规定

第一百一十三条　公安机关对已经立案的刑事案件，应当进行侦查，收集、调取犯罪嫌疑人有罪或者无罪、罪轻或者罪重的证据材料。对现行犯或者重大嫌疑分子可以依法先行拘留，对符合逮捕条件的犯罪嫌疑人，应当依法逮捕。

第一百一十四条　公安机关经过侦查，对有证据证明有犯罪事实的案件，应当进行预审，对收集、调取的证据材料予以核实。

第一百一十五条　当事人和辩护人、诉讼代理人、利害关系人对于司法机关及其工作人员有下列行为之一的，有权向该机关申诉或者控告：

（一）采取强制措施法定期限届满，不予以释放、解除或者变更的；

（二）应当退还取保候审保证金不退还的；

（三）对与案件无关的财物采取查封、扣押、冻结措施的；

（四）应当解除查封、扣押、冻结不解除的；

（五）贪污、挪用、私分、调换、违反规定使用查封、扣押、冻结的财物的。

受理申诉或者控告的机关应当及时处理。对处理不服的，可以向同级人民检察院申诉；人民检察院直接受理的案件，可以向上一级人民检察院申诉。人民检察院对申诉应当及时进行审查，情况属实的，通知有关机关予以纠正。

第二节　讯问犯罪嫌疑人

第一百一十六条　讯问犯罪嫌疑人必须由人民检察院或者公安机关的侦查人员负责进行。讯问的时候，侦查人员不得少于二人。

犯罪嫌疑人被送交看守所羁押以后，侦查人员对其进行讯问，应当在看守所内进行。

第一百一十七条　对不需要逮捕、拘留的犯罪嫌疑人，可以传唤到犯罪嫌疑人所在市、县内的指定地点或者到他的住处进行讯问，但是应当出示人民检察院或者公安机关的证明文件。对在现场发现的犯罪嫌疑人，经出示工作证件，可以口头传唤，但应当在讯问笔录中注明。

传唤、拘传持续的时间不得超过十二小时；案情特别重大、复杂，需要采取拘留、逮捕措施的，传唤、拘传持续的时间不得超过二十四小时。

不得以连续传唤、拘传的形式变相拘禁犯罪嫌疑人。传唤、拘传犯罪嫌疑人，应当保证犯罪嫌疑人的饮食和必要的休息时间。

第一百一十八条　侦查人员在讯问犯罪嫌疑人的时候，应当首先讯问犯罪嫌疑人是否有犯罪行为，让他陈述有罪的情节或者无罪的辩解，然后向他提出问题。犯罪嫌疑人对侦查人员的提问，应当如实回答。但是对与本案无关的问题，有拒绝回答的权利。

侦查人员在讯问犯罪嫌疑人的时候，应当告知犯罪嫌疑人如实供述自己罪行可以从宽处理的法律规定。

第一百一十九条　讯问聋、哑的犯罪嫌疑人，应当有通晓聋、哑手势的人参加，并且将这种情况记明笔录。

第一百二十条　讯问笔录应当交犯罪嫌疑人核对，对于没有阅读能力的，应当向他宣读。如果记载有遗漏或者差错，犯罪嫌疑人可以提出补充或者改正。犯罪嫌疑人承认笔录没有错误后，应当签名或者盖章。侦查人员也应当在笔录上签名。犯罪嫌疑人请求自行书写供述的，应当准许。必要的时候，侦查人员也可以要犯罪嫌疑人亲笔书写供词。

第一百二十一条 侦查人员在讯问犯罪嫌疑人的时候,可以对讯问过程进行录音或者录像;对于可能判处无期徒刑、死刑的案件或者其他重大犯罪案件,应当对讯问过程进行录音或者录像。

录音或者录像应当全程进行,保持完整性。

第三节 询问证人

第一百二十二条 侦查人员询问证人,可以在现场进行,也可以到证人所在单位、住处或者证人提出的地点进行,在必要的时候,可以通知证人到人民检察院或者公安机关提供证言。在现场询问证人,应当出示工作证件,到证人所在单位、住处或者证人提出的地点询问证人,应当出示人民检察院或者公安机关的证明文件。

询问证人应当个别进行。

第一百二十三条 询问证人,应当告知他应当如实地提供证据、证言和有意作伪证或者隐匿罪证要负的法律责任。

第一百二十四条 本法第一百二十条的规定,也适用于询问证人。

第一百二十五条 询问被害人,适用本节各条规定。

第四节 勘验、检查

第一百二十六条 侦查人员对于与犯罪有关的场所、物品、人身、尸体应当进行勘验或者检查。在必要的时候,可以指派或者聘请具有专门知识的人,在侦查人员的主持下进行勘验、检查。

第一百二十七条 任何单位和个人,都有义务保护犯罪现场,并且立即通知公安机关派员勘验。

第一百二十八条 侦查人员执行勘验、检查,必须持有人民检察院或者公安机关的证明文件。

第一百二十九条 对于死因不明的尸体,公安机关有权决定解剖,并且通知死者家属到场。

第一百三十条 为了确定被害人、犯罪嫌疑人的某些特征、伤害情况或者生理状态,可以对人身进行检查,可以提取指纹信息,采集血液、尿液等生物样本。

犯罪嫌疑人如果拒绝检查,侦查人员认为必要的时候,可以强制检查。

检查妇女的身体,应当由女工作人员或者医师进行。

第一百三十一条 勘验、检查的情况应当写成笔录,由参加勘验、检查的人和见证人签名或者盖章。

第一百三十二条 人民检察院审查案件的时候,对公安机关的勘验、检查,认为需要复验、复查时,可以要求公安机关复验、复查,并且可以派检察人员参加。

第一百三十三条 为了查明案情,在必要的时候,经公安机关负责人批准,可以进行侦查实验。

侦查实验的情况应当写成笔录,由参加实验的人签名或者盖章。

侦查实验,禁止一切足以造成危险、侮辱人格或者有伤风化的行为。

第五节 搜查

第一百三十四条 为了收集犯罪证据、查获犯罪人,侦查人员可以对犯罪嫌疑人以及可能隐藏罪犯或者犯罪证据的人的身体、物品、住处和其他有关的地方进行搜查。

第一百三十五条 任何单位和个人,有义务按照人民检察院和公安机关的要求,交出可以证明犯罪嫌疑人有罪或者无罪的物证、书证、视听资料等证据。

第一百三十六条 进行搜查,必须向被搜查人出示搜查证。

在执行逮捕、拘留的时候,遇有紧急情况,不另用搜查证也可以进行搜查。

第一百三十七条 在搜查的时候,应当有被搜查人或者他的家属,邻居或者其他见证人在场。

搜查妇女的身体,应当由女工作人员进行。

第一百三十八条　搜查的情况应当写成笔录，由侦查人员和被搜查人或者他的家属，邻居或者其他见证人签名或者盖章。如果被搜查人或者他的家属在逃或者拒绝签名、盖章，应当在笔录上注明。

第六节　查封、扣押物证、书证

第一百三十九条　在侦查活动中发现的可用以证明犯罪嫌疑人有罪或者无罪的各种财物、文件，应当查封、扣押；与案件无关的财物、文件，不得查封、扣押。

对查封、扣押的财物、文件，要妥善保管或者封存，不得使用、调换或者损毁。

第一百四十条　对查封、扣押的财物、文件，应当会同在场见证人和被查封、扣押财物、文件持有人查点清楚，当场开列清单一式二份，由侦查人员、见证人和持有人签名或者盖章，一份交给持有人，另一份附卷备查。

第一百四十一条　侦查人员认为需要扣押犯罪嫌疑人的邮件、电报的时候，经公安机关或者人民检察院批准，即可通知邮电机关将有关的邮件、电报检交扣押。

不需要继续扣押的时候，应即通知邮电机关。

第一百四十二条　人民检察院、公安机关根据侦查犯罪的需要，可以依照规定查询、冻结犯罪嫌疑人的存款、汇款、债券、股票、基金份额等财产。有关单位和个人应当配合。

犯罪嫌疑人的存款、汇款、债券、股票、基金份额等财产已被冻结的，不得重复冻结。

第一百四十三条　对查封、扣押的财物、文件、邮件、电报或者冻结的存款、汇款、债券、股票、基金份额等财产，经查明确实与案件无关的，应当在三日以内解除查封、扣押、冻结，予以退还。

第七节　鉴定

第一百四十四条　为了查明案情，需要解决案件中某些专门性问题的时候,应当指派、聘请有专门知识的人进行鉴定。

第一百四十五条 鉴定人进行鉴定后,应当写出鉴定意见,并且签名。

鉴定人故意作虚假鉴定的,应当承担法律责任。

第一百四十六条 侦查机关应当将用作证据的鉴定意见告知犯罪嫌疑人、被害人。如果犯罪嫌疑人、被害人提出申请,可以补充鉴定或者重新鉴定。

第一百四十七条 对犯罪嫌疑人作精神病鉴定的期间不计入办案期限。

第八节 技术侦查措施

第一百四十八条 公安机关在立案后,对于危害国家安全犯罪、恐怖活动犯罪、黑社会性质的组织犯罪、重大毒品犯罪或者其他严重危害社会的犯罪案件,根据侦查犯罪的需要,经过严格的批准手续,可以采取技术侦查措施。

人民检察院在立案后,对于重大的贪污、贿赂犯罪案件以及利用职权实施的严重侵犯公民人身权利的重大犯罪案件,根据侦查犯罪的需要,经过严格的批准手续,可以采取技术侦查措施,按照规定交有关机关执行。

追捕被通缉或者批准、决定逮捕的在逃的犯罪嫌疑人、被告人,经过批准,可以采取追捕所必需的技术侦查措施。

第一百四十九条 批准决定应当根据侦查犯罪的需要,确定采取技术侦查措施的种类和适用对象。批准决定自签发之日起三个月以内有效。对于不需要继续采取技术侦查措施的,应当及时解除;对于复杂、疑难案件,期限届满仍有必要继续采取技术侦查措施的,经过批准,有效期可以延长,每次不得超过三个月。

第一百五十条 采取技术侦查措施,必须严格按照批准的措施种类、适用对象和期限执行。

侦查人员对采取技术侦查措施过程中知悉的国家秘密、商业秘密和个人隐私，应当保密；对采取技术侦查措施获取的与案件无关的材料，必须及时销毁。

采取技术侦查措施获取的材料，只能用于对犯罪的侦查、起诉和审判，不得用于其他用途。

公安机关依法采取技术侦查措施，有关单位和个人应当配合，并对有关情况予以保密。

第一百五十一条　为了查明案情，在必要的时候，经公安机关负责人决定，可以由有关人员隐匿其身份实施侦查。但是，不得诱使他人犯罪，不得采信可能危害公共安全或者发生重大人身危险的方法。

对涉及给付毒品等违禁品或者财物的犯罪活动，公安机关根据侦查犯罪的需要，可以依照规定实施控制下交付。

第一百五十二条　依照本节规定采取侦查措施收集的材料在刑事诉讼中可以作为证据使用。如果使用该证据可能危及有关人员的人身安全，或者可能产生其他严重后果的，应当采取不暴露有关人员身份、技术方法等保护措施，必要的时候，可以由审判人员在庭外对证据进行核实。

第九节　通缉

第一百五十三条　应当逮捕的犯罪嫌疑人如果在逃，公安机关可以发布通缉令，采取有效措施，追捕归案。

各级公安机关在自己管辖的地区以内，可以直接发布通缉令；超出自己管辖的地区，应当报请有权决定的上级机关发布。

第十节　侦查终结

第一百五十四条　对犯罪嫌疑人逮捕后的侦查羁押期限不得超过二个月。案情复杂、期限届满不能终结的案件，可以经上一级人民检察院批准延长一个月。

第一百五十五条　因为特殊原因，在较长时间内不宜交付审判的特别重大复杂的案件，由最高人民检察院报请全国人民代表大会常务委员会批准延期审理。

第一百五十六条 下列案件在本法第一百五十四条规定的期限届满不能侦查终结的，经省、自治区、直辖市人民检察院批准或者决定，可以延长二个月：

（一）交通十分不便的边远地区的重大复杂案件；

（二）重大的犯罪集团案件；

（三）流窜作案的重大复杂案件；

（四）犯罪涉及面广，取证困难的重大复杂案件。

第一百五十七条 对犯罪嫌疑人可能判处十年有期徒刑以上刑罚，依照本法第一百五十六条规定延长期限届满，仍不能侦查终结的，经省、自治区、直辖市人民检察院批准或者决定，可以再延长二个月。

第一百五十八条 在侦查期间，发现犯罪嫌疑人另有重要罪行的，自发现之日起依照本法第一百五十四条的规定重新计算侦查羁押期限。

犯罪嫌疑人不讲真实姓名、住址，身份不明的，应当对其身份进行调查，侦查羁押期限自查清其身份之日起计算，但是不得停止对其犯罪行为的侦查取证。对于犯罪事实清楚，证据确实、充分，确实无法查明其身份的，也可以按其自报的姓名起诉、审判。

第一百五十九条 在案件侦查终结前，辩护律师提出要求的，侦查机关应当听取辩护律师的意见，并记录在案。辩护律师提出书面意见的，应当附卷。

第一百六十条 公安机关侦查终结的案件，应当做到犯罪事实清楚，证据确实、充分，并且写出起诉意见书，连同案卷材料、证据一并移送同级人民检察院审查决定；同时将案件移送情况告知犯罪嫌疑人及其辩护律师。

第一百六十一条 在侦查过程中，发现不应对犯罪嫌疑人追究刑事责任的，应当撤销案件；犯罪嫌疑人已被逮捕的，应当立即释放，发给释放证明，并且通知原批准逮捕的人民检察院。

第十一节　人民检察院对直接受理的案件的侦查

第一百六十二条　人民检察院对直接受理的案件的侦查适用本章规定。

第一百六十三条　人民检察院直接受理的案件中符合本法第七十九条、第八十条第四项、第五项规定情形，需要逮捕、拘留犯罪嫌疑人的，由人民检察院作出决定，由公安机关执行。

第一百六十四条　人民检察院对直接受理的案件中被拘留的人，应当在拘留后的二十四小时以内进行讯问。在发现不应当拘留的时候，必须立即释放，发给释放证明。

第一百六十五条　人民检察院对直接受理的案件中被拘留的人，认为需要逮捕的，应当在十四日以内作出决定。在特殊情况下，决定逮捕的时间可以延长一日至三日。对不需要逮捕的，应当立即释放；对需要继续侦查，并且符合取保候审、监视居住条件的，依法取保候审或者监视居住。

第一百六十六条　人民检察院侦查终结的案件，应当作出提起公诉、不起诉或者撤销案件的决定

第三章　提起公诉

第一百六十七条　凡需要提起公诉的案件，一律由人民检察院审查决定。

第一百六十八条　人民检察院审查案件的时候，必须查明：

（一）犯罪事实、情节是否清楚，证据是否确实、充分，犯罪性质和罪名的认定是否正确；

（二）有无遗漏罪行和其他应当追究刑事责任的人；

（三）是否属于不应追究刑事责任的；

（四）有无附带民事诉讼；

（五）侦查活动是否合法。

第一百六十九条 人民检察院对于公安机关移送起诉的案件,应当在一个月以内作出决定,重大、复杂的案件,可以延长半个月。

人民检察院审查起诉的案件,改变管辖的,从改变后的人民检察院收到案件之日起计算审查起诉期限。

第一百七十条 人民检察院审查案件,应当讯问犯罪嫌疑人,听取辩护人、被害人及其诉讼代理人的意见,并记录在案。辩护人、被害人及其诉讼代理人提出书面意见的,应当附卷。

第一百七十一条 人民检察院审查案件,可以要求公安机关提供法庭审判所必需的证据材料;认为可能存在本法第五十四条规定的以非法方法收集证据情形的,可以要求其对证据收集的合法性作出说明。

人民检察院审查案件,对于需要补充侦查的,可以退回公安机关补充侦查,也可以自行侦查。

对于补充侦查的案件,应当在一个月以内补充侦查完毕。补充侦查以二次为限。补充侦查完毕移送人民检察院后,人民检察院重新计算审查起诉期限。

对于二次补充侦查的案件,人民检察院仍然认为证据不足,不符合起诉条件的,应当作出不起诉的决定。

第一百七十二条 人民检察院认为犯罪嫌疑人的犯罪事实已经查清,证据确实、充分,依法应当追究刑事责任的,应当作出起诉决定,按照审判管辖的规定,向人民法院提起公诉,并将案卷材料、证据移送人民法院。

第一百七十三条 犯罪嫌疑人没有犯罪事实,或者有本法第十五条规定的情形之一的,人民检察院应当作出不起诉决定。

对于犯罪情节轻微,依照刑法规定不需要判处刑罚或者免除刑罚的,人民检察院可以作出不起诉决定。

人民检察院决定不起诉的案件,应当同时对侦查中查封、扣押、冻结的财物解除查封、扣押、冻结。对被不起诉人需要给予行政处罚、行政处分或者需要没收其违法所得的，人民检察院应当提出检察意见，移送有关主管机关处理。有关主管机关应当将处理结果及时通知人民检察院。

第一百七十四条　不起诉的决定，应当公开宣布，并且将不起诉决定书送达被不起诉人和他的所在单位。如果被不起诉人在押，应当立即释放。

第一百七十五条　对于公安机关移送起诉的案件，人民检察院决定不起诉的，应当将不起诉决定书送达公安机关。公安机关认为不起诉的决定有错误的时候，可以要求复议，如果意见不被接受，可以向上一级人民检察院提请复核。

第一百七十六条　对于有被害人的案件，决定不起诉的，人民检察院应当将不起诉决定书送达被害人。被害人如果不服，可以自收到决定书后七日以内向上一级人民检察院申诉，请求提起公诉。人民检察院应当将复查决定告知被害人。对人民检察院维持不起诉决定的，被害人可以向人民法院起诉。被害人也可以不经申诉，直接向人民法院起诉。人民法院受理案件后，人民检察院应当将有关案件材料移送人民法院。

第一百七十七条　对于人民检察院依照本法第一百七十三条第二款规定作出的不起诉决定，被不起诉人如果不服，可以自收到决定书后七日以内向人民检察院申诉。人民检察院应当作出复查决定，通知被不起诉的人，同时抄送公安机关。

第三编　审判

第一章　审判组织

第一百七十八条　基层人民法院、中级人民法院审判第一审案件，应当由审判员三人或者由审判员和人民陪审员共三人组成合议庭进行，但是基层人民法院适用简易程序的案件可以由审判员一人独任审判。

高级人民法院、最高人民法院审判第一审案件，应当由审判员三人至七人或者由审判员和人民陪审员共三人至七人组成合议庭进行。

人民陪审员在人民法院执行职务,同审判员有同等的权利。

人民法院审判上诉和抗诉案件,由审判员三人至五人组成合议庭进行。

合议庭的成员人数应当是单数。

合议庭由院长或者庭长指定审判员一人担任审判长。院长或者庭长参加审判案件的时候,自己担任审判长。

第一百七十九条 合议庭进行评议的时候,如果意见分歧,应当按多数人的意见作出决定,但是少数人的意见应当写入笔录。评议笔录由合议庭的组成人员签名。

第一百八十条 合议庭开庭审理并且评议后,应当作出判决。对于疑难、复杂、重大的案件,合议庭认为难以作出决定的,由合议庭提请院长决定提交审判委员会讨论决定。审判委员会的决定,合议庭应当执行。

第二章 第一审程序

第一节 公诉案件

第一百八十一条 人民法院对提起公诉的案件进行审查后,对于起诉书中有明确的指控犯罪事实的,应当决定开庭审判。

第一百八十二条 人民法院决定开庭审判后,应当确定合议庭的组成人员,将人民检察院的起诉书副本至迟在开庭十日以前送达被告人及其辩护人。

在开庭以前,审判人员可以召集公诉人、当事人和辩护人、诉讼代理人,对回避、出庭证人名单、非法证据排除等与审判相关的问题,了解情况,听取意见。

人民法院确定开庭日期后,应当将开庭的时间、地点通知人民检察院,传唤当事人,通知辩护人、诉讼代理人、证人、鉴定人和翻译人员,传票和通知书至迟在开庭三日以前送达。公开审判的案件,应当在开庭三日以前先期公布案由、被告人姓名、开庭时间和地点。

上述活动情形应当写入笔录，由审判人员和书记员签名。

第一百八十三条　人民法院审判第一审案件应当公开进行。但是有关国家秘密或者个人隐私的案件，不公开审理；涉及商业秘密的案件，当事人申请不公开审理的，可以不公开审理。

不公开审理的案件，应当当庭宣布不公开审理的理由。

第一百八十四条　人民法院审判公诉案件，人民检察院应当派员出席法庭支持公诉。

第一百八十五条　开庭的时候，审判长查明当事人是否到庭，宣布案由；宣布合议庭的组成人员、书记员、公诉人、辩护人、诉讼代理人、鉴定人和翻译人员的名单；告知当事人有权对合议庭组成人员、书记员、公诉人、鉴定人和翻译人员申请回避；告知被告人享有辩护权利。

第一百八十六条　公诉人在法庭上宣读起诉书后，被告人、被害人可以就起诉书指控的犯罪进行陈述，公诉人可以讯问被告人。

被害人、附带民事诉讼的原告人和辩护人、诉讼代理人，经审判长许可，可以向被告人发问。

审判人员可以讯问被告人。

第一百八十七条　公诉人、当事人或者辩护人、诉讼代理人对证人证言有异议，且该证人证言对案件定罪量刑有重大影响，人民法院认为证人有必要出庭作证的，证人应当出庭作证。

人民警察就其执行职务时目击的犯罪情况作为证人出庭作证，适用前款规定。

公诉人、当事人或者辩护人、诉讼代理人对鉴定意见有异议，人民法院认为鉴定人有必要出庭的，鉴定人应当出庭作证。经人民法院通知，鉴定人拒不出庭作证的，鉴定意见不得作为定案的根据。

第一百八十八条　经人民法院通知，证人没有正当理由不出庭作证的，人民法院可以强制其到庭，但是被告人的配偶、父母、子女除外。

证人没有正当理由拒绝出庭或者出庭后拒绝作证的，予以训诫，情节严重的，经院长批准，处以十日以下的拘留。被处罚人对拘留决定不服的，可以向上一级人民法院申请复议。复议期间不停止执行。

第一百八十九条 证人作证，审判人员应当告知他要如实地提供证言和有意作伪证或者隐匿罪证要负的法律责任。公诉人、当事人和辩护人、诉讼代理人经审判长许可，可以对证人、鉴定人发问。审判长认为发问的内容与案件无关的时候，应当制止。

审判人员可以询问证人、鉴定人。

第一百九十条 公诉人、辩护人应当向法庭出示物证，让当事人辨认，对未到庭的证人的证言笔录、鉴定人的鉴定意见、勘验笔录和其他作为证据的文书，应当当庭宣读。审判人员应当听取公诉人、当事人和辩护人、诉讼代理人的意见。

第一百九十一条 法庭审理过程中，合议庭对证据有疑问的，可以宣布休庭，对证据进行调查核实。

人民法院调查核实证据，可以进行勘验、检查、查封、扣押、鉴定和查询、冻结。

第一百九十二条 法庭审理过程中，当事人和辩护人、诉讼代理人有权申请通知新的证人到庭，调取新的物证，申请重新鉴定或者勘验。

公诉人、当事人和辩护人、诉讼代理人可以申请法庭通知有专门知识的人出庭，就鉴定人作出的鉴定意见提出意见。

法庭对于上述申请，应当作出是否同意的决定。

第二款规定的有专门知识的人出庭，适用鉴定人的有关规定。

第一百九十三条 法庭审理过程中，对与定罪、量刑有关的事实、证据都应当进行调查、辩论。

经审判长许可，公诉人、当事人和辩护人、诉讼代理人可以对证据和案件情况发表意见并且可以互相辩论。

审判长在宣布辩论终结后,被告人有最后陈述的权利。

第一百九十四条 在法庭审判过程中,如果诉讼参与人或者旁听人员违反法庭秩序,审判长应当警告制止。对不听制止的,可以强行带出法庭;情节严重的,处以一千元以下的罚款或者十五日以下的拘留。罚款、拘留必须经院长批准。被处罚人对罚款、拘留的决定不服的,可以向上一级人民法院申请复议。复议期间不停止执行。

对聚众哄闹、冲击法庭或者侮辱、诽谤、威胁、殴打司法工作人员或者诉讼参与人,严重扰乱法庭秩序,构成犯罪的,依法追究刑事责任。

第一百九十五条 在被告人最后陈述后,审判长宣布休庭,合议庭进行评议,根据已经查明的事实、证据和有关的法律规定,分别作出以下判决:

(一)案件事实清楚,证据确实、充分,依据法律认定被告人有罪的,应当作出有罪判决;

(二)依据法律认定被告人无罪的,应当作出无罪判决;

(三)证据不足,不能认定被告人有罪的,应当作出证据不足、指控的犯罪不能成立的无罪判决。

第一百九十六条 宣告判决,一律公开进行。

当庭宣告判决的,应当在五日以内将判决书送达当事人和提起公诉的人民检察院;定期宣告判决的,应当在宣告后立即将判决书送达当事人和提起公诉的人民检察院。判决书应当同时送达辩护人、诉讼代理人。

第一百九十七条 判决书应当由审判人员和书记员署名,并且写明上诉的期限和上诉的法院。

第一百九十八条 在法庭审判过程中,遇有下列情形之一,影响审判进行的,可以延期审理:

(一)需要通知新的证人到庭,调取新的物证,重新鉴定或者勘验的;

(二)检察人员发现提起公诉的案件需要补充侦查,提出建议的;

(三)由于申请回避而不能进行审判的。

第一百九十九条 依照本法第一百九十八条第二项的规定延期审理的案件,人民检察院应当在一个月以内补充侦查完毕。

第二百条 在审判过程中,有下列情形之一,致使案件在较长时间内无法继续审理的,可以中止审理:

(一)被告人患有严重疾病,无法出庭的;

(二)被告人脱逃的;

(三)自诉人患有严重疾病,无法出庭,未委托诉讼代理人出庭的;

(四)由于不能抗拒的原因。

中止审理的原因消失后,应当恢复审理。中止审理的期间不计入审理期限。

第二百零一条 法庭审判的全部活动,应当由书记员写成笔录,经审判长审阅后,由审判长和书记员签名。

法庭笔录中的证人证言部分,应当当庭宣读或者交给证人阅读。证人在承认没有错误后,应当签名或者盖章。

法庭笔录应当交给当事人阅读或者向他宣读。当事人认为记载有遗漏或者差错的,可以请求补充或者改正。当事人承认没有错误后,应当签名或者盖章。

第二百零二条 人民法院审理公诉案件,应当在受理后二个月以内宣判,至迟不得超过三个月。对于可能判处死刑的案件或者附带民事诉讼的案件,以及有本法第一百五十六条规定情形之一的,经上一级人民法院批准,可以延长三个月;因特殊情况还需要延长的,报请最高人民法院批准。

人民法院改变管辖的案件,从改变后的人民法院收到案件之日起计算审理期限。

人民检察院补充侦查的案件,补充侦查完毕移送人民法院后,人民法院重新计算审理期限。

第二百零三条　人民检察院发现人民法院审理案件违反法律规定的诉讼程序，有权向人民法院提出纠正意见。

第二节　自诉案件

第二百零四条　自诉案件包括下列案件：

（一）告诉才处理的案件；

（二）被害人有证据证明的轻微刑事案件；

（三）被害人有证据证明对被告人侵犯自己人身、财产权利的行为应当依法追究刑事责任，而公安机关或者人民检察院不予追究被告人刑事责任的案件。

第二百零五条　人民法院对于自诉案件进行审查后，按照下列情形分别处理：

（一）犯罪事实清楚，有足够证据的案件，应当开庭审判；

（二）缺乏罪证的自诉案件，如果自诉人提不出补充证据，应当说服自诉人撤回自诉，或者裁定驳回。

自诉人经两次依法传唤，无正当理由拒不到庭的，或者未经法庭许可中途退庭的，按撤诉处理。

法庭审理过程中，审判人员对证据有疑问，需要调查核实的，适用本法第一百九十一条的规定。

第二百零六条　人民法院对自诉案件，可以进行调解；自诉人在宣告判决前，可以同被告人自行和解或者撤回自诉。本法第二百零四条第三项规定的案件不适用调解。

人民法院审理自诉案件的期限，被告人被羁押的，适用本法第二百零二条第一款、第二款的规定；未被羁押的，应当在受理后六个月以内宣判。

第二百零七条　自诉案件的被告人在诉讼过程中，可以对自诉人提起反诉。反诉适用自诉的规定。

第三节　简易程序

第二百零八条　基层人民法院管辖的案件，符合下列条件的，可以适用简易程序审判：

（一）案件事实清楚、证据充分的；

（二）被告人承认自己所犯罪行，对指控的犯罪事实没有异议的；

（三）被告人对适用简易程序没有异议的。

人民检察院在提起公诉的时候，可以建议人民法院适用简易程序。

第二百零九条　有下列情形之一的，不适用简易程序：

（一）被告人是盲、聋、哑人，或者是尚未完全丧失辨认或者控制自己行为能力的精神病人的；

（二）有重大社会影响的；

（三）共同犯罪案件中部分被告人不认罪或者对适用简易程序有异议的；

（四）其他不宜适用简易程序审理的。

第二百一十条　适用简易程序审理案件，对可能判处三年有期徒刑以下刑罚的，可以组成合议庭进行审判，也可以由审判员一人独任审判；对可能判处的有期徒刑超过三年的，应当组成合议庭进行审判。

适用简易程序审理公诉案件，人民检察院应当派员出席法庭。

第二百一十一条　适用简易程序审理案件，审判人员应当询问被告人对指控的犯罪事实的意见，告知被告人适用简易程序审理的法律规定，确认被告人是否同意适用简易程序审理。

第二百一十二条　适用简易程序审理案件，经审判人员许可，被告人及其辩护人可以同公诉人、自诉人及其诉讼代理人互相辩论。

第二百一十三条　适用简易程序审理案件，不受本章第一节关于送达期限、讯问被告人、询问证人、鉴定人、出示证据、法庭辩论程序规定的限制。但在判决宣告前应当听取被告人的最后陈述意见。

第二百一十四条　适用简易程序审理案件，人民法院应当在受理后二十日以内审结；对可能判处的有期徒刑超过三年的，可以延长至一个半月。

第二百一十五条　人民法院在审理过程中，发现不宜适用简易程序的，应当按照本章第一节或者第二节的规定重新审理。

第三章　第二审程序

第二百一十六条　被告人、自诉人和他们的法定代理人，不服地方各级人民法院第一审的判决、裁定，有权用书状或者口头向上一级人民法院上诉。被告人的辩护人和近亲属，经被告人同意，可以提出上诉。

附带民事诉讼的当事人和他们的法定代理人，可以对地方各级人民法院第一审的判决、裁定中的附带民事诉讼部分，提出上诉。

对被告人的上诉权，不得以任何借口加以剥夺。

第二百一十七条　地方各级人民检察院认为本级人民法院第一审的判决、裁定确有错误的时候，应当向上一级人民法院提出抗诉。

第二百一十八条　被害人及其法定代理人不服地方各级人民法院第一审的判决的，自收到判决书后五日以内，有权请求人民检察院提出抗诉。人民检察院自收到被害人及其法定代理人的请求后五日以内，应当作出是否抗诉的决定并且答复请求人。

第二百一十九条　不服判决的上诉和抗诉的期限为十日，不服裁定的上诉和抗诉的期限为五日，从接到判决书、裁定书的第二日起算。

第二百二十条　被告人、自诉人、附带民事诉讼的原告人和被告人通过原审人民法院提出上诉的，原审人民法院应当在三日以内将上诉状连同案卷、证据移送上一级人民法院，同时将上诉状副本送交同级人民检察院和对方当事人。

被告人、自诉人、附带民事诉讼的原告人和被告人直接向第二审人民法院提出上诉的，第二审人民法院应当在三日以内将上诉状交原审人民法院送交同级人民检察院和对方当事人。

第二百二十一条 地方各级人民检察院对同级人民法院第一审判决、裁定的抗诉,应当通过原审人民法院提出抗诉书,并且将抗诉书抄送上一级人民检察院。原审人民法院应当将抗诉书连同案卷、证据移送上一级人民法院,并且将抗诉书副本送交当事人。

上级人民检察院如果认为抗诉不当,可以向同级人民法院撤回抗诉,并且通知下级人民检察院。

第二百二十二条 第二审人民法院应当就第一审判决认定的事实和适用法律进行全面审查,不受上诉或者抗诉范围的限制。

共同犯罪的案件只有部分被告人上诉的,应当对全案进行审查,一并处理。

第二百二十三条 第二审人民法院对于下列案件,应当组成合议庭,开庭审理:

(一)被告人、自诉人及其法定代理人对第一审认定的事实、证据提出异议,可能影响定罪量刑的上诉案件;

(二)被告人被判处死刑的上诉案件;

(三)人民检察院抗诉的案件;

(四)其他应当开庭审理的案件。

第二审人民法院决定不开庭审理的,应当讯问被告人,听取其他当事人、辩护人、诉讼代理人的意见。

第二审人民法院开庭审理上诉、抗诉案件,可以到案件发生地或者原审人民法院所在地进行。

第二百二十四条 人民检察院提出抗诉的案件或者第二审人民法院开庭审理的公诉案件,同级人民检察院都应当派员出席法庭。第二审人民法院应当在决定开庭审理后及时通知人民检察院查阅案卷。人民检察院应当在一个月以内查阅完毕。人民检察院查阅案卷的时间不计入审理期限。

第二百二十五条 第二审人民法院对不服第一审判决的上诉、抗诉案件，经过审理后，应当按照下列情形分别处理：

（一）原判决认定事实和适用法律正确、量刑适当的，应当裁定驳回上诉或者抗诉，维持原判；

（二）原判决认定事实没有错误，但适用法律有错误，或者量刑不当的，应当改判；

（三）原判决事实不清楚或者证据不足的，可以在查清事实后改判；也可以裁定撤销原判，发回原审人民法院重新审判。

原审人民法院对于依照前款第三项规定发回重新审判的案件作出判决后，被告人提出上诉或者人民检察院提出抗诉的，第二审人民法院应当依法作出判决或者裁定，不得再发回原审人民法院重新审判。

第二百二十六条 第二审人民法院审理被告人或者他的法定代理人、辩护人、近亲属上诉的案件，不得加重被告人的刑罚。第二审人民法院发回原审人民法院重新审判的案件，除有新的犯罪事实，人民检察院补充起诉的以外，原审人民法院也不得加重被告人的刑罚。

人民检察院提出抗诉或者自诉人提出上诉的，不受前款规定的限制。

第二百二十七条 第二审人民法院发现第一审人民法院的审理有下列违反法律规定的诉讼程序的情形之一的，应当裁定撤销原判，发回原审人民法院重新审判：

（一）违反本法有关公开审判的规定的；

（二）违反回避制度的；

（三）剥夺或者限制了当事人的法定诉讼权利，可能影响公正审判的；

（四）审判组织的组成不合法的；

（五）其他违反法律规定的诉讼程序，可能影响公正审判的。

第二百二十八条 原审人民法院对于发回重新审判的案件，应当另行组成合议庭，依照第一审程序进行审判。对于重新审判后的判决，依照本法

第二百一十六条、第二百一十七条、第二百一十八条的规定可以上诉、抗诉。

第二百二十九条 第二审人民法院对不服第一审裁定的上诉或者抗诉，经过审查后，应当参照本法第二百二十五条、第二百二十七条和第二百二十八条的规定，分别情形用裁定驳回上诉、抗诉，或者撤销、变更原裁定。

第二百三十条 第二审人民法院发回原审人民法院重新审判的案件，原审人民法院从收到发回的案件之日起，重新计算审理期限。

第二百三十一条 第二审人民法院审判上诉或者抗诉案件的程序，除本章已有规定的以外，参照第一审程序的规定进行。

第二百三十二条 第二审人民法院受理上诉、抗诉案件，应当在二个月以内审结。对于可能判处死刑的案件或者附带民事诉讼的案件，以及有本法第一百五十六条规定情形之一的，经省、自治区、直辖市高级人民法院批准或者决定，可以延长二个月；因特殊情况还需要延长的，报请最高人民法院批准。

最高人民法院受理上诉、抗诉案件的审理期限，由最高人民法院决定。

第二百三十三条 第二审的判决、裁定和最高人民法院的判决、裁定，都是终审的判决、裁定。

第二百三十四条 公安机关、人民检察院和人民法院对查封、扣押、冻结的犯罪嫌疑人、被告人的财物及其孳息，应当妥善保管，以供核查，并制作清单，随案移送。任何单位和个人不得挪用或者自行处理。对被害人的合法财产，应当及时返还。对违禁品或者不宜长期保存的物品，应当依照国家有关规定处理。

对作为证据使用的实物应当随案移送，对不宜移送的，应当将其清单、照片或者其他证明文件随案移送。

人民法院作出的判决，应当对查封、扣押、冻结的财物及其孳息作出处理。

人民法院作出的判决生效以后，有关机关应当根据判决对查封、扣押、冻结的财物及其孳息进行处理。对查封、扣押、冻结的赃款赃物及其孳息，除依法返还被害人的以外，一律上缴国库。

司法工作人员贪污、挪用或者私自处理查封、扣押、冻结的财物及其孳息的，依法追究刑事责任；不构成犯罪的，给予处分。

第四章 死刑复核程序

第二百三十五条 死刑由最高人民法院核准。

第二百三十六条 中级人民法院判处死刑的第一审案件，被告人不上诉的，应当由高级人民法院复核后，报请最高人民法院核准。高级人民法院不同意判处死刑的，可以提审或者发回重新审判。

高级人民法院判处死刑的第一审案件被告人不上诉的，和判处死刑的第二审案件，都应当报请最高人民法院核准。

第二百三十七条 中级人民法院判处死刑缓期二年执行的案件，由高级人民法院核准。

第二百三十八条 最高人民法院复核死刑案件，高级人民法院复核死刑缓期执行的案件，应当由审判员三人组成合议庭进行。

第二百三十九条 最高人民法院复核死刑案件，应当作出核准或者不核准死刑的裁定。对于不核准死刑的，最高人民法院可以发回重新审判或者予以改判。

第二百四十条 最高人民法院复核死刑案件，应当讯问被告人，辩护律师提出要求的，应当听取辩护律师的意见。

在复核死刑案件过程中，最高人民检察院可以向最高人民法院提出意见。最高人民法院应当将死刑复核结果通报最高人民检察院。

第五章 审判监督程序

第二百四十一条 当事人及其法定代理人、近亲属，对已经发生法律效力的判决、裁定，可以向人民法院或者人民检察院提出申诉，但是不能停止判决、裁定的执行。

第二百四十二条 当事人及其法定代理人、近亲属的申诉符合下列情形之一的，人民法院应当重新审判：

（一）有新的证据证明原判决、裁定认定的事实确有错误，可能影响定罪量刑的；

（二）据以定罪量刑的证据不确实、不充分、依法应当予以排除，或者证明案件事实的主要证据之间存在矛盾的；

（三）原判决、裁定适用法律确有错误的；

（四）违反法律规定的诉讼程序，可能影响公正审判的；

（五）审判人员在审理该案件的时候，有贪污受贿，徇私舞弊，枉法裁判行为的。

第二百四十三条 各级人民法院院长对本院已经发生法律效力的判决和裁定，如果发现在认定事实上或者在适用法律上确有错误，必须提交审判委员会处理。

最高人民法院对各级人民法院已经发生法律效力的判决和裁定，上级人民法院对下级人民法院已经发生法律效力的判决和裁定，如果发现确有错误，有权提审或者指令下级人民法院再审。

最高人民检察院对各级人民法院已经发生法律效力的判决和裁定，上级人民检察院对下级人民法院已经发生法律效力的判决和裁定，如果发现确有错误，有权按照审判监督程序向同级人民法院提出抗诉。

人民检察院抗诉的案件，接受抗诉的人民法院应当组成合议庭重新审理，对于原判决事实不清楚或者证据不足的，可以指令下级人民法院再审。

第二百四十四条 上级人民法院指令下级人民法院再审的，应当指令原审人民法院以外的下级人民法院审理；由原审人民法院审理更为适宜的，也可以指令原审人民法院审理。

第二百四十五条 人民法院按照审判监督程序重新审判的案件，由原审人民法院审理的，应当另行组成合议庭进行。如果原来是第一审案件，应当依照第一审程序进行审判，所作的判决、裁定，可以上诉、抗诉；如果原来是第二审案件，或者是上级人民法院提审的案件，应当依照第二审程序进行审判，所作的判决、裁定，是终审的判决、裁定。

人民法院开庭审理的再审案件，同级人民检察院应当派员出席法庭。

第二百四十六条　人民法院决定再审的案件，需要对被告人采取强制措施的，由人民法院依法决定；人民检察院提出抗诉的再审案件，需要对被告人采取强制措施的，由人民检察院依法决定。

人民法院按照审判监督程序审判的案件，可以决定中止原判决、裁定的执行。

第二百四十七条　人民法院按照审判监督程序重新审判的案件，应当在作出提审、再审决定之日起三个月以内审结，需要延长期限的，不得超过六个月。

接受抗诉的人民法院按照审判监督程序审判抗诉的案件，审理期限适用前款规定；对需要指令下级人民法院再审的，应当自接受抗诉之日起一个月以内作出决定，下级人民法院审理案件的期限适用前款规定。

最高人民法院关于适用《中华人民共和国刑事诉讼法》的解释（节选）

第四章　证据

第一节　一般规定

第六十一条　认定案件事实，必须以证据为根据。

第六十二条 审判人员应当依照法定程序收集、审查、核实、认定证据。

第六十三条 证据未经当庭出示、辨认、质证等法庭调查程序查证属实,不得作为定案的根据,但法律和本解释另有规定的除外。

第六十四条 应当运用证据证明的案件事实包括:

(一)被告人、被害人的身份;

(二)被指控的犯罪是否存在;

(三)被指控的犯罪是否为被告人所实施;

(四)被告人有无刑事责任能力,有无罪过,实施犯罪的动机、目的;

(五)实施犯罪的时间、地点、手段、后果以及案件起因等;

(六)被告人在共同犯罪中的地位、作用;

(七)被告人有无从重、从轻、减轻、免除处罚情节;

(八)有关附带民事诉讼、涉案财物处理的事实;

(九)有关管辖、回避、延期审理等的程序事实;

(十)与定罪量刑有关的其他事实。

认定被告人有罪和对被告人从重处罚,应当适用证据确实、充分的证明标准。

第六十五条 行政机关在行政执法和查办案件过程中收集的物证、书证、视听资料、电子数据等证据材料,在刑事诉讼中可以作为证据使用;经法庭查证属实,且收集程序符合有关法律、行政法规规定的,可以作为定案的根据。

根据法律、行政法规规定行使国家行政管理职权的组织,在行政执法和查办案件过程中收集的证据材料,视为行政机关收集的证据材料。

第六十六条 人民法院依照刑事诉讼法第一百九十一条的规定调查核实证据,必要时,可以通知检察人员、辩护人、自诉人及其法定代理人到场。上述人员未到场的,应当记录在案。

人民法院调查核实证据时,发现对定罪量刑有重大影响的新的证据材料的，应当告知检察人员、辩护人、自诉人及其法定代理人。必要时，也可以直接提取，并及时通知检察人员、辩护人、自诉人及其法定代理人查阅、摘抄、复制。

第六十七条　下列人员不得担任刑事诉讼活动的见证人：

（一）生理上、精神上有缺陷或者年幼，不具有相应辨别能力或者不能正确表达的人；

（二）与案件有利害关系，可能影响案件公正处理的人；

（三）行使勘验、检查、搜查、扣押等刑事诉讼职权的公安、司法机关的工作人员或者其聘用的人员。

由于客观原因无法由符合条件的人员担任见证人的，应当在笔录材料中注明情况，并对相关活动进行录像。

第六十八条　公开审理案件时，公诉人、诉讼参与人提出涉及国家秘密、商业秘密或者个人隐私的证据的，法庭应当制止。有关证据确与本案有关的，可以根据具体情况，决定将案件转为不公开审理，或者对相关证据的法庭调查不公开进行。

第二节　物证、书证的审查与认定

第六十九条　对物证、书证应当着重审查以下内容：

（一）物证、书证是否为原物、原件，是否经过辨认、鉴定；物证的照片、录像、复制品或者书证的副本、复制件是否与原物、原件相符，是否由二人以上制作，有无制作人关于制作过程以及原物、原件存放于何处的文字说明和签名；

（二）物证、书证的收集程序、方式是否符合法律、有关规定；经勘验、检查、搜查提取、扣押的物证、书证，是否附有相关笔录、清单，笔录、清单是否经侦查人员、物品持有人、见证人签名，没有物品持有人签名的，是否注明原因；物品的名称、特征、数量、质量等是否注明清楚；

（三）物证、书证在收集、保管、鉴定过程中是否受损或者改变；

（四）物证、书证与案件事实有无关联；对现场遗留与犯罪有关的具备鉴定条件的血迹、体液、毛发、指纹等生物样本、痕迹、物品，是否已作DNA鉴定、指纹鉴定等，并与被告人或者被害人的相应生物检材、生物特征、物品等比对；

（五）与案件事实有关联的物证、书证是否全面收集。

第七十条 据以定案的物证应当是原物。原物不便搬运，不易保存，依法应当由有关部门保管、处理，或者依法应当返还的，可以拍摄、制作足以反映原物外形和特征的照片、录像、复制品。

物证的照片、录像、复制品，不能反映原物的外形和特征的，不得作为定案的根据。

物证的照片、录像、复制品，经与原物核对无误、经鉴定为真实或者以其他方式确认为真实的，可以作为定案的根据。

第七十一条 据以定案的书证应当是原件。取得原件确有困难的，可以使用副本、复制件。

书证有更改或者更改迹象不能作出合理解释，或者书证的副本、复制件不能反映原件及其内容的，不得作为定案的根据。

书证的副本、复制件，经与原件核对无误、经鉴定为真实或者以其他方式确认为真实的，可以作为定案的根据。

第七十二条 对与案件事实可能有关联的血迹、体液、毛发、人体组织、指纹、足迹、字迹等生物样本、痕迹和物品，应当提取而没有提取，应当检验而没有检验，导致案件事实存疑的，人民法院应当向人民检察院说明情况，由人民检察院依法补充收集、调取证据或者作出合理说明。

第七十三条 在勘验、检查、搜查过程中提取、扣押的物证、书证，未附笔录或者清单，不能证明物证、书证来源的，不得作为定案的根据。

物证、书证的收集程序、方式有下列瑕疵，经补正或者作出合理解释的，可以采信：

(一)勘验、检查、搜查、提取笔录或者扣押清单上没有侦查人员、物品持有人、见证人签名,或者对物品的名称、特征、数量、质量等注明不详的;

(二)物证的照片、录像、复制品,书证的副本、复制件未注明与原件核对无异,无复制时间,或者无被收集、调取人签名、盖章的;

(三)物证的照片、录像、复制品,书证的副本、复制件没有制作人关于制作过程和原物、原件存放地点的说明,或者说明中无签名的;

(四)有其他瑕疵的。

对物证、书证的来源、收集程序有疑问,不能作出合理解释的,该物证、书证不得作为定案的根据。

第三节　证人证言、被害人陈述的审查与认定

第七十四条　对证人证言应当着重审查以下内容:

(一)证言的内容是否为证人直接感知;

(二)证人作证时的年龄,认知、记忆和表达能力,生理和精神状态是否影响作证;

(三)证人与案件当事人、案件处理结果有无利害关系;

(四)询问证人是否个别进行;

(五)询问笔录的制作、修改是否符合法律、有关规定,是否注明询问的起止时间和地点,首次询问时是否告知证人有关作证的权利义务和法律责任,证人对询问笔录是否核对确认;

(六)询问未成年证人时,是否通知其法定代理人或者有关人员到场,其法定代理人或者有关人员是否到场;

(七)证人证言有无以暴力、威胁等非法方法收集的情形;

(八)证言之间以及与其他证据之间能否相互印证,有无矛盾。

第七十五条　处于明显醉酒、中毒或者麻醉等状态,不能正常感知或者正确表达的证人所提供的证言,不得作为证据使用。

证人的猜测性、评论性、推断性的证言,不得作为证据使用,但根据一般

生活经验判断符合事实的除外。

第七十六条 证人证言具有下列情形之一的，不得作为定案的根据：

（一）询问证人没有个别进行的；

（二）书面证言没有经证人核对确认的；

（三）询问聋、哑人，应当提供通晓聋、哑手势的人员而未提供的；

（四）询问不通晓当地通用语言、文字的证人，应当提供翻译人员而未提供的。

第七十七条 证人证言的收集程序、方式有下列瑕疵，经补正或者作出合理解释的，可以采信；不能补正或者作出合理解释的，不得作为定案的根据：

（一）询问笔录没有填写询问人、记录人、法定代理人姓名以及询问的起止时间、地点的；

（二）询问地点不符合规定的；

（三）询问笔录没有记录告知证人有关作证的权利义务和法律责任的；

（四）询问笔录反映出在同一时段，同一询问人员询问不同证人的。

第七十八条 证人当庭作出的证言，经控辩双方质证、法庭查证属实的，应当作为定案的根据。

证人当庭作出的证言与其庭前证言矛盾，证人能够作出合理解释，并有相关证据印证的，应当采信其庭审证言；不能作出合理解释，而其庭前证言有相关证据印证的，可以采信其庭前证言。

经人民法院通知，证人没有正当理由拒绝出庭或者出庭后拒绝作证，法庭对其证言的真实性无法确认的，该证人证言不得作为定案的根据。

第七十九条 对被害人陈述的审查与认定，参照适用本节的有关规定。

第四节 被告人供述和辩解的审查与认定

第八十条 对被告人供述和辩解应当着重审查以下内容：

（一）讯问的时间、地点，讯问人的身份、人数以及讯问方式等是否符合法律、有关规定；

（二）讯问笔录的制作、修改是否符合法律、有关规定，是否注明讯问的具体起止时间和地点，首次讯问时是否告知被告人相关权利和法律规定，被告人是否核对确认；

（三）讯问未成年被告人时，是否通知其法定代理人或者有关人员到场，其法定代理人或者有关人员是否到场；

（四）被告人的供述有无以刑讯逼供等非法方法收集的情形；

（五）被告人的供述是否前后一致，有无反复以及出现反复的原因；被告人的所有供述和辩解是否均已随案移送；

（六）被告人的辩解内容是否符合案情和常理，有无矛盾；

（七）被告人的供述和辩解与同案被告人的供述和辩解以及其他证据能否相互印证，有无矛盾。

必要时，可以调取讯问过程的录音录像、被告人进出看守所的健康检查记录、笔录，并结合录音录像、记录、笔录对上述内容进行审查。

第八十一条　被告人供述具有下列情形之一的，不得作为定案的根据：

（一）讯问笔录没有经被告人核对确认的；

（二）讯问聋、哑人，应当提供通晓聋、哑手势的人员而未提供的；

（三）讯问不通晓当地通用语言、文字的被告人，应当提供翻译人员而未提供的。

第八十二条　讯问笔录有下列瑕疵，经补正或者作出合理解释的，可以采信；不能补正或者作出合理解释的，不得作为定案的根据：

（一）讯问笔录填写的讯问时间、讯问人、记录人、法定代理人等有误或者存在矛盾的；

（二）讯问人没有签名的；

（三）首次讯问笔录没有记录告知被讯问人相关权利和法律规定的。

第八十三条 审查被告人供述和辩解,应当结合控辩双方提供的所有证据以及被告人的全部供述和辩解进行。

被告人庭审中翻供,但不能合理说明翻供原因或者其辩解与全案证据矛盾,而其庭前供述与其他证据相互印证的,可以采信其庭前供述。

被告人庭前供述和辩解存在反复,但庭审中供认,且与其他证据相互印证的,可以采信其庭审供述;被告人庭前供述和辩解存在反复,庭审中不供认,且无其他证据与庭前供述印证的,不得采信其庭前供述。

第五节 鉴定意见的审查与认定

第八十四条 对鉴定意见应当着重审查以下内容:

(一)鉴定机构和鉴定人是否具有法定资质;

(二)鉴定人是否存在应当回避的情形;

(三)检材的来源、取得、保管、送检是否符合法律、有关规定,与相关提取笔录、扣押物品清单等记载的内容是否相符,检材是否充足、可靠;

(四)鉴定意见的形式要件是否完备,是否注明提起鉴定的事由、鉴定委托人、鉴定机构、鉴定要求、鉴定过程、鉴定方法、鉴定日期等相关内容,是否由鉴定机构加盖司法鉴定专用章并由鉴定人签名、盖章;

(五)鉴定程序是否符合法律、有关规定;

(六)鉴定的过程和方法是否符合相关专业的规范要求;

(七)鉴定意见是否明确;

(八)鉴定意见与案件待证事实有无关联;

(九)鉴定意见与勘验、检查笔录及相关照片等其他证据是否矛盾;

(十)鉴定意见是否依法及时告知相关人员,当事人对鉴定意见有无异议。

第八十五条 鉴定意见具有下列情形之一的,不得作为定案的根据:

(一)鉴定机构不具备法定资质,或者鉴定事项超出该鉴定机构业务范围、技术条件的;

(二)鉴定人不具备法定资质,不具有相关专业技术或者职称,或者违反回避规定的;

(三)送检材料、样本来源不明,或者因污染不具备鉴定条件的;

(四)鉴定对象与送检材料、样本不一致的;

(五)鉴定程序违反规定的;

(六)鉴定过程和方法不符合相关专业的规范要求的;

(七)鉴定文书缺少签名、盖章的;

(八)鉴定意见与案件待证事实没有关联的;

(九)违反有关规定的其他情形。

第八十六条　经人民法院通知,鉴定人拒不出庭作证的,鉴定意见不得作为定案的根据。

鉴定人由于不能抗拒的原因或者有其他正当理由无法出庭的,人民法院可以根据情况决定延期审理或者重新鉴定。

对没有正当理由拒不出庭作证的鉴定人,人民法院应当通报司法行政机关或者有关部门。

第八十七条　对案件中的专门性问题需要鉴定,但没有法定司法鉴定机构,或者法律、司法解释规定可以进行检验的,可以指派、聘请有专门知识的人进行检验,检验报告可以作为定罪量刑的参考。

对检验报告的审查与认定,参照适用本节的有关规定。

经人民法院通知,检验人拒不出庭作证的,检验报告不得作为定罪量刑的参考。

第六节　勘验、检查、辨认、侦查实验等笔录的审查与认定

第八十八条　对勘验、检查笔录应当着重审查以下内容:

(一)勘验、检查是否依法进行,笔录的制作是否符合法律、有关规定,勘验、检查人员和见证人是否签名或者盖章;

(二)勘验、检查笔录是否记录了提起勘验、检查的事由,勘验、检查的时

间、地点，在场人员、现场方位、周围环境等，现场的物品、人身、尸体等的位置、特征等情况，以及勘验、检查、搜查的过程；文字记录与实物或者绘图、照片、录像是否相符；现场、物品、痕迹等是否伪造、有无破坏；人身特征、伤害情况、生理状态有无伪装或者变化等；

（三）补充进行勘验、检查的，是否说明了再次勘验、检查的原由，前后勘验、检查的情况是否矛盾。

第八十九条 勘验、检查笔录存在明显不符合法律、有关规定的情形，不能作出合理解释或者说明的，不得作为定案的根据。

第九十条 对辨认笔录应当着重审查辨认的过程、方法，以及辨认笔录的制作是否符合有关规定。

辨认笔录具有下列情形之一的，不得作为定案的根据：

（一）辨认不是在侦查人员主持下进行的；

（二）辨认前使辨认人见到辨认对象的；

（三）辨认活动没有个别进行的；

（四）辨认对象没有混杂在具有类似特征的其他对象中，或者供辨认的对象数量不符合规定的；

（五）辨认中给辨认人明显暗示或者明显有指认嫌疑的；

（六）违反有关规定、不能确定辨认笔录真实性的其他情形。

第九十一条 对侦查实验笔录应当着重审查实验的过程、方法，以及笔录的制作是否符合有关规定。

侦查实验的条件与事件发生时的条件有明显差异，或者存在影响实验结论科学性的其他情形的，侦查实验笔录不得作为定案的根据。

第七节 视听资料、电子数据的审查与认定

第九十二条 对视听资料应当着重审查以下内容：

（一）是否附有提取过程的说明，来源是否合法；

（二）是否为原件，有无复制及复制份数；是复制件的，是否附有无法调取原件的原因、复制件制作过程和原件存放地点的说明，制作人、原视听资料持有人是否签名或者盖章；

（三）制作过程中是否存在威胁、引诱当事人等违反法律、有关规定的情形；

（四）是否写明制作人、持有人的身份，制作的时间、地点、条件和方法；

（五）内容和制作过程是否真实，有无剪辑、增加、删改等情形；

（六）内容与案件事实有无关联。

对视听资料有疑问的，应当进行鉴定。

第九十三条　对电子邮件、电子数据交换、网上聊天记录、博客、微博客、手机短信、电子签名、域名等电子数据，应当着重审查以下内容：

（一）是否随原始存储介质移送；在原始存储介质无法封存、不便移动或者依法应当由有关部门保管、处理、返还时，提取、复制电子数据是否由二人以上进行，是否足以保证电子数据的完整性，有无提取、复制过程及原始存储介质存放地点的文字说明和签名；

（二）收集程序、方式是否符合法律及有关技术规范；经勘验、检查、搜查等侦查活动收集的电子数据，是否附有笔录、清单，并经侦查人员、电子数据持有人、见证人签名；没有持有人签名的，是否注明原因；远程调取境外或者异地的电子数据的，是否注明相关情况；对电子数据的规格、类别、文件格式等注明是否清楚；

（三）电子数据内容是否真实，有无删除、修改、增加等情形；

（四）电子数据与案件事实有无关联；

（五）与案件事实有关联的电子数据是否全面收集。

对电子数据有疑问的，应当进行鉴定或者检验。

第九十四条　视听资料、电子数据具有下列情形之一的，不得作为定案的根据：

（一）经审查无法确定真伪的；

（二）制作、取得的时间、地点、方式等有疑问，不能提供必要证明或者作出合理解释的。

第八节　非法证据排除

第九十五条　使用肉刑或者变相肉刑，或者采信其他使被告人在肉体上或者精神上遭受剧烈疼痛或者痛苦的方法，迫使被告人违背意愿供述的，应当认定为刑事诉讼法第五十四条规定的“刑讯逼供等非法方法”。

认定刑事诉讼法第五十四条规定的“可能严重影响司法公正”，应当综合考虑收集物证、书证违反法定程序以及所造成后果的严重程度等情况。

第九十六条　当事人及其辩护人、诉讼代理人申请人民法院排除以非法方法收集的证据的，应当提供涉嫌非法取证的人员、时间、地点、方式、内容等相关线索或者材料。

第九十七条　人民法院向被告人及其辩护人送达起诉书副本时，应当告知其申请排除非法证据的，应当在开庭审理前提出，但在庭审期间才发现相关线索或者材料的除外。

第九十八条　开庭审理前，当事人及其辩护人、诉讼代理人申请人民法院排除非法证据的，人民法院应当在开庭前及时将申请书或者申请笔录及相关线索、材料的复制件送交人民检察院。

第九十九条　开庭审理前，当事人及其辩护人、诉讼代理人申请排除非法证据，人民法院经审查，对证据收集的合法性有疑问的，应当依照刑事诉讼法第一百八十二条第二款的规定召开庭前会议，就非法证据排除等问题了解情况，听取意见。人民检察院可以通过出示有关证据材料等方式，对证据收集的合法性加以说明。

第一百条　法庭审理过程中，当事人及其辩护人、诉讼代理人申请排除非法证据的，法庭应当进行审查。经审查，对证据收集的合法性有疑问的，应当进行调查；没有疑问的，应当当庭说明情况和理由，继续法庭审理。当事人及其辩护人、诉讼代理人以相同理由再次申请排除非法证据的，法庭不再进行审查。

对证据收集合法性的调查，根据具体情况，可以在当事人及其辩护人、诉讼代理人提出排除非法证据的申请后进行，也可以在法庭调查结束前一并进行。

法庭审理过程中，当事人及其辩护人、诉讼代理人申请排除非法证据，人民法院经审查，不符合本解释第九十七条规定的，应当在法庭调查结束前一并进行审查，并决定是否进行证据收集合法性的调查。

第一百零一条　法庭决定对证据收集的合法性进行调查的，可以由公诉人通过出示、宣读讯问笔录或者其他证据，有针对性地播放讯问过程的录音录像，提请法庭通知有关侦查人员或者其他人员出庭说明情况等方式，证明证据收集的合法性。

公诉人提交的取证过程合法的说明材料，应当经有关侦查人员签名，并加盖公章。未经有关侦查人员签名的，不得作为证据使用。上述说明材料不能单独作为证明取证过程合法的根据。

第一百零二条　经审理，确认或者不能排除存在刑事诉讼法第五十四条规定的以非法方法收集证据情形的，对有关证据应当排除。

人民法院对证据收集的合法性进行调查后，应当将调查结论告知公诉人、当事人和辩护人、诉讼代理人。

第一百零三条　具有下列情形之一的，第二审人民法院应当对证据收集的合法性进行审查，并根据刑事诉讼法和本解释的有关规定作出处理：

（一）第一审人民法院对当事人及其辩护人、诉讼代理人排除非法证据的申请没有审查，且以该证据作为定案根据的；

（二）人民检察院或者被告人、自诉人及其法定代理人不服第一审人民法院作出的有关证据收集合法性的调查结论，提出抗诉、上诉的；

（三）当事人及其辩护人、诉讼代理人在第一审结束后才发现相关线索或者材料，申请人民法院排除非法证据的。

第九节　证据的综合审查与运用

第一百零四条　对证据的真实性，应当综合全案证据进行审查。

对证据的证明力，应当根据具体情况，从证据与待证事实的关联程度、证据之间的联系等方面进行审查判断。

证据之间具有内在联系，共同指向同一待证事实，不存在无法排除的矛盾和无法解释的疑问的，才能作为定案的根据。

第一百零五条　没有直接证据，但间接证据同时符合下列条件的，可以认定被告人有罪：

（一）证据已经查证属实；

（二）证据之间相互印证，不存在无法排除的矛盾和无法解释的疑问；

（三）全案证据已经形成完整的证明体系；

（四）根据证据认定案件事实足以排除合理怀疑，结论具有唯一性；

（五）运用证据进行的推理符合逻辑和经验。

第一百零六条　根据被告人的供述、指认提取到了隐蔽性很强的物证、书证，且被告人的供述与其他证明犯罪事实发生的证据相互印证，并排除串供、逼供、诱供等可能性的，可以认定被告人有罪。

第一百零七条　采取技术侦查措施收集的证据材料，经当庭出示、辨认、质证等法庭调查程序查证属实的，可以作为定案的根据。

使用前款规定的证据可能危及有关人员的人身安全，或者可能产生其他严重后果的，法庭应当采取不暴露有关人员身份、技术方法等保护措施，必要时，审判人员可以在庭外核实。

第一百零八条　对侦查机关出具的被告人到案经过、抓获经过等材料，应当审查是否有出具该说明材料的办案人、办案机关的签名、盖章。

对到案经过、抓获经过或者确定被告人有重大嫌疑的根据有疑问的，应当要求侦查机关补充说明。

第一百零九条　下列证据应当慎重使用，有其他证据印证的，可以采信：

（一）生理上、精神上有缺陷，对案件事实的认知和表达存在一定困难，但尚未丧失正确认知、表达能力的被害人、证人和被告人所作的陈述、证言和供述；

（二）与被告人有亲属关系或者其他密切关系的证人所作的有利被告人的证言，或者与被告人有利害冲突的证人所作的不利被告人的证言。

第一百一十条　证明被告人自首、坦白、立功的证据材料，没有加盖接受被告人投案、坦白、检举揭发等的单位的印章，或者接受人员没有签名的，不得作为定案的根据。

对被告人及其辩护人提出有自首、坦白、立功的事实和理由，有关机关未予认定，或者有关机关提出被告人有自首、坦白、立功表现，但证据材料不全的，人民法院应当要求有关机关提供证明材料，或者要求相关人员作证，并结合其他证据作出认定。

第一百一十一条　证明被告人构成累犯、毒品再犯的证据材料，应当包括前罪的裁判文书、释放证明等材料；材料不全的，应当要求有关机关提供。

第一百一十二条　审查被告人实施被指控的犯罪时或者审判时是否达到相应法定责任年龄，应当根据户籍证明、出生证明文件、学籍卡、人口普查登记、无利害关系人的证言等证据综合判断。

证明被告人已满十四周岁、十六周岁、十八周岁或者不满七十五周岁的证据不足的，应当认定被告人不满十四周岁、不满十六周岁、不满十八周岁或者已满七十五周岁。

《人民检察院刑事诉讼规则(试行)》

(节选)

第五章　证据

第六十一条　人民检察院在立案侦查、审查逮捕、审查起诉等办案活动中认定案件事实,应当以证据为根据。

公诉案件中被告人有罪的举证责任由人民检察院承担。人民检察院在提起公诉指控犯罪时,应当提出确实、充分的证据,并运用证据加以证明。

人民检察院提起公诉,应当遵循客观公正原则,对被告人有罪、罪重、罪轻的证据都应当向人民法院提出。

第六十二条　证据的审查认定,应当结合案件的具体情况,从证据与待证事实的关联程度、各证据之间的联系、是否依照法定程序收集等方面进行综合审查判断。

第六十三条　人民检察院侦查终结或者提起公诉的案件,证据应当确实、充分。证据确实、充分,应当符合以下条件:

(一)定罪量刑的事实都有证据证明;

(二)据以定案的证据均经法定程序查证属实;

(三)综合全案证据,对所认定事实已排除合理怀疑。

第六十四条　行政机关在行政执法和查办案件过程中收集的物证、书证、视听资料、电子数据证据材料,应当以该机关的名义移送,经人民检察院审查符合法定要求的,可以作为证据使用。

行政机关在行政执法和查办案件过程中收集的鉴定意见、勘验、检查笔录,经人民检察院审查符合法定要求的,可以作为证据使用。

人民检察院办理直接受理立案侦查的案件，对于有关机关在行政执法和查办案件过程中收集的涉案人员供述或者相关人员的证言、陈述，应当重新收集；确有证据证实涉案人员或者相关人员因路途遥远、死亡、失踪或者丧失作证能力，无法重新收集，但供述、证言或者陈述的来源、收集程序合法，并有其他证据相印证，经人民检察院审查符合法定要求的，可以作为证据使用。

根据法律、法规赋予的职责查处行政违法、违纪案件的组织属于本条规定的行政机关。

第六十五条　对采信刑讯逼供等非法方法收集的犯罪嫌疑人供述和采信暴力、威胁等非法方法收集的证人证言、被害人陈述，应当依法排除，不得作为报请逮捕、批准或者决定逮捕、移送审查起诉以及提起公诉的依据。

刑讯逼供是指使用肉刑或者变相使用肉刑，使犯罪嫌疑人在肉体或者精神上遭受剧烈疼痛或者痛苦以逼取供述的行为。

其他非法方法是指违法程度和对犯罪嫌疑人的强迫程度与刑讯逼供或者暴力、威胁相当而迫使其违背意愿供述的方法。

第六十六条　收集物证、书证不符合法定程序，可能严重影响司法公正的，人民检察院应当及时要求侦查机关补正或者作出书面解释；不能补正或者无法作出合理解释的，对该证据应当予以排除。

对侦查机关的补正或者解释，人民检察院应当予以审查。经侦查机关补正或者作出合理解释的，可以作为批准或者决定逮捕、提起公诉的依据。

本条第一款中的可能严重影响司法公正是指收集物证、书证不符合法定程序的行为明显违法或者情节严重，可能对司法机关办理案件的公正性造成严重损害；补正是指对取证程序上的非实质性瑕疵进行补救；合理解释是指对取证程序的瑕疵作出符合常理及逻辑的解释。

第六十七条　人民检察院经审查发现存在刑事诉讼法第五十四条规定的非法取证行为，依法对该证据予以排除后，其他证据不能证明犯罪嫌疑人实施犯罪行为的，应当不批准或者决定逮捕，已经移送审查起诉的，可以将案件退回侦查机关补充侦查或者作出不起诉决定。

第六十八条 在侦查、审查起诉和审判阶段，人民检察院发现侦查人员以非法方法收集证据的，应当报经检察长批准，及时进行调查核实。

当事人及其辩护人、诉讼代理人报案、控告、举报侦查人员采信刑讯逼供等非法方法收集证据并提供涉嫌非法取证的人员、时间、地点、方式和内容等材料或者线索的，人民检察院应当受理并进行审查，对于根据现有材料无法证明证据收集合法性的，应当报经检察长批准，及时进行调查核实。

上一级人民检察院接到对侦查人员采信刑讯逼供等非法方法收集证据的报案、控告、举报的，可以直接进行调查核实，也可以交由下级人民检察院调查核实。交由下级人民检察院调查核实的，下级人民检察院应当及时将调查结果报告上一级人民检察院。

人民检察院决定调查核实的，应当及时通知办案机关。

第六十九条 对于非法证据的调查核实，在侦查阶段由侦查监督部门负责；在审查起诉、审判阶段由公诉部门负责。必要时，渎职侵权检察部门可以派员参加。

第七十条 人民检察院可以采取以下方式对非法取证行为进行调查核实：

（一）讯问犯罪嫌疑人；

（二）询问办案人员；

（三）询问在场人员及证人；

（四）听取辩护律师意见；

（五）调取讯问笔录、讯问录音、录像；

（六）调取、查询犯罪嫌疑人出入看守所的身体检查记录及相关材料；

（七）进行伤情、病情检查或者鉴定；

（八）其他调查核实方式。

第七十一条　人民检察院调查完毕后，应当制作调查报告，根据查明的情况提出处理意见，报请检察长决定后依法处理。

办案人员在审查逮捕、审查起诉中经调查核实依法排除非法证据的，应当在调查报告中予以说明。被排除的非法证据应当随案移送。

对于确有以非法方法收集证据情形，尚未构成犯罪的，应当依法向被调查人所在机关提出纠正意见。对于需要补正或者作出合理解释的，应当提出明确要求。

经审查，认为非法取证行为构成犯罪需要追究刑事责任的，应当依法移送立案侦查。

第七十二条　人民检察院认为存在以非法方法收集证据情形的，可以书面要求侦查机关对证据收集的合法性进行说明。说明应当加盖单位公章，并由侦查人员签名。

第七十三条　对于公安机关立案侦查的案件，存在下列情形之一的，人民检察院在审查逮捕、审查起诉和审判阶段，可以调取公安机关讯问犯罪嫌疑人的录音、录像，对证据收集的合法性以及犯罪嫌疑人、被告人供述的真实性进行审查：

（一）认为讯问活动可能存在刑讯逼供等非法取证行为的；

（二）犯罪嫌疑人、被告人或者辩护人提出犯罪嫌疑人、被告人供述系非法取得，并提供相关线索或者材料的；

（三）犯罪嫌疑人、被告人对讯问活动合法性提出异议或者翻供，并提供相关线索或者材料的；

（四）案情重大、疑难、复杂的。

人民检察院直接受理立案侦查的案件，侦查部门移送审查逮捕、审查起诉时，应当将讯问录音、录像连同案卷材料一并移送审查。

第七十四条　对于提起公诉的案件，被告人及其辩护人提出审前供述系非法取得，并提供相关线索或者材料的，人民检察院可以将讯问录音、录像连同案卷材料一并移送人民法院。

第七十五条　在法庭审理过程中,被告人或者辩护人对讯问活动合法性提出异议,公诉人可以要求被告人及其辩护人提供相关线索或者材料。必要时,公诉人可以提请法庭当庭播放相关时段的讯问录音、录像,对有关异议或者事实进行质证。

需要播放的讯问录音、录像中涉及国家秘密、商业秘密、个人隐私或者含有其他不宜公开的内容的,公诉人应当建议在法庭组成人员、公诉人、侦查人员、被告人及其辩护人范围内播放。因涉及国家秘密、商业秘密、个人隐私或者其他犯罪线索等内容,人民检察院对讯问录音、录像的相关内容作技术处理的,公诉人应当向法庭作出说明。

第七十六条　对于危害国家安全犯罪、恐怖活动犯罪、黑社会性质的组织犯罪、毒品犯罪等案件,人民检察院在办理案件过程中,证人、鉴定人、被害人因在诉讼中作证,本人或者其近亲属人身安全面临危险,向人民检察院请求保护的,人民检察院应当受理并及时进行审查,对于确实存在人身安全危险的,应当立即采取必要的保护措施。人民检察院发现存在上述情形的,可以主动采取保护措施。

人民检察院可以采取以下一项或者多项保护措施:

(一)不公开真实姓名、住址和工作单位等个人信息;

(二)建议法庭采取不暴露外貌、真实声音等出庭作证措施;

(三)禁止特定的人员接触证人、鉴定人、被害人及其近亲属;

(四)对人身和住宅采取专门性保护措施;

(五)其他必要的保护措施。

人民检察院依法决定不公开证人、鉴定人、被害人的真实姓名、住址和工作单位等个人信息的,可以在起诉书、询问笔录等法律文书、证据材料中使用化名代替证人、鉴定人、被害人的个人信息。但是应当另行书面说明使用化名的情况并标明密级。

人民检察院依法采取保护措施，可以要求有关单位和个人予以配合。

对证人及其近亲属进行威胁、侮辱、殴打或者打击报复，构成犯罪或者应当给予治安管理处罚的，人民检察院应当移送公安机关处理；情节轻微的，予以批评教育、训诫。

第七十七条　证人在人民检察院侦查、审查起诉阶段因履行作证义务而支出的交通、住宿、就餐等费用，人民检察院应当给予补助。

第九章　侦查

第一节　一般规定

第一百八十六条　人民检察院办理直接受理立案侦查的案件，应当全面、客观地收集、调取犯罪嫌疑人有罪或者无罪、罪轻或者罪重的证据材料，并依法进行审查、核实。

第一百八十七条　人民检察院办理直接受理立案侦查的案件，必须重证据，重调查研究不轻信口供。严禁刑讯逼供和以威胁、引诱、欺骗以及其他非法方法收集证据，不得强迫任何人证实自己有罪。

第一百八十八条　人民检察院办理直接受理立案侦查的案件，应当保障犯罪嫌疑人和其他诉讼参与人依法享有的辩护权和其他各项诉讼权利。

第一百八十九条　人民检察院办理直接受理立案侦查的案件，应当严格依照刑事诉讼法规定的条件和程序采取强制措施，严格遵守刑事案件办案期限的规定，依法提请批准逮捕、移送起诉、不起诉或撤销案件。

第一百九十条　人民检察院办理直接受理立案侦查的案件，应当对侦查过程中知悉的国家秘密、商业秘密及个人隐私保密。

第一百九十一条　人民检察院对于直接受理案件的侦查，可以适用刑事诉讼法第二编第二章规定的各项侦查措施。

第二节　讯问犯罪嫌疑人

第一百九十二条　讯问犯罪嫌疑人，由检察人员负责进行。讯问的时候，检察人员不得少于二人。

讯问同案的犯罪嫌疑人，应当分别进行。

第一百九十三条 对于不需要逮捕、拘留的犯罪嫌疑人，经检察长批准，可以传唤到犯罪嫌疑人所在市、县内的指定地点或者到他的住处进行讯问。

传唤犯罪嫌疑人，应当向犯罪嫌疑人出示传唤证和侦查人员的工作证件，并责令犯罪嫌疑人在传唤证上签名、捺指印。

犯罪嫌疑人到案后，应当由其在传唤证上填写到案时间。传唤结束时，应当由其在传唤证上填写传唤结束时间。拒绝填写的，侦查人员应当在传唤证上注明。

对在现场发现的犯罪嫌疑人，经出示工作证件，可以口头传唤，并将传唤的原因和依据告知被传唤人。在讯问笔录中应当注明犯罪嫌疑人到案经过、到案时间和传唤结束时间。

本规则第八十一条第二款的规定适用于传唤犯罪嫌疑人。

第一百九十四条 传唤犯罪嫌疑人时，其家属在场的，应当当场将传唤的原因和处所口头告知其家属，并在讯问笔录中注明。其家属不在场的，侦查人员应当及时将传唤的原因和处所通知被传唤人家属。无法通知的，应当在讯问笔录中注明。

第一百九十五条 传唤持续的时间不得超过十二小时；案情特别重大、复杂，需要采取拘留、逮捕措施的，传唤持续的时间不得超过二十四小时。两次传唤间隔的时间一般不得少于十二小时，不得以连续传唤的方式变相拘禁犯罪嫌疑人。

传唤犯罪嫌疑人，应当保证犯罪嫌疑人的饮食和必要的休息时间。

第一百九十六条 犯罪嫌疑人被送交看守所羁押后，检察人员对其进行讯问，应当填写提讯、提解证，在看守所讯问室进行。

因侦查工作需要，需要提押犯罪嫌疑人出所辨认或者追缴犯罪有关财物的，经检察长批准，可以提押犯罪嫌疑人出所，并应当由二名以上司法警察押解。不得以讯问为目的将犯罪嫌疑人提押出所进行讯问。

第一百九十七条　讯问犯罪嫌疑人一般按照下列顺序进行：

查明犯罪嫌疑人的基本情况，包括姓名、出生年月日、籍贯、身份证号码、民族、职业、文化程度、工作单位及职务、住所、家庭情况、社会经历、是否属于人大代表、政协委员等；

告知犯罪嫌疑人在侦查阶段的诉讼权利，有权自行辩护或委托律师辩护，告知其如实供述自己罪行可以依法从宽处理的法律规定；

讯问犯罪嫌疑人是否有犯罪行为，让他陈述有罪的事实或者无罪的辩解，应当允许其连贯陈述。

犯罪嫌疑人对侦查人员的提问，应当如实回答。但是对与本案无关的问题，有拒绝回答的权利。

讯问犯罪嫌疑人时，应当告知犯罪嫌疑人将对讯问进行全程同步录音、录像，告知情况应当在录音、录像中予以反映，并记明笔录。

讯问时，对犯罪嫌疑人提出的辩解要认真查核。严禁刑讯逼供和以威胁、引诱、欺骗以及其他非法的方法获取供述。

第一百九十八条　讯问聋、哑或者不通晓当地通用语言文字的人，人民检察院应当为其聘请通晓聋、哑手势或者当地通用语言文字且与本案无利害关系的人员进行翻译。翻译人员的姓名、性别、工作单位和职业应当记录在案。翻译人员应当在讯问笔录上签字。

第一百九十九条　讯问犯罪嫌疑人，应当制作讯问笔录。讯问笔录应当忠实于原话，字迹清楚，详细具体，并交犯罪嫌疑人核对。犯罪嫌疑人没有阅读能力的，应当向他宣读。如果记载有遗漏或者差错，应当补充或者改正。犯罪嫌疑人认为讯问笔录没有错误的，由犯罪嫌疑人在笔录上逐页签名、盖章或者捺指印，并在末页写明“以上笔录我看过（向我宣读过），和我说的相符”，同时签名、盖章、捺指印并注明日期。如果犯罪嫌疑人拒绝签名、盖章、捺指印的，检察人员应当在笔录上注明。讯问的检察人员也应当在笔录上签名。

第二百条 犯罪嫌疑人请求自行书写供述的，检察人员应当准许。必要的时候，检察人员也可以要求犯罪嫌疑人亲笔书写供述。犯罪嫌疑人应当在亲笔供述的末页签名、捺指印，并注明书写日期。检察人员收到后，应当在首页右上方写明"于某年某月某日收到"，并签名。

第二百零一条 人民检察院立案侦查职务犯罪案件，在每次讯问犯罪嫌疑人的时候，应当对讯问过程实行全程录音、录像，并在讯问笔录中注明。

录音、录像应当由检察技术人员负责。特殊情况下，经检察长批准也可以由讯问人员以外的其他检察人员负责。

第二百零二条 人民检察院讯问犯罪嫌疑人实行全程同步录音、录像，应当按照最高人民检察院的有关规定办理。

第三节 询问证人、被害人

第二百零三条 人民检察院在侦查过程中，应当及时询问证人，并且告知证人履行作证的权利和义务。

人民检察院应当保证一切与案件有关或者了解案情的公民，有客观充分地提供证据的条件，并为他们保守秘密。除特殊情况外，人民检察院可以吸收证人协助调查。

第二百零四条 询问证人，应当由检察人员进行。询问的时候，检察人员不得少于二人。

第二百零五条 询问证人，可以在现场进行，也可以到证人所在单位、住处或者证人提出的地点进行。必要时，也可以通知证人到人民检察院提供证言。到证人提出的地点进行询问的，应当在笔录中记明。

询问证人应当个别进行。

在现场询问证人，应当出示工作证件。到证人所在单位、住处或者证人提出的地点询问证人，应当出示人民检察院的证明文件。

第二百零六条　询问证人，应当问明证人的基本情况以及与当事人的关系，并且告知证人应当如实提供证据、证言和故意作伪证或者隐匿罪证应当承担的法律责任，但是不得向证人泄露案情，不得采信羁押、暴力、威胁、引诱、欺骗以及其他非法方法获取证言。

第二百零七条　本规则第一百九十八条、第一百九十九条的规定，适用于询问证人。

第二百零八条　询问被害人，适用询问证人的规定。

第四节　勘验、检查

第二百零九条　检察人员对于与犯罪有关的场所、物品、人身、尸体应当进行勘验或者检查。在必要的时候，可以指派检察技术人员或者聘请其他具有专门知识的人，在检察人员的主持下进行勘验、检查。

第二百一十条　进行勘验、检查，应当持有检察长签发的勘查证。

勘查现场，应当拍摄现场照片，勘查的情况应当写明笔录并制作现场图，由参加勘查的人和见证人签名。对重大案件的现场，应当录像。

第二百一十一条　勘验时，人民检察院应当邀请二名与案件无关的见证人在场。

第二百一十二条　人民检察院解剖死因不明的尸体，应当通知死者家属到场，并让其在解剖通知书上签名或者盖章。

死者家属无正当理由拒不到场或者拒绝签名、盖章的，不影响解剖的进行，但是应当在解剖通知书上记明。对于身份不明的尸体，无法通知死者家属的，应当记明笔录。

第二百一十三条　为了确定被害人、犯罪嫌疑人的某些特征、伤害情况或者生理状态，人民检察院可以对人身进行检查，可以提取指纹信息，采集血液、尿液等生物样本。

必要时，可以指派、聘请法医或者医师进行人身检查。采集血液等生物样本应当由医师进行。

犯罪嫌疑人如果拒绝检查，检察人员认为必要的时候，可以强制检查。

检查妇女的身体，应当由女工作人员或者医师进行。

第二百一十四条 人身检查不得采信损害被检查人生命、健康或贬低其名誉或人格的方法。

在人身检查过程中知悉的被检查人的个人隐私，检察人员应当保密。

第二百一十五条 勘验、检查的情况应当制作笔录，由参加勘验、检查的人员和见证人签名或者盖章。

第二百一十六条 为了查明案情，在必要的时候，经检察长批准，可以进行侦查实验。

侦查实验，禁止一切足以造成危险、侮辱人格或者有伤风化的行为。

第二百一十七条 侦查实验，在必要的时候可以聘请有关专业人员参加，也可以要求犯罪嫌疑人、被害人、证人参加。

第二百一十八条 侦查实验，应当制作笔录，记明侦查实验的条件、经过和结果，由参加侦查实验的人员签名。必要时可以对侦查实验录音、录像。

第五节　搜查

第二百一十九条 人民检察院有权要求有关单位和个人，交出能够证明犯罪嫌疑人有罪或者无罪以及犯罪情节轻重的证据。

第二百二十条 为了收集犯罪证据，查获犯罪人，经检察长批准，检察人员可以对犯罪嫌疑人以及可能隐藏罪犯或者犯罪证据的人的身体、物品、住处、工作地点和其他有关的地方进行搜查。

第二百二十一条 进行搜查，应当向被搜查人或者他的家属出示搜查证。搜查证由检察长签发。

第二百二十二条 人民检察院在搜查前，应当了解被搜查对象的基本情况、搜查现场及周围环境，确定搜查的范围和重点，明确搜查人员的分工和责任。

第二百二十三条　搜查应当在检察人员的主持下进行，可以有司法警察参加。必要的时候，可以指派检察技术人员参加或者邀请当地公安机关、有关单位协助进行。执行搜查的检察人员不得少于二人。

第二百二十四条　在执行逮捕、拘留的时候，遇有下列紧急情况之一，不另用搜查证也可以进行搜查：

（一）可能随身携带凶器的；

（二）可能隐藏爆炸、剧毒等危险物品的；

（三）可能隐匿、毁弃、转移犯罪证据的；

（四）可能隐匿其他犯罪嫌疑人的；

（五）其他紧急情况。

搜查结束后，搜查人员应当在二十四小时内向检察长报告，及时补办有关手续。

第二百二十五条　搜查时，应当有被搜查人或者他的家属、邻居或者其他见证人在场，并且对被搜查人或者其家属说明阻碍搜查、妨碍公务应负的法律责任。

搜查妇女的身体，应当由女工作人员进行。

第二百二十六条　搜查时，如果遇到阻碍，可以强制进行搜查。对以暴力、威胁方法阻碍搜查的，应当予以制止，或者由司法警察将其带离现场；阻碍搜查构成犯罪的，应当依法追究刑事责任。

第二百二十七条　搜查应当全面、细致、及时，并且指派专人严密注视搜查现场的动向。

第二百二十八条　进行搜查的人员，应当遵守纪律，服从指挥，文明执法，不得无故损坏搜查现场的物品，不得擅自扩大搜查对象和范围。对于查获的重要书证、物证、视听资料、电子数据及其放置、存储地点应当拍照，并且用文字说明有关情况，必要的时候可以录像。

第二百二十九条　搜查情况应当制作笔录，由检察人员和被搜查人或者其家属、邻居或者其他见证人签名或者盖章。被搜查人在逃,其家属拒不到场,或者拒绝签名、盖章的,应当记明笔录。

第二百三十条 人民检察院到本辖区以外进行搜查,检察人员应当携带搜查证、工作证以及载有主要案情、搜查目的、要求等内容的公函,与当地人民检察院联系,当地人民检察院应当协助搜查。

第六节 调取、查封、扣押物证、书证和视听资料、电子数据

第二百三十一条 检察人员可以凭人民检察院的证明文件,向有关单位和个人调取能够证明犯罪嫌疑人有罪或者无罪以及犯罪情节轻重的证据材料,并且可以根据需要拍照、录像、复印和复制。

第二百三十二条 人民检察院办理案件,需要向本辖区以外的有关单位和个人调取物证、书证等证据材料的,办案人员应当携带工作证、人民检察院的证明文件和有关法律文书,与当地人民检察院联系,当地人民检察院应当予以协助。

必要时,可以向证据所在地的人民检察院发函调取证据。调取证据的函件应当注明取证对象的具体内容和确切地址。协助的人民检察院应当在收到函件后一个月内将调查结果送达请求的人民检察院。

第二百三十三条 调取物证应当调取原物。原物不便搬运、保存,或者依法应当返还被害人,或者因保密工作需要不能调取原物的,可以将原物封存,并拍照、录像。对原物拍照或者录像应当足以反映原物的外形、内容。

调取书证、视听资料应当调取原件。取得原件确有困难或者因保密需要不能调取原件的,可以调取副本或者复制件。

调取书证、视听资料的副本、复制件和物证的照片、录像的,应当书面记明不能调取原件、原物的原因,制作过程和原件、原物存放地点,并由制作人员和原书证、视听资料、物证持有人签名或者盖章。

第二百三十四条 在侦查活动中发现的可以证明犯罪嫌疑人有罪、无罪或者犯罪情节轻重的各种财物和文件,应当查封或者扣押;与案件无关

的，不得查封或者扣押。

不能立即查明是否与案件有关的可疑的财物和文件，也可以查封或者扣押，但应当及时审查。经查明确实与案件无关的，应当在三日以内解除查封或者予以退还。

持有人拒绝交出应当查封、扣押的财物和文件的，可以强制查封、扣押。

对于犯罪嫌疑人、被告人到案时随身携带的物品需要扣押的，可以依照前款规定办理。对于与案件无关的个人用品，应当逐件登记，并随案移交或者退还其家属。

第二百三十五条　人民检察院查封、扣押财物和文件，应当经检察长批准，由两名以上检察人员执行。

需要查封、扣押的财物和文件不在本辖区的，办理案件的人民检察院应当依照有关法律及有关规定，持相关法律文书及简要案情等说明材料，商请被查封、扣押财物和文件所在地的人民检察院协助执行。

被请求协助的人民检察院有异议的，可以与办理案件的人民检察院进行协商，必要时，报请共同的上级人民检察院决定。

第二百三十六条　对于查封、扣押的财物和文件，检察人员应当会同在场见证人和被查封、扣押物品持有人查点清楚，当场开列查封、扣押清单一式四份，注明查封、扣押物品的名称、型号、规格、数量、质量、颜色、新旧程度、包装等主要特征，由检察人员、见证人和持有人签名或者盖章，一份交给文件、资料和其他物品持有人，一份交被查封、扣押文件、资料和其他物品保管人，一份附卷，一份保存。持有人拒绝签名、盖章或者不在场的，应当在清单上记明。

查封、扣押外币、金银珠宝、文物、名贵字画以及其他不易辨别真伪的贵重物品，应当在拍照或者录像后当场密封，由检察人员、见证人和被扣押物品持有人在密封材料上签名或者盖章，根据办案需要及时委托具有资质的部门出具鉴定报告。启封时应当有见证人或者持有人在场并且签名或者盖章。

查封、扣押存折、信用卡、有价证券等支付凭证和具有一定特征能够证明案情的现金,应当注明特征、编号、种类、面值、张数、金额等,由检察人员、见证人和被扣押物品持有人在密封材料上签名或者盖章。启封时应当有见证人或者持有人在场并签名或者盖章。

查封、扣押易损毁、灭失、变质以及其他不宜长期保存的物品,应当用笔录、绘图、拍照、录像等方法加以保全后进行封存,或者经检察长批准后委托有关部门变卖、拍卖。

变卖、拍卖的价款暂予保存,待诉讼终结后一并处理。

第二百三十七条 对于应当查封的不动产和置于该不动产上不宜移动的设施、家具和其他相关财物,以及涉案的车辆、船舶、航空器和大型机械、设备等财物,必要时可以扣押其权利证书,经拍照或者录像后原地封存,并开具查封清单一式四份,注明相关财物的详细地址和相关特征,同时注明已经拍照或者录像及其权利证书已被扣押,由检察人员、见证人和持有人签名或者盖章。持有人拒绝签名、盖章或者不在场的,应当在清单上注明。

人民检察院查封不动产和置于该不动产上不宜移动的设施、家具和其他相关财物,以及涉案的车辆、船舶、航空器和大型机械、设备等财物,应当在保证侦查活动正常进行的同时,尽量不影响有关当事人的正常生活和生产经营活动。必要时,可以将被查封的财物交持有人或者其近亲属保管,并书面告知保管人对被查封的财物应当妥善保管,不得转移、变卖、毁损、出租、抵押、赠予等。

人民检察院应当将查封决定书副本送达不动产、生产设备或者车辆、船舶、航空器等财物的登记、管理部门,告知其在查封期间禁止办理抵押、转让、出售等权属关系变更、转移登记手续。

第二百三十八条 扣押犯罪嫌疑人的邮件、电报或者电子邮件,应当经检察长批准,通知邮电部门或者网络服务单位将有关的邮件、电报或者电子邮件检交扣押。

不需要继续扣押的时候,应当立即通知邮电部门或者网络服务单位。

对于可以作为证据使用的录音、录像带、电子数据存储介质,应当记明案由、对象、内容,录取、复制的时间、地点、规格、类别、应用长度、文件格式及长度等,妥为保管,并制作清单,随案移送。

第二百三十九条　查封单位的涉密电子设备、文件等物品,应当在拍照或者录像后当场密封,由检察人员、见证人、单位有关负责人签名或者盖章。启封时应当有见证人、单位有关负责人在场并签名或者盖章。

对于有关人员拒绝按照前款有关规定签名或者盖章的,人民检察院应当在相关文书上注明。

对犯罪嫌疑人使用违法所得与合法收入共同购置的不可分割的财产,可以先行查封、扣押、冻结。对无法分割退还的财产,应当在结案后予以拍卖、变卖,对不属于违法所得的部分予以退还。

第二百四十条　对于查封、扣押在人民检察院的物品、文件、邮件、电报,应当妥善保管,不得使用、调换、损毁或者自行处理。经查明确实与案件无关的,应当在三日以内作出解除或者退还决定,并通知有关单位、当事人办理相关手续。

第七节　查询、冻结

第二百四十一条　人民检察院根据侦查犯罪的需要,可以依照规定查询、冻结犯罪嫌疑人的存款、汇款、债券、股票、基金份额等财产,并可以要求有关单位和个人配合。

第二百四十二条　查询、冻结犯罪嫌疑人的存款、汇款、债券、股票、基金份额等财产,应当经检察长批准,制作查询、冻结财产通知书,通知银行或者其他金融机构、邮电部门执行。

第二百四十三条　犯罪嫌疑人的存款、汇款、债券、股票、基金份额等财产已冻结的,人民检察院不得重复冻结,但是应当要求有关银行或者其他金融机构、邮电部门在解除冻结或者作出处理前通知人民检察院。

第二百四十四条 扣押、冻结债券、股票、基金份额等财产，应当书面告知当事人或者其法定代理人、委托代理人有权申请出售。

对于被扣押、冻结的债券、股票、基金份额等财产，在扣押、冻结期间权利人申请出售，经审查认为不损害国家利益、被害人利益，不影响诉讼正常进行的，以及扣押、冻结的汇票、本票、支票的有效期即将届满的，经检察长批准，可以在案件办结前依法出售或者变现，所得价款由检察机关指定专门的银行账户保管，并及时告知当事人或者其近亲属。

第二百四十五条 对于冻结的存款、汇款、债券、股票、基金份额等财产，经查明确实与案件无关的，应当在三日以内解除冻结，并通知被冻结存款、汇款、债券、股票、基金份额等财产的所有人。

第二百四十六条 查询、冻结与案件有关的单位的存款、汇款、债券、股票、基金份额等财产的办法适用本规则第二百四十一条至第二百四十五条的规定。

第八节 鉴定

第二百四十七条 人民检察院为了查明案情，解决案件中某些专门性的问题，可以进行鉴定。

第二百四十八条 鉴定由检察长批准，由人民检察院技术部门有鉴定资格的人员进行。必要的时候，也可以聘请其他有鉴定资格的人员进行，但是应当征得鉴定人所在单位的同意。

具有刑事诉讼法第二十八条、第二十九条规定的应当回避的情形的，不能担任鉴定人。

第二百四十九条 人民检察院应当为鉴定人进行鉴定提供必要条件，及时向鉴定人送交有关检材和对比样本等原始材料，介绍与鉴定有关的情况，并明确提出要求鉴定解决的问题，但是不得暗示或者强迫鉴定人作出某种鉴定意见。

第二百五十条　鉴定人进行鉴定后，应当出具鉴定意见、检验报告，同时附上鉴定机构和鉴定人的资质证明，并且签名或者盖章。

多个鉴定人的鉴定意见不一致的，应当在鉴定意见上写明分歧的内容和理由，并且分别签名或者盖章。

第二百五十一条　鉴定人故意作虚假鉴定的，应当承担法律责任。

第二百五十二条　对于鉴定意见，检察人员应当进行审查，必要的时候，可以提出补充鉴定或者重新鉴定的意见，报检察长批准后进行补充鉴定或者重新鉴定。检察长也可以直接决定进行补充鉴定或者重新鉴定。

第二百五十三条　用作证据的鉴定意见，人民检察院办案机关应当告知犯罪嫌疑人、被害人；被害人死亡或者没有诉讼行为能力的，应当告知其法定代理人、近亲属或诉讼代理人。

犯罪嫌疑人、被害人或被害人的法定代理人、近亲属、诉讼代理人提出申请，经检察长批准，可以补充鉴定或者重新鉴定，鉴定费用由请求方承担，但原鉴定违反法定程序的，由人民检察院承担。

犯罪嫌疑人的辩护人或者近亲属以犯罪嫌疑人有患精神病可能而申请对犯罪嫌疑人进行鉴定的，鉴定费用由请求方承担。

第二百五十四条　人民检察院决定重新鉴定的，应当另行指派或者聘请鉴定人。

第二百五十五条　对犯罪嫌疑人作精神病鉴定的期间不计入羁押期限和办案期限。

第二百五十六条　对于因鉴定时间较长、办案期限届满仍不能终结的案件，自期限届满之日起，应当依法释放被羁押的犯罪嫌疑人或者变更强制措施。

第九节　辨认

第二百五十七条　为了查明案情，在必要的时候，检察人员可以让被害人、证人和犯罪嫌疑人对与犯罪有关的物品、文件、尸体或场所进行辨认；也可以让被害人、证人对犯罪嫌疑人进行辨认，或者让犯罪嫌疑人对其他犯罪嫌疑人进行辨认。

对犯罪嫌疑人进行辨认，应当经检察长批准。

第二百五十八条 辨认应当在检察人员的主持下进行，主持辨认的检察人员不得少于二人。在辨认前，应当向辨认人详细询问被辨认对象的具体特征，避免辨认人见到被辨认对象，并应当告知辨认人有意作虚假辨认应负的法律责任。

第二百五十九条 几名辨认人对同一被辨认对象进行辨认时，应当由每名辨认人单独进行。必要的时候，可以有见证人在场。

第二百六十条 辨认时，应当将辨认对象混杂在其他对象中，不得给辨认人任何暗示。

辨认犯罪嫌疑人、被害人时，被辨认的人数为五到十人，照片五到十张。

辨认物品时，同类物品不得少于五件，照片不得少于五张。

对犯罪嫌疑人的辨认，辨认人不愿公开进行时，可以在不暴露辨认人的情况下进行，并应当为其保守秘密。

第二百六十一条 辨认的情况，应当制作笔录，由检察人员、辨认人、见证人签字。对辨认对象应当拍照，必要时可以对辨认过程进行录音、录像。

第二百六十二条 人民检察院主持进行辨认，可以商请公安机关参加或者协助。

第十节　技术侦查措施

第二百六十三条 人民检察院在立案后，对于涉案数额在十万元以上、采取其他方法难以收集证据的重大贪污、贿赂犯罪案件以及利用职权实施的严重侵犯公民人身权利的重大犯罪案件，经过严格的批准手续，可以采取技术侦查措施，交有关机关执行。

本条规定的贪污、贿赂犯罪包括刑法分则第八章规定的贪污罪、受贿罪、单位受贿罪、行贿罪、对单位行贿罪、介绍贿赂罪、单位行贿罪、利用影响力受贿罪。

本条规定的利用职权实施的严重侵犯公民人身权利的重大犯罪案件包括有重大社会影响的、造成严重后果的或者情节特别严重的非法拘禁、非法搜查、刑讯逼供、暴力取证、虐待被监管人、报复陷害等案件。

第二百六十四条 人民检察院办理直接受理立案侦查的案件，需要追捕被通缉或者批准、决定逮捕的在逃的犯罪嫌疑人、被告人的，经过批准，可以采取追捕所必需的技术侦查措施，不受本规则第二百六十三条规定的案件范围的限制。

第二百六十五条 人民检察院采取技术侦查措施应当根据侦查犯罪的需要，确定采取技术侦查措施的种类和适用对象，按照有关规定报请批准。批准决定自签发之日起三个月以内有效。对于不需要继续采取技术侦查措施的，应当及时解除；对于复杂、疑难案件，期限届满仍有必要继续采取技术侦查措施的，应当在期限届满前十日以内制作呈请延长技术

侦查措施期限报告书，写明延长的期限及理由，经过原批准机关批准，有效期可以延长，每次不得超过三个月。

采取技术侦查措施收集的材料作为证据使用的，批准采取技术侦查措施的法律决定文书应当附卷，辩护律师可以依法查阅、摘抄、复制。

第二百六十六条 采取技术侦查措施收集的物证、书证及其他证据材料，侦查人员应当制作相应的说明材料，写明获取证据的时间、地点、数量、特征以及采取技术侦查措施的批准机关、种类等，并签名和盖章。

对于使用技术侦查措施获取的证据材料，如果可能危及特定人员的人身安全、涉及国家秘密或者公开后可能暴露侦查秘密或者严重损害商业秘密、个人隐私的，应当采取不暴露有关人员身份、技术方法等保护措施。在必要的时候，可以建议不在法庭上质证，由审判人员在庭外对证据进行核实。

第二百六十七条 检察人员对采取技术侦查措施过程中知悉的国家秘

密、商业秘密和个人隐私，应当保密；对采取技术侦查措施获取的与案件无关的材料，应当及时销毁，并对销毁情况制作记录。

采取技术侦查措施获取的证据、线索及其他有关材料，只能用于对犯罪的侦查、起诉和审判，不得用于其他用途。

第十一节　通缉

第二百六十八条　人民检察院办理直接受理立案侦查的案件，应当逮捕的犯罪嫌疑人如果在逃，或者已被逮捕的犯罪嫌疑人脱逃的，经检察长批准，可以通缉。

第二百六十九条　各级人民检察院需要在本辖区内通缉犯罪嫌疑人的，可以直接决定通缉；需要在本辖区外通缉犯罪嫌疑人的，由有决定权的上级人民检察院决定。

第二百七十条　人民检察院应当将通缉通知书和通缉对象的照片、身份、特征、案情简况送达公安机关，由公安机关发布通缉令，追捕归案。

第二百七十一条　为防止犯罪嫌疑人等涉案人员逃往境外，需要在边防口岸采取边控措施的，人民检察院应当按照有关规定制作边控对象通知书，商请公安机关办理边控手续。

第二百七十二条　人民检察院应当及时了解通缉的执行情况。

第二百七十三条　对于应当逮捕的犯罪嫌疑人，如果潜逃出境，可以按照有关规定层报最高人民检察院商请国际刑警组织中国国家中心局，请求有关方面协助，或者通过其他法律规定的途径进行追捕。

第十二节　侦查终结

第二百七十四条　对犯罪嫌疑人逮捕后的侦查羁押期限不得超过二个月。基层人民检察院，分、州、市人民检察院和省级人民检察院直接受理立案侦查的案件，案情复杂、期限届满不能终结的案件，可以经上一级人民检察院批准延长一个月。

第二百七十五条　基层人民检察院和分、州、市人民检察院直接受理立案侦查的案件，属于交通十分不便的边远地区的重大复杂案件、重大的犯罪集团案件、流窜作案的重大复杂案件和犯罪涉及面广、取证困难的重大复杂案件，在依照本规则第二百七十四条规定的期限届满前不能侦查终结的，经省、自治区、直辖市人民检察院批准，可以延长二个月。

省级人民检察院直接受理立案侦查的案件，属于上述情形的，可以直接决定延长二个月。

第二百七十六条　基层人民检察院和分、州、市人民检察院直接受理立案侦查的案件，对犯罪嫌疑人可能判处十年有期徒刑以上刑罚，依照本规则第二百七十五条的规定依法延长羁押期限届满，仍不能侦查终结的，经省、自治区、直辖市人民检察院批准，可以再延长二个月。

省级人民检察院直接受理立案侦查的案件，属于上述情形的，可以直接决定再延长二个月。

第二百七十七条　最高人民检察院直接受理立案侦查的案件，依照刑事诉讼法的规定需要延长侦查羁押期限的，直接决定延长侦查羁押期限。

第二百七十八条　公安机关需要延长侦查羁押期限的，应当在侦查羁押期限届满七日前，向同级人民检察院移送延长侦查羁押期限意见书，写明案件的主要案情和延长侦查羁押期限的具体理由。

人民检察院直接立案侦查的案件，侦查部门认为需要延长侦查羁押期限的，应当按照本条第一款的规定向本院侦查监督部门移送延长侦查羁押期限的意见及有关材料。

第二百七十九条　人民检察院审查批准或者决定延长侦查羁押期限，由侦查监督部门办理。

受理案件的人民检察院侦查监督部门对延长侦查羁押期限的意见审查后，应当提出是否同意延长侦查羁押期限的意见，报检察长决定后，将侦查机关延长侦查羁押期限的意见和本院的审查意见层报有决定权的人民检察院审查决定。有决定权的人民检察院应当在查羁押期限届满前作出是否批准延长侦查羁押期限的决定,并交由受理案件的人民检察院侦查监督部门送达公安机关或者本院侦查部门。

第二百八十条 因为特殊原因,在较长时间内不宜交付审判的特别重大复杂的案件,由最高人民检察院报请全国人民代表大会常务委员会批准延期审理。

第二百八十一条 人民检察院在侦查期间发现犯罪嫌疑人另有重要罪行的,自发现之日起依照本规则第二百七十四条的规定重新计算侦查羁押期限。

另有重要罪行是指与逮捕时的罪行不同种的重大犯罪和同种的影响罪名认定、量刑档次的重大犯罪。

第二百八十二条 人民检察院重新计算侦查羁押期限,应当由侦查部门提出重新计算侦查羁押期限的意见,移送本院侦查监督部门审查。侦查监督部门审查后应当提出是否同意重新计算侦查羁押期限的意见,报检察长决定。

第二百八十三条 对公安机关重新计算侦查羁押期限的备案,由侦查监督部门审查。侦查监督部门认为公安机关重新计算侦查羁押期限不当的,应当提出纠正意见,报检察长决定后,通知公安机关纠正。

第二百八十四条 人民检察院直接受理立案侦查的案件,不能在法定侦查羁押期限内侦查终结的,应当依法释放犯罪嫌疑人或者变更强制措施。

第二百八十五条 侦查监督部门审查延长侦查羁押期限、审查重新计算侦查羁押期限案件,可以讯问犯罪嫌疑人,听取律师意见,调取案卷及相关材料等。

第二百八十六条 人民检察院经过侦查,认为犯罪事实清楚,证据确实、充分,依法应当追究刑事责任的案件,应当写出侦查终结报告,并且制作起诉意见书。

对于犯罪情节轻微,依照刑法规定不需要判处刑罚或者免除刑罚的案件，应当写出侦查终结报告，并且制作不起诉意见书。

侦查终结报告和起诉意见书或者不起诉意见书由侦查部门负责人审核，检察长批准。

第二百八十七条　提出起诉意见或者不起诉意见的，侦查部门应当将起诉意见书或者不起诉意见书，查封、扣押、冻结的犯罪嫌疑人的财物及其孳息、文件清单以及对查封、扣押、冻结的涉案款物的处理意见和其他案卷材料，一并移送本院公诉部门审查。国家或者集体财产遭受损失的，在提出提起公诉意见的同时，可以提出提起附带民事诉讼的意见。

第二百八十八条　在案件侦查过程中，犯罪嫌疑人委托辩护律师的，检察人员可以听取辩护律师的意见。

辩护律师要求当面提出意见的，检察人员应当听取意见，并制作笔录附卷。辩护律师提出书面意见的，应当附卷。

案件侦查终结移送审查起诉时，人民检察院应当同时将案件移送情况告知犯罪嫌疑人及其辩护律师。

第二百八十九条　上级人民检察院侦查终结的案件，依照刑事诉讼法的规定应当由下级人民检察院提起公诉或者不起诉的，应当将有关决定、侦查终结报告连同案卷材料、证据移送下级人民检察院，由下级人民检察院按照上级人民检察院有关决定交侦查部门制作起诉意见书或者不起诉意见书，移送本院公诉部门审查。

下级人民检察院公诉部门认为应当对案件补充侦查的，可以退回本院侦查部门补充侦查，上级人民检察院侦查部门应当协助。

下级人民检察院认为上级人民检察院的决定有错误的，可以向上级人民检察院提请复议，上级人民检察院维持原决定的，下级人民检察院应当执行。

第二百九十条　人民检察院在侦查过程中或者侦查终结后，发现具有下列情形之一的，侦查部门应当制作拟撤销案件意见书，报请检察长或者检察委员会决定：

（一）具有刑事诉讼法第十五条规定情形之一的；

（二）没有犯罪事实的，或者依照刑法规定不负刑事责任或者不是犯罪的；

（三）虽有犯罪事实，但不是犯罪嫌疑人所为的。

对于共同犯罪的案件，如有符合本条规定情形的犯罪嫌疑人，应当撤销对该犯罪嫌疑人的立案。

第二百九十一条 检察长或者检察委员会决定撤销案件的，侦查部门应当将撤销案件意见书连同本案全部案卷材料，在法定期限届满七日前报上一级人民检察院审查；重大、复杂案件在法定期限届满十日前报上一级人民检察院审查。

对于共同犯罪案件，应当将处理同案犯罪嫌疑人的有关法律文书以及案件事实、证据材料复印件等，一并报送上一级人民检察院。

上一级人民检察院侦查部门应当对案件事实、证据和适用法律进行全面审查，必要时可以讯问犯罪嫌疑人。

上一级人民检察院侦查部门经审查后，应当提出是否同意撤销案件的意见，报请检察长或者检察委员会决定。

人民检察院决定撤销案件的，应当告知控告人、举报人，听取其意见并记明笔录。

第二百九十二条 上一级人民检察院审查下级人民检察院报送的拟撤销案件，应当于收到案件后七日以内批复；重大、复杂案件，应当于收到案件后十日以内批复下级人民检察院。情况紧急或者因其他特殊原因不能按时送达的，可以先行通知下级人民检察院执行。

第二百九十三条 上一级人民检察院同意撤销案件的，下级人民检察院应当作出撤销案件决定，并制作撤销案件决定书。上一级人民检察院不同意撤销案件的，下级人民检察院应当执行上一级人民检察院的决定。

报请上一级人民检察院审查期间，犯罪嫌疑人羁押期限届满的，应当依法释放犯罪嫌疑人或者变更强制措施。

第二百九十四条　撤销案件的决定，应当分别送达犯罪嫌疑人所在单位和犯罪嫌疑人。犯罪嫌疑人死亡的，应当送达犯罪嫌疑人原所在单位。如果犯罪嫌疑人在押，应当制作决定释放通知书，通知公安机关依法释放。

第二百九十五条　人民检察院作出撤销案件决定的，侦查部门应当在三十日以内对犯罪嫌疑人的违法所得作出处理，并制作查封、扣押、冻结款物的处理报告，详细列明每一项款物的来源、去向并附有关法律文书复印件，报检察长审核后存入案卷，并在撤销案件决定书中写明对查封、扣押、冻结的涉案款物的处理结果。情况特殊的，经检察长决定，可以延长三十日。

第二百九十六条　人民检察院撤销案件时，对犯罪嫌疑人的违法所得应当区分不同情形，作出相应处理。

因犯罪嫌疑人死亡而撤销案件，依照刑法规定应当追缴其违法所得及其他涉案财产的，按照本规则第十三章第三节的规定办理。

因其他原因撤销案件，对于查封、扣押、冻结的犯罪嫌疑人违法所得及其他涉案财产需要没收的，应当提出检察建议，移送有关主管机关处理。

对于冻结的犯罪嫌疑人存款、汇款、债券、股票、基金份额等财产需要返还被害人的，可以通知金融机构返还被害人；对于查封、扣押的犯罪嫌疑人的违法所得及其他涉案财产需要返还被害人的，直接决定返还被害人。

人民检察院申请人民法院裁定处理犯罪嫌疑人涉案财产的，应当向人民法院移送有关案件材料。

第二百九十七条　人民检察院撤销案件时，对查封、扣押、冻结的犯罪嫌疑人的涉案财产需要返还犯罪嫌疑人的，应当解除查封、扣押或者书面通知有关金融机构解除冻结，返还犯罪嫌疑人或者其合法继承人。

第二百九十八条　查封、扣押、冻结的款物，除依法应当返还被害人或者经查明确实与案件无关的以外,不得在诉讼程序终结之前处理。法律和有关规定另有规定的除外。

第二百九十九条 处理查封、扣押、冻结的涉案款物,应当由办案机关提出意见,报请检察长决定。负责保管涉案款物的管理部门会同办案机关办理相关的处理手续。

人民检察院向其他机关移送的案件需要随案移送扣押、冻结的涉案款物的,按照前款的规定办理。

第三百条 人民检察院直接受理立案侦查的共同犯罪案件,如果同案犯罪嫌疑人在逃,但在案犯罪嫌疑人犯罪事实清楚,证据确实、充分的,对在案犯罪嫌疑人应当根据本规则第二百八十六条的规定分别移送审查起诉或者移送审查不起诉。

由于同案犯罪嫌疑人在逃,在案犯罪嫌疑人的犯罪事实无法查清的,对在案犯罪嫌疑人应当根据案件的不同情况分别报请延长侦查羁押期限、变更强制措施或者解除强制措施。

第三百零一条 人民检察院直接受理立案侦查的案件,对犯罪嫌疑人没有采取取保候审、监视居住、拘留或者逮捕措施的,侦查部门应当在立案后二年以内提出移送审查起诉、移送审查不起诉或者撤销案件的意见;对犯罪嫌疑人采取取保候审、监视居住、拘留或者逮捕措施的,侦查部门应当在解除或者撤销强制措施后一年以内提出移送审查起诉、移送审查不起诉或者撤销案件的意见。

第三百零二条 人民检察院直接受理立案侦查的案件,撤销案件以后,又发现新的事实或者证据,认为有犯罪事实需要追究刑事责任的,可以重新立案侦查。

公安机关办理刑事案件程序规定

（节选）

第五章　证据

第五十六条　可以用于证明案件事实的材料，都是证据。

证据包括：

（一）物证；

（二）书证；

（三）证人证言；

（四）被害人陈述；

（五）犯罪嫌疑人供述和辩解；

（六）鉴定意见；

（七）勘验、检查、侦查实验、搜查、查封、扣押、提取、辨认等笔录；

（八）视听资料、电子数据。

证据必须经过查证属实，才能作为认定案件事实的根据。

第五十七条　公安机关必须依照法定程序，收集能够证实犯罪嫌疑人有罪或者无罪、犯罪情节轻重的各种证据。必须保证一切与案件有关或者了解案情的公民，有客观地充分地提供证据的条件，除特殊情况外，可以吸收他们协助调查。

第五十八条　公安机关向有关单位和个人收集、调取证据时，应当告知其必须如实提供证据。

对涉及国家秘密、商业秘密、个人隐私的证据，应当保密。

对于伪造证据、隐匿证据或者毁灭证据的，应当追究其法律责任。

第五十九条 公安机关向有关单位和个人调取证据,应当经办案机关负责人批准,开具调取证据通知书。被调取单位、个人应当在通知书上盖章或者签名,拒绝盖章或者签名的,公安机关应当注明。必要时,应当采信录音或者录像等方式固定证据内容及取证过程。

第六十条 公安机关接受或者依法调取的行政机关在行政执法和查办案件过程中收集的物证、书证、视听资料、电子数据、检验报告、鉴定意见、勘验笔录、检查笔录等证据材料,可以作为证据使用。

第六十一条 收集、调取的物证应当是原物。只有在原物不便搬运、不易保存或者依法应当由有关部门保管、处理或者依法应当返还时,才可以拍摄或者制作足以反映原物外形或者内容的照片、录像或者复制品。

物证的照片、录像或者复制品经与原物核实无误或者经鉴定证明为真实的,或者以其他方式确能证明其真实的,可以作为证据使用。原物的照片、录像或者复制品,不能反映原物的外形和特征的,不能作为证据使用。

第六十二条 收集、调取的书证应当是原件。只有在取得原件确有困难时,才可以使用副本或者复制件。

书证的副本、复制件,经与原件核实无误或者经鉴定证明为真实的,或者以其他方式确能证明其真实的,可以作为证据使用。书证有更改或者更改迹象不能作出合理解释的,或者书证的副本、复制件不能反映书证原件及其内容的,不能作为证据使用。

第六十三条 物证的照片、录像或者复制品,书证的副本、复制件,视听资料、电子数据的复制件,应当附有关制作过程及原件、原物存放处的文字说明,并由制作人和物品持有人或者物品持有单位有关人员签名。

第六十四条 公安机关提请批准逮捕书、起诉意见书必须忠实于事实真相。故意隐瞒事实真相的,应当依法追究责任。

第六十五条 需要查明的案件事实包括:

(一)犯罪行为是否存在;

（二）实施犯罪行为的时间、地点、手段、后果以及其他情节；

（三）犯罪行为是否为犯罪嫌疑人实施；

（四）犯罪嫌疑人的身份；

（五）犯罪嫌疑人实施犯罪行为的动机、目的；

（六）犯罪嫌疑人的责任以及与其他同案人的关系；

（七）犯罪嫌疑人有无法定从重、从轻、减轻处罚以及免除处罚的情节；

（八）其他与案件有关的事实。

第六十六条　公安机关移送审查起诉的案件，应当做到犯罪事实清楚，证据确实、充分。

证据确实、充分，应当符合以下条件：

（一）认定的案件事实都有证据证明；

（二）认定案件事实的证据均经法定程序查证属实；

（三）综合全案证据，对所认定事实已排除合理怀疑。

对证据的审查，应当结合案件的具体情况，从各证据与待证事实的关联程度、各证据之间的联系等方面进行审查判断。

只有犯罪嫌疑人供述，没有其他证据的，不能认定案件事实；没有犯罪嫌疑人供述，证据确实、充分的，可以认定案件事实。

第六十七条　采信刑讯逼供等非法方法收集的犯罪嫌疑人供述和采信暴力、威胁等非法方法收集的证人证言、被害人陈述，应当予以排除。

收集物证、书证违反法定程序，可能严重影响司法公正的，应当予以补正或者作出合理解释；不能补正或者作出合理解释的，对该证据应当予以排除。

在侦查阶段发现有应当排除的证据的，经县级以上公安机关负责人批准，应当依法予以排除，不得作为提请批准逮捕、移送审查起诉的依据。

人民检察院认为可能存在以非法方法收集证据情形，要求公安机关进行说明的，公安机关应当及时进行调查，并向人民检察院作出书面说明。

第六十八条 人民法院认为现有证据材料不能证明证据收集的合法性,通知有关侦查人员或者其他人员出庭说明情况的,有关侦查人员或者其他人员应当出庭。必要时,有关侦查人员或者其他人员也可以要求出庭说明情况。

经人民法院通知,人民警察应当就其执行职务时目击的犯罪情况出庭作证。

第六十九条 凡是知道案件情况的人,都有作证的义务。

生理上、精神上有缺陷或者年幼,不能辨别是非,不能正确表达的人,不能作证人。

对于证人能否辨别是非,能否正确表达,必要时可以进行审查或者鉴别。

第七十条 公安机关应当保障证人及其近亲属的安全。

对证人及其近亲属进行威胁、侮辱、殴打或者打击报复,构成犯罪的,依法追究刑事责任;尚不够刑事处罚的,依法给予治安管理处罚。

第七十一条 对危害国家安全犯罪、恐怖活动犯罪、黑社会性质的组织犯罪、毒品犯罪等案件,证人、鉴定人、被害人因在侦查过程中作证,本人或者其近亲属的人身安全面临危险的,公安机关应当采取以下一项或者多项保护措施:

(一)不公开真实姓名、住址和工作单位等个人信息;

(二)禁止特定的人员接触证人、鉴定人、被害人及其近亲属;

(三)对人身和住宅采取专门性保护措施;

(四)其他必要的保护措施。

证人、鉴定人、被害人认为因在侦查过程中作证,本人或者其近亲属的人身安全面临危险,向公安机关请求予以保护,公安机关经审查认为符合前款规定的条件,确有必要采取保护措施的,应当采取上述一项或者多项保护措施。

公安机关依法采取保护措施，可以要求有关单位和个人配合。

案件移送审查起诉时，应当将采取保护措施的相关情况一并移交人民检察院。

第七十二条　公安机关依法决定不公开证人、鉴定人、被害人的真实姓名、住址和工作单位等个人信息的，可以在起诉意见书、询问笔录等法律文书、证据材料中使用化名等代替证人、鉴定人、被害人的个人信息。但是，应当另行书面说明使用化名的情况并标明密级，单独成卷。

第七十三条　证人保护工作所必需的人员、经费、装备等，应当予以保障。

证人因履行作证义务而支出的交通、住宿、就餐等费用，应当给予补助。证人作证的补助列入公安机关业务经费。

第八章　侦查

第一节　一般规定

第一百八十七条　公安机关对已经立案的刑事案件，应当及时进行侦查，全面、客观地收集、调取犯罪嫌疑人有罪或者无罪、罪轻或者罪重的证据材料。

第一百八十八条　公安机关经过侦查，对有证据证明有犯罪事实的案件，应当进行预审，对收集、调取的证据材料的真实性、合法性及证明力予以审查、核实。

第一百八十九条　公安机关侦查犯罪，应当严格依照法律规定的条件和程序采取强制措施和侦查措施，严禁在没有证据的情况下，仅凭怀疑就对犯罪嫌疑人采取强制措施和侦查措施。

第一百九十条　公安机关侦查犯罪，涉及国家秘密、商业秘密、个人隐私的，应当保密。

第一百九十一条　当事人和辩护人、诉讼代理人、利害关系人对于公安机关及其侦查人员有下列行为之一的，有权向该机关申诉或者控告：

（一）采取强制措施法定期限届满，不予以释放、解除或者变更的；

（二）应当退还取保候审保证金不退还的；

（三）对与案件无关的财物采取查封、扣押、冻结措施的；

（四）应当解除查封、扣押、冻结不解除的；

（五）贪污、挪用、私分、调换、违反规定使用查封、扣押、冻结的财物的。

受理申诉或者控告的公安机关应当及时进行调查核实，并在收到申诉、控告之日起三十日以内作出处理决定，书面回复申诉人、控告人。发现公安机关及其侦查人员有上述行为之一的，应当立即纠正。

第一百九十二条 上级公安机关发现下级公安机关存在本规定第一百九十一条第一款规定的违法行为或者对申诉、控告事项不按照规定处理的，应当责令下级公安机关限期纠正，下级公安机关应当立即执行。必要时，上级公安机关可以就申诉、控告事项直接作出处理决定。

第二节 讯问犯罪嫌疑人

第一百九十三条 公安机关对于不需要拘留、逮捕的犯罪嫌疑人，经办案机关负责人批准，可以传唤到犯罪嫌疑人所在市、县内的指定地点或者到他的住处进行讯问。

第一百九十四条 传唤犯罪嫌疑人时，应当出示传唤证和侦查人员的工作证件，并责令其在传唤证上签名、捺指印。

犯罪嫌疑人到案后，应当由其在传唤证上填写到案时间。传唤结束时，应当由其在传唤证上填写传唤结束时间。犯罪嫌疑人拒绝填写的，侦查人员应当在传唤证上注明。

对在现场发现的犯罪嫌疑人，侦查人员经出示工作证件，可以口头传唤，并将传唤的原因和依据告知被传唤人。在讯问笔录中应当注明犯罪嫌疑人到案方式，并由犯罪嫌疑人注明到案时间和传唤结束时间。

对自动投案或者群众扭送到公安机关的犯罪嫌疑人，可以依法传唤。

第一百九十五条　传唤持续的时间不得超过十二小时。案情特别重大、复杂,需要采取拘留、逮捕措施的,经办案机关负责人批准,传唤持续的时间不得超过二十四小时。不得以连续传唤的形式变相拘禁犯罪嫌疑人。

传唤期限届满,未作出采取其他强制措施决定的,应当立即结束传唤。

第一百九十六条　传唤、拘传、讯问犯罪嫌疑人,应当保证犯罪嫌疑人的饮食和必要的休息时间,并记录在案。

第一百九十七条　讯问犯罪嫌疑人,必须由侦查人员进行。讯问的时候,侦查人员不得少于二人。

讯问同案的犯罪嫌疑人,应当个别进行。

第一百九十八条　侦查人员讯问犯罪嫌疑人时,应当首先讯问犯罪嫌疑人是否有犯罪行为,并告知犯罪嫌疑人如实供述自己罪行可以从轻或者减轻处罚的法律规定,让他陈述有罪的情节或者无罪的辩解,然后向他提出问题。

犯罪嫌疑人对侦查人员的提问,应当如实回答。但是对与本案无关的问题,有拒绝回答的权利。

第一次讯问,应当问明犯罪嫌疑人的姓名、别名、曾用名、出生年月日、户籍所在地、现住地、籍贯、出生地、民族、职业、文化程度、家庭情况、社会经历、是否属于人大代表、政协委员、是否受过刑事处罚或者行政处理等情况。

第一百九十九条　讯问聋、哑的犯罪嫌疑人,应当有通晓聋、哑手势的人参加,并在讯问笔录上注明犯罪嫌疑人的聋、哑情况,以及翻译人员的姓名、工作单位和职业。

讯问不通晓当地语言文字的犯罪嫌疑人,应当配备翻译人员。

第二百条　侦查人员应当将问话和犯罪嫌疑人的供述或者辩解如实地记录清楚。制作讯问笔录应当使用能够长期保持字迹的材料。

第二百零一条　讯问笔录应当交犯罪嫌疑人核对或者向他宣读。如果记录有遗漏或者差错,应当允许犯罪嫌疑人补充或者更正,并捺指印。笔录经犯罪嫌疑人核对无误后,应当由其在笔录上逐页签名、捺指印,并在末页写明“以上笔录我看过(或向我宣读过),和我说的相符”。拒绝签名、捺指印的,侦查人员应当在笔录上注明。

讯问笔录上所列项目,应当按照规定填写齐全。侦查人员、翻译人员应当在讯问笔录上签名。

第二百零二条 犯罪嫌疑人请求自行书写供述的,应当准许;必要时,侦查人员也可以要求犯罪嫌疑人亲笔书写供词。犯罪嫌疑人应当在亲笔供词上逐页签名、捺指印。侦查人员收到后,应当在首页右上方写明“于某年某月某日收到”,并签名。

第二百零三条 讯问犯罪嫌疑人,在文字记录的同时,可以对讯问过程进行录音或者录像。对于可能判处无期徒刑、死刑的案件或者其他重大犯罪案件,应当对讯问过程进行录音或者录像。

前款规定的“可能判处无期徒刑、死刑的案件”,是指应当适用的法定刑或者量刑档次包含无期徒刑、死刑的案件。“其他重大犯罪案件”,是指致人重伤、死亡的严重危害公共安全犯罪、严重侵犯公民人身权利犯罪,以及黑社会性质组织犯罪、严重毒品犯罪等重大故意犯罪案件。

对讯问过程录音或者录像的,应当对每一次讯问全程不间断进行,保持完整性。不得选择性地录制,不得剪接、删改。

第二百零四条 对犯罪嫌疑人供述的犯罪事实、无罪或者罪轻的事实、申辩和反证,以及犯罪嫌疑人提供的证明自己无罪、罪轻的证据,公安机关应当认真核查;对有关证据,无论是否采信,都应当如实记录、妥善保管,并连同核查情况附卷。

第三节 询问证人、被害人

第二百零五条 询问证人、被害人,可以在现场进行,也可以到证人、被害人所在单位、住处或者证人、被害人提出的地点进行。在必要的时候,可以通知证人、被害人到公安机关提供证言。

询问证人、被害人应当个别进行。

在现场询问证人、被害人,侦查人员应当出示工作证件。到证人、被害人所在单位、住处或者证人、被害人提出的地点询问证人、被害人,应当经办案机关负责人批准,制作询问通知书。询问前,侦查人员应当出示询问通知书和工作证件。

第二百零六条 询问前,应当了解证人、被害人的身份,证人、犯罪嫌疑人、被害人之间的关系。询问时,应当告知证人、被害人必须如实地提供证据、证言和有意作伪证或者隐匿罪证应负的法律责任。

侦查人员不得向证人、被害人泄露案情或者表示对案件的看法,严禁采信暴力、威胁等非法方法询问证人、被害人。

第二百零七条 本规定第二百零一条、第二百零二条的规定,也适用于询问证人、被害人。

第四节 勘验、检查

第二百零八条 侦查人员对于与犯罪有关的场所、物品、人身、尸体应当进行勘验或者检查,及时提取、采集与案件有关的痕迹、物证、生物样本等。在必要的时候,可以指派或者聘请具有专门知识的人,在侦查人员的主持下进行勘验、检查。

第二百零九条 发案地派出所、巡警等部门应当妥善保护犯罪现场和证据,控制犯罪嫌疑人,并立即报告公安机关主管部门。

执行勘查的侦查人员接到通知后,应当立即赶赴现场;勘查现场,应当持有刑事犯罪现场勘查证。

第二百一十条 公安机关对案件现场进行勘查不得少于二人。勘查现场时,应当邀请与案件无关的公民作为见证人。

第二百一十一条 勘查现场,应当拍摄现场照片、绘制现场图,制作笔录,由参加勘查的人和见证人签名。对重大案件的现场,应当录像。

第二百一十二条 为了确定被害人、犯罪嫌疑人的某些特征、伤害情况或者生理状态，可以对人身进行检查，提取指纹信息，采集血液、尿液等生物样本。被害人死亡的，应当通过被害人近亲属辨认、提取生物样本鉴定等方式确定被害人身份。

犯罪嫌疑人如果拒绝检查、提取、采集的，侦查人员认为必要的时候，经办案机关负责人批准，可以强制检查、提取、采集。

检查妇女的身体，应当由女工作人员或者医师进行。

检查的情况应当制作笔录，由参加检查的侦查人员、检查人员、被检查人员和见证人签名。被检查人员拒绝签名的，侦查人员应当在笔录中注明。

第二百一十三条　为了确定死因，经县级以上公安机关负责人批准，可以解剖尸体，并且通知死者家属到场，让其在解剖尸体通知书上签名。

死者家属无正当理由拒不到场或者拒绝签名的，侦查人员应当在解剖尸体通知书上注明。对身份不明的尸体，无法通知死者家属的，应当在笔录中注明。

第二百一十四条　对已查明死因，没有继续保存必要的尸体，应当通知家属领回处理，对于无法通知或者通知后家属拒绝领回的，经县级以上公安机关负责人批准，可以及时处理。

第二百一十五条　公安机关进行勘验、检查后，人民检察院要求复验、复查的，公安机关应当进行复验、复查，并可以通知人民检察院派员参加。

第二百一十六条　为了查明案情，在必要的时候，经县级以上公安机关负责人批准，可以进行侦查实验。

对侦查实验的经过和结果，应当制作侦查实验笔录，由参加实验的人签名。必要时，应当对侦查实验过程进行录音或者录像。

进行侦查实验，禁止一切足以造成危险、侮辱人格或者有伤风化的行为。

第五节　搜查

第二百一十七条　为了收集犯罪证据、查获犯罪人，经县级以上公安机关负责人批准，侦查人员可以对犯罪嫌疑人以及可能隐藏罪犯或者犯罪证据的人的身体、物品、住处和其他有关的地方进行搜查。

第二百一十八条　进行搜查，必须向被搜查人出示搜查证，执行搜查的侦查人员不得少于二人。

第二百一十九条　执行拘留、逮捕的时候，遇有下列紧急情况之一的，不用搜查证也可以进行搜查：

（一）可能随身携带凶器的；

（二）可能隐藏爆炸、剧毒等危险物品的；

（三）可能隐匿、毁弃、转移犯罪证据的；

（四）可能隐匿其他犯罪嫌疑人的；

（五）其他突然发生的紧急情况。

第二百二十条　进行搜查时，应当有被搜查人或者他的家属、邻居或者其他见证人在场。

公安机关可以要求有关单位和个人交出可以证明犯罪嫌疑人有罪或者无罪的物证、书证、视听资料等证据。遇到阻碍搜查的，侦查人员可以强制搜查。

搜查妇女的身体，应当由女工作人员进行。

第二百二十一条　搜查的情况应当制作笔录，由侦查人员和被搜查人或者他的家属，邻居或者其他见证人签名。

如果被搜查人拒绝签名，或者被搜查人在逃，他的家属拒绝签名或者不在场的，侦查人员应当在笔录中注明。

第六节　查封、扣押

第二百二十二条　在侦查活动中发现的可用以证明犯罪嫌疑人有罪或者无罪的各种财物、文件，应当查封、扣押；但与案件无关的财物、文件，不得查封、扣押。

持有人拒绝交出应当查封、扣押的财物、文件的，公安机关可以强制查封、扣押。

第二百二十三条 在侦查过程中需要扣押财物、文件的,应当经办案机关负责人批准,制作扣押决定书;在现场勘查或者搜查中需要扣押财物、文件的,由现场指挥人员决定;但扣押财物、文件价值较高或者可能严重影响正常生产经营的,应当经县级以上公安机关负责人批准,制作扣押决定书。

在侦查过程中需要查封土地、房屋等不动产,或者船舶、航空器以及其他不宜移动的大型机器、设备等特定动产的,应当经县级以上公安机关负责人批准并制作查封决定书。

第二百二十四条 执行查封、扣押的侦查人员不得少于二人,并出示本规定第二百二十三条规定的有关法律文书。

查封、扣押的情况应当制作笔录,由侦查人员、持有人和见证人签名。对于无法确定持有人或者持有人拒绝签名的,侦查人员应当在笔录中注明。

第二百二十五条 对查封、扣押的财物和文件,应当会同在场见证人和被查封、扣押财物、文件的持有人查点清楚,当场开列查封、扣押清单一式三份,写明财物或者文件的名称、编号、数量、特征及其来源等,由侦查人员、持有人和见证人签名,一份交给持有人,一份交给公安机关保管人员,一份附卷备查。

对于无法确定持有人的财物、文件或者持有人拒绝签名的,侦查人员应当在清单中注明。

依法扣押文物、金银、珠宝、名贵字画等贵重财物的,应当拍照或者录像,并及时鉴定、估价。

第二百二十六条 对作为犯罪证据但不便提取的财物、文件,经登记、拍照或者录像、估价后,可以交财物、文件持有人保管或者封存,并且开具登记保存清单一式两份,由侦查人员、持有人和见证人签名,一份交给财物、文件持有人,另一份连同照片或者录像资料附卷备查。财物、文件持有人应当妥善保管,不得转移、变卖、毁损。

第二百二十七条　扣押犯罪嫌疑人的邮件、电子邮件、电报，应当经县级以上公安机关负责人批准，制作扣押邮件、电报通知书，通知邮电部门或者网络服务单位检交扣押。

不需要继续扣押的时候，应当经县级以上公安机关负责人批准，制作解除扣押邮件、电报通知书，立即通知邮电部门或者网络服务单位。

第二百二十八条　对查封、扣押的财物、文件、邮件、电子邮件、电报，经查明确实与案件无关的，应当在三日以内解除查封、扣押，退还原主或者原邮电部门、网络服务单位；原主不明确的，应当采取公告方式告知原主认领。在通知原主或者公告后六个月以内，无人认领的，按照无主财物处理，登记后上缴国库。

第二百二十九条　对被害人的合法财产及其孳息权属明确无争议，并且涉嫌犯罪事实已经查证属实的，应当在登记、拍照或者录像、估价后及时返还，并在案卷中注明返还的理由，将原物照片、清单和被害人的领取手续存卷备查。

查找不到被害人，或者通知被害人后，无人领取的，应当将有关财产及其孳息随案移送。

第二百三十条　对查封、扣押的财物及其孳息、文件，公安机关应当妥善保管，以供核查。任何单位和个人不得使用、调换、损毁或者自行处理。

对容易腐烂变质及其他不易保管的财物，可以根据具体情况，经县级以上公安机关负责人批准，在拍照或者录像后委托有关部门变卖、拍卖，变卖、拍卖的价款暂予保存，待诉讼终结后一并处理。

对违禁品，应当依照国家有关规定处理；对于需要作为证据使用的，应当在诉讼终结后处理

第七节　查询、冻结

第二百三十一条　公安机关根据侦查犯罪的需要，可以依照规定查询、冻结犯罪嫌疑人的存款、汇款、债券、股票、基金份额等财产，并可以要求有

关单位和个人配合。

第二百三十二条 向金融机构等单位查询犯罪嫌疑人的存款、汇款、债券、股票、基金份额等财产，应当经县级以上公安机关负责人批准，制作协助查询财产通知书，通知金融机构等单位执行。

第二百三十三条 需要冻结犯罪嫌疑人在金融机构等单位的存款、汇款、债券、股票、基金份额等财产的，应当经县级以上公安机关负责人批准，制作协助冻结财产通知书，通知金融机构等单位执行。

第二百三十四条 不需要继续冻结犯罪嫌疑人存款、汇款、债券、股票、基金份额等财产时，应当经县级以上公安机关负责人批准，制作协助解除冻结财产通知书，通知金融机构等单位执行。

第二百三十五条 犯罪嫌疑人的存款、汇款、债券、股票、基金份额等财产已被冻结的，不得重复冻结，但可以轮候冻结。

第二百三十六条 冻结存款、汇款等财产的期限为六个月。冻结债券、股票、基金份额等证券的期限为二年。有特殊原因需要延长期限的，公安机关应当在冻结期限届满前办理继续冻结手续。每次续冻存款、汇款等财产的期限最长不得超过六个月；每次续冻债券、股票、基金份额等证券的期限最长不得超过二年。继续冻结的，应当按照本规定第二百三十三条的规定重新办理冻结手续。逾期不办理继续冻结手续的，视为自动解除冻结。

第二百三十七条 对冻结的债券、股票、基金份额等财产，应当告知当事人或者其法定代理人、委托代理人有权申请出售。

权利人书面申请出售被冻结的债券、股票、基金份额等财产，不损害国家利益、被害人、其他权利人利益，不影响诉讼正常进行的，以及冻结的汇票、本票、支票的有效期即将届满的，经县级以上公安机关负责人批准，可以依法出售或者变现，所得价款应当继续冻结在其对应的银行账户中；没有对应的银行账户的，所得价款由公安机关在银行指定专门账户保管，并及时告知当事人或者其近亲属。

第二百三十八条　对冻结的存款、汇款、债券、股票、基金份额等财产，经查明确实与案件无关的，应当在三日以内通知金融机构等单位解除冻结，并通知被冻结存款、汇款、债券、股票、基金份额等财产的所有人。

第八节　鉴定

第二百三十九条　为了查明案情，解决案件中某些专门性问题，应当指派、聘请有专门知识的人进行鉴定。

需要聘请有专门知识的人进行鉴定，应当经县级以上公安机关负责人批准后，制作鉴定聘请书。

第二百四十条　公安机关应当为鉴定人进行鉴定提供必要的条件，及时向鉴定人送交有关检材和对比样本等原始材料，介绍与鉴定有关的情况，并且明确提出要求鉴定解决的问题。

禁止暗示或者强迫鉴定人作出某种鉴定意见。

第二百四十一条　侦查人员应当做好检材的保管和送检工作，并注明检材送检环节的责任人，确保检材在流转环节中的同一性和不被污染。

第二百四十二条　鉴定人应当按照鉴定规则，运用科学方法独立进行鉴定。鉴定后，应当出具鉴定意见，并在鉴定意见书上签名，同时附上鉴定机构和鉴定人的资质证明或者其他证明文件。

多人参加鉴定，鉴定人有不同意见的，应当注明。

第二百四十三条　对鉴定意见，侦查人员应当进行审查。

对经审查作为证据使用的鉴定意见，公安机关应当及时告知犯罪嫌疑人、被害人或者其法定代理人。

第二百四十四条　犯罪嫌疑人、被害人对鉴定意见有异议提出申请，以及办案机关或者侦查人员对鉴定意见有疑义的，可以将鉴定意见送交其他有专门知识的人员提出意见。必要时，询问鉴定人并制作笔录附卷。

第二百四十五条　经审查，发现有下列情形之一的，经县级以上公安机关负责人批准，应当补充鉴定：

(一)鉴定内容有明显遗漏的;

(二)发现新的有鉴定意义的证物的;

(三)对鉴定证物有新的鉴定要求的;

(四)鉴定意见不完整,委托事项无法确定的;

(五)其他需要补充鉴定的情形。

经审查,不符合上述情形的,经县级以上公安机关负责人批准,作出不准予补充鉴定的决定,并在作出决定后三日以内书面通知申请人。

第二百四十六条 经审查,发现有下列情形之一的,经县级以上公安机关负责人批准,应当重新鉴定:

(一)鉴定程序违法或者违反相关专业技术要求的;

(二)鉴定机构、鉴定人不具备鉴定资质和条件的;

(三)鉴定人故意作虚假鉴定或者违反回避规定的;

(四)鉴定意见依据明显不足的;

(五)检材虚假或者被损坏的;

(六)其他应当重新鉴定的情形。

重新鉴定,应当另行指派或者聘请鉴定人。

经审查,不符合上述情形的,经县级以上公安机关负责人批准,作出不准予重新鉴定的决定,并在作出决定后三日以内书面通知申请人。

第二百四十七条 公诉人、当事人或者辩护人、诉讼代理人对鉴定意见有异议,经人民法院依法通知的,公安机关鉴定人应当出庭作证。

鉴定人故意作虚假鉴定的,应当依法追究其法律责任。

第二百四十八条 对犯罪嫌疑人作精神病鉴定的时间不计入办案期限,其他鉴定时间都应当计入办案期限。

第九节 辨认

第二百四十九条 为了查明案情,在必要的时候,侦查人员可以让被害人、证人或者犯罪嫌疑人对与犯罪有关的物品、文件、尸体、场所或者犯罪嫌疑人进行辨认。

第二百五十条　辨认应当在侦查人员的主持下进行。主持辨认的侦查人员不得少于二人。

几名辨认人对同一辨认对象进行辨认时，应当由辨认人个别进行。

第二百五十一条　辨认时，应当将辨认对象混杂在特征相类似的其他对象中，不得给辨认人任何暗示。辨认犯罪嫌疑人时，被辨认的人数不得少于七人；对犯罪嫌疑人照片进行辨认的，不得少于十人的照片；辨认物品时，混杂的同类物品不得少于五件。

对场所、尸体等特定辨认对象进行辨认，或者辨认人能够准确描述物品独有特征的，陪衬物不受数量的限制。

第二百五十二条　对犯罪嫌疑人的辨认，辨认人不愿意公开进行时，可以在不暴露辨认人的情况下进行，并应当为其保守秘密。

第二百五十三条　对辨认经过和结果，应当制作辨认笔录，由侦查人员、辨认人、见证人签名。必要时，应当对辨认过程进行录音或者录像。

第十节　技术侦查

第二百五十四条　公安机关在立案后，根据侦查犯罪的需要，可以对下列严重危害社会的犯罪案件采取技术侦查措施：

（一）危害国家安全犯罪、恐怖活动犯罪、黑社会性质的组织犯罪、重大毒品犯罪案件；

（二）故意杀人、故意伤害致人重伤或者死亡、强奸、抢劫、绑架、放火、爆炸、投放危险物质等严重暴力犯罪案件；

（三）集团性、系列性、跨区域性重大犯罪案件；

（四）利用电信、计算机网络、寄递渠道等实施的重大犯罪案件，以及针对计算机网络实施的重大犯罪案件；

（五）其他严重危害社会的犯罪案件，依法可能判处七年以上有期徒刑的。

公安机关追捕被通缉或者批准、决定逮捕的在逃的犯罪嫌疑人、被告人，可以采取追捕所必需的技术侦查措施。

第二百五十五条 技术侦查措施是指由设区的市一级以上公安机关负责技术侦查的部门实施的记录监控、行踪监控、通信监控、场所监控等措施。

技术侦查措施的适用对象是犯罪嫌疑人、被告人以及与犯罪活动直接关联的人员。

第二百五十六条 需要采取技术侦查措施的，应当制作呈请采取技术侦查措施报告书，报设区的市一级以上公安机关负责人批准，制作采取技术侦查措施决定书。

人民检察院等部门决定采取技术侦查措施，交公安机关执行的，由设区的市一级以上公安机关按照规定办理相关手续后，交负责技术侦查的部门执行，并将执行情况通知人民检察院等部门。

第二百五十七条 批准采取技术侦查措施的决定自签发之日起三个月以内有效。

在有效期限内，对不需要继续采取技术侦查措施的，办案机关应当立即书面通知负责技术侦查的部门解除技术侦查措施；负责技术侦查的部门认为需要解除技术侦查措施的，报批准机关负责人批准，制作解除技术侦查措施决定书，并及时通知办案机关。

对复杂、疑难案件，采取技术侦查措施的有效期限届满仍需要继续采取技术侦查措施的，经负责技术侦查的部门审核后，报批准机关负责人批准，制作延长技术侦查措施期限决定书。批准延长期限，每次不得超过三个月。

有效期限届满，负责技术侦查的部门应当立即解除技术侦查措施。

第二百五十八条 采取技术侦查措施，必须严格按照批准的措施种类、适用对象和期限执行。

在有效期限内，需要变更技术侦查措施种类或者适用对象的，应当按照本规定第二百五十六条规定重新办理批准手续。

第二百五十九条　采取技术侦查措施收集的材料在刑事诉讼中可以作为证据使用。使用技术侦查措施收集的材料作为证据时，可能危及有关人员的人身安全，或者可能产生其他严重后果的，应当采取不暴露有关人员身份和使用的技术设备、侦查方法等保护措施。

采取技术侦查措施收集的材料作为证据使用的，采取技术侦查措施决定书应当附卷。

第二百六十条　采取技术侦查措施收集的材料，应当严格依照有关规定存放，只能用于对犯罪的侦查、起诉和审判，不得用于其他用途。

采取技术侦查措施收集的与案件无关的材料，必须及时销毁，并制作销毁记录。

第二百六十一条　侦查人员对采取技术侦查措施过程中知悉的国家秘密、商业秘密和个人隐私，应当保密。

公安机关依法采取技术侦查措施，有关单位和个人应当配合，并对有关情况予以保密。

第二百六十二条　为了查明案情，在必要的时候，经县级以上公安机关负责人决定，可以由侦查人员或者公安机关指定的其他人员隐匿身份实施侦查。

隐匿身份实施侦查时，不得使用促使他人产生犯罪意图的方法诱使他人犯罪，不得采信可能危害公共安全或者发生重大人身危险的方法。

第二百六十三条　对涉及给付毒品等违禁品或者财物的犯罪活动，为查明参与该项犯罪的人员和犯罪事实，根据侦查需要，经县级以上公安机关负责人决定，可以实施控制下交付。

第二百六十四条　公安机关依照本节规定实施隐匿身份侦查和控制下交付收集的材料在刑事诉讼中可以作为证据使用。

使用隐匿身份侦查和控制下交付收集的材料作为证据时，可能危及隐匿身份人员的人身安全，或者可能产生其他严重后果的，应当采取不暴露有关人员身份等保护措施。

第十一节　通缉

第二百六十五条　应当逮捕的犯罪嫌疑人如果在逃，公安机关可以发布通缉令，采取有效措施，追捕归案。

县级以上公安机关在自己管辖的地区内，可以直接发布通缉令；超出自己管辖的地区，应当报请有权决定的上级公安机关发布。

通缉令的发送范围，由签发通缉令的公安机关负责人决定。

第二百六十六条　通缉令中应当尽可能写明被通缉人的姓名、别名、曾用名、绰号、性别、年龄、民族、籍贯、出生地、户籍所在地、居住地、职业、身份证号码、衣着和体貌特征、口音、行为习惯，并附被通缉人近期照片，可以附指纹及其他物证的照片。除了必须保密的事项以外，应当写明发案的时间、地点和简要案情。

第二百六十七条　通缉令发出后，如果发现新的重要情况可以补发通报。通报必须注明原通缉令的编号和日期。

第二百六十八条　公安机关接到通缉令后，应当及时布置查缉。抓获犯罪嫌疑人后，报经县级以上公安机关负责人批准，凭通缉令或者相关法律文书羁押，并通知通缉令发布机关进行核实，办理交接手续。

第二百六十九条　需要对犯罪嫌疑人在口岸采取边控措施的，应当按照有关规定制作边控对象通知书，经县级以上公安机关负责人审核后，层报省级公安机关批准，办理全国范围内的边控措施。需要限制犯罪嫌疑人人身自由的，应当附有关法律文书。

紧急情况下，需要采取边控措施的，县级以上公安机关可以出具公函，先向当地边防检查站交控，但应当在七日以内按照规定程序办理全国范围内的边控措施。

第二百七十条　为发现重大犯罪线索，追缴涉案财物、证据，查获犯罪嫌疑人，必要时，经县级以上公安机关负责人批准，可以发布悬赏通告。

悬赏通告应当写明悬赏对象的基本情况和赏金的具体数额。

第二百七十一条　通缉令、悬赏通告应当广泛张贴，并可以通过广播、电视、报刊、计算机网络等方式发布。

第二百七十二条　经核实，犯罪嫌疑人已经自动投案、被击毙或者被抓获，以及发现有其他不需要采取通缉、边控、悬赏通告的情形的，发布机关应当在原通缉、通知、通告范围内，撤销通缉令、边控通知、悬赏通告。

第二百七十三条　通缉越狱逃跑的犯罪嫌疑人、被告人或者罪犯，适用本节的有关规定。

第十二节　侦查终结

第二百七十四条　侦查终结的案件，应当同时符合以下条件：

（一）案件事实清楚；

（二）证据确实、充分；

（三）犯罪性质和罪名认定正确；

（四）法律手续完备；

（五）依法应当追究刑事责任。

第二百七十五条　侦查终结的案件，侦查人员应当制作结案报告。

结案报告应当包括以下内容：

（一）犯罪嫌疑人的基本情况；

（二）是否采取了强制措施及其理由；

（三）案件的事实和证据；

（四）法律依据和处理意见。

第二百七十六条　侦查终结案件的处理，由县级以上公安机关负责人批准；重大、复杂、疑难的案件应当经过集体讨论。

第二百七十七条　侦查终结后，应当将全部案卷材料按照要求装订立卷。

向人民检察院移送案件时，只移送诉讼卷，侦查卷由公安机关存档备查。

第二百七十八条 对查封、扣押的犯罪嫌疑人的财物及其孳息、文件或者冻结的财产，作为证据使用的，应当随案移送，并制作随案移送清单一式两份，一份留存，一份交人民检察院。

对于实物不宜移送的，应当将其清单、照片或者其他证明文件随案移送。待人民法院作出生效判决后，按照人民法院的通知，上缴国库或者依法予以返还，并向人民法院送交回执。人民法院未作出处理的，应当征求人民法院意见，并根据人民法院的决定依法作出处理。

第二百七十九条 对侦查终结的案件，应当制作起诉意见书，经县级以上公安机关负责人批准后，连同全部案卷材料、证据，以及辩护律师提出的意见，一并移送同级人民检察院审查决定；同时将案件移送情况告知犯罪嫌疑人及其辩护律师。

第二百八十条 共同犯罪案件的起诉意见书，应当写明每个犯罪嫌疑人在共同犯罪中的地位、作用、具体罪责和认罪态度，并分别提出处理意见。

第二百八十一条 被害人提出附带民事诉讼的，应当记录在案；移送审查起诉时，应当在起诉意见书末页注明。

第二百八十二条 人民检察院作出不起诉决定的，如果犯罪嫌疑人在押，公安机关应当立即办理释放手续，并根据人民检察院解除查封、扣押、冻结财物的书面通知，及时解除查封、扣押、冻结。

对人民检察院提出对被不起诉人给予行政处罚、行政处分或者没收其违法所得的检察意见，移送公安机关处理的，公安机关应当将处理结果及时通知人民检察院。

第二百八十三条 认为人民检察院作出的不起诉决定有错误的，应当在收到不起诉决定书后七日以内制作要求复议意见书，经县级以上公安机关负责人批准后，移送同级人民检察院复议。要求复议的意见不被接受的，可以在收到人民检察院的复议决定书后七日以内制作提请复核意见书，经县级以上公安机关负责人批准后，连同人民检察院的复议决定书，一并提请上一级人民检察院复核。

第十三节　补充侦查

第二百八十四条　侦查终结，移送人民检察院审查起诉的案件，人民检察院退回公安机关补充侦查的，公安机关接到人民检察院退回补充侦查的法律文书后，应当按照补充侦查提纲在一个月以内补充侦查完毕。

补充侦查以二次为限。

第二百八十五条　对人民检察院退回补充侦查的案件，根据不同情况，报县级以上公安机关负责人批准，分别作如下处理：

（一）原认定犯罪事实清楚，证据不够充分的，应当在补充证据后，制作补充侦查报告书，移送人民检察院审查；对无法补充的证据，应当作出说明；

（二）在补充侦查过程中，发现新的同案犯或者新的罪行，需要追究刑事责任的，应当重新制作起诉意见书，移送人民检察院审查；

（三）发现原认定的犯罪事实有重大变化，不应当追究刑事责任的，应当重新提出处理意见，并将处理结果通知退查的人民检察院；

（四）原认定犯罪事实清楚，证据确实、充分，人民检察院退回补充侦查不当的，应当说明理由，移送人民检察院审查。

第二百八十六条　对于人民检察院在审查起诉过程中以及在人民法院作出生效判决前，要求公安机关提供法庭审判所必需的证据材料的，应当及时收集和提供。

中华人民共和国公安部令第127号修订后的《公安机关办理刑事案件程序规定》已经2012年12月3日公安部部长办公会议通过，现予发布，自2013年1月1日起施行。

《司法鉴定程序通则》

第一章　总则

第一条　为了规范司法鉴定机构和司法鉴定人的司法鉴定活动，保障司法鉴定质量，保障诉讼活动的顺利进行，根据《全国人民代表大会常务委员会关于司法鉴定管理问题的决定》和有关法律、法规的规定，制定本通则。

第二条　司法鉴定程序是指司法鉴定机构和司法鉴定人进行司法鉴定活动应当遵循的方式、方法、步骤以及相关的规则和标准。

本通则适用于司法鉴定机构和司法鉴定人从事各类司法鉴定业务的活动。

第三条　司法鉴定机构和司法鉴定人进行司法鉴定活动，应当遵守法律、法规、规章，遵守职业道德和职业纪律，尊重科学，遵守技术操作规范。

第四条　司法鉴定实行鉴定人负责制度。司法鉴定人应当依法独立、客观、公正地进行鉴定，并对自己作出的鉴定意见负责。

第五条　司法鉴定机构和司法鉴定人应当保守在执业活动中知悉的国家秘密、商业秘密，不得泄露个人隐私。

未经委托人的同意，不得向其他人或者组织提供与鉴定事项有关的信息，但法律、法规另有规定的除外。

第六条　司法鉴定机构和司法鉴定人在执业活动中应当依照有关诉讼法律和本通则规定实行回避。

第七条　司法鉴定人经人民法院依法通知，应当出庭作证，回答与鉴定事项有关的问题。

第八条　司法鉴定机构应当统一收取司法鉴定费用，收费的项目和标准执行国家的有关规定。

第九条　司法鉴定机构和司法鉴定人进行司法鉴定活动应当依法接受监督。对于有违反有关法律规定行为的，由司法行政机关依法给予相应的行政处罚；有违反司法鉴定行业规范行为的，由司法鉴定行业组织给予相应的行业处分。

第十条　司法鉴定机构应当加强对司法鉴定人进行司法鉴定活动的管理和监督。司法鉴定人有违反本通则或者所属司法鉴定机构管理规定行为的，司法鉴定机构应当予以纠正。

第二章　司法鉴定的委托与受理

第十一条　司法鉴定机构应当统一受理司法鉴定的委托。

第十二条　司法鉴定机构接受鉴定委托，应当要求委托人出具鉴定委托书，提供委托人的身份证明，并提供委托鉴定事项所需的鉴定材料。委托人委托他人代理的，应当要求出具委托书。

本通则所指鉴定材料包括检材和鉴定资料。检材是指与鉴定事项有关的生物检材和非生物检材；鉴定资料是指存在于各种载体上与鉴定事项有关的记录。

鉴定委托书应当载明委托人的名称或者姓名、拟委托的司法鉴定机构的名称、委托鉴定的事项、鉴定事项的用途以及鉴定要求等内容。

委托鉴定事项属于重新鉴定的，应当在委托书中注明。

第十三条　委托人应当向司法鉴定机构提供真实、完整、充分的鉴定材料，并对鉴定材料的真实性、合法性负责。

委托人不得要求或者暗示司法鉴定机构和司法鉴定人按其意图或者特定目的提供鉴定意见。

第十四条　司法鉴定机构收到委托，应当对委托的鉴定事项进行审查，对属于本机构司法鉴定业务范围，委托鉴定事项的用途及鉴定要求合法，提供的鉴定材料真实、完整、充分的鉴定委托,应当予以受理。

对提供的鉴定材料不完整、不充分的,司法鉴定机构可以要求委托人补充;委托人补充齐全的,可以受理。

第十五条 司法鉴定机构对符合受理条件的鉴定委托,应当即时作出受理的决定;不能即时决定受理的,应当在七个工作日内作出是否受理的决定,并通知委托人;对通过信函提出鉴定委托的,应当在十个工作日内作出是否受理的决定,并通知委托人;对疑难、复杂或者特殊鉴定事项的委托,可以与委托人协商确定受理的时间。

第十六条 具有下列情形之一的鉴定委托,司法鉴定机构不得受理:

(一)委托事项超出本机构司法鉴定业务范围的;

(二)鉴定材料不真实、不完整、不充分或者取得方式不合法的;

(三)鉴定事项的用途不合法或者违背社会公德的;

(四)鉴定要求不符合司法鉴定执业规则或者相关鉴定技术规范的;

(五)鉴定要求超出本机构技术条件和鉴定能力的;

(六)不符合本通则第二十九条规定的;

(七)其他不符合法律、法规、规章规定情形的。

对不予受理的,应当向委托人说明理由,退还其提供的鉴定材料。

第十七条 司法鉴定机构决定受理鉴定委托的,应当与委托人在协商一致的基础上签订司法鉴定协议书。

司法鉴定协议书应当载明下列事项:

(一)委托人和司法鉴定机构的基本情况;

(二)委托鉴定的事项及用途;

(三)委托鉴定的要求;

(四)委托鉴定事项涉及的案件的简要情况;

(五)委托人提供的鉴定材料的目录和数量;

(六)鉴定过程中双方的权利、义务;

（七）鉴定费用及收取方式；

（八）其他需要载明的事项。

因鉴定需要耗尽或者可能损坏检材的，或者在鉴定完成后无法完整退还检材的，应当事先向委托人讲明，征得其同意或者认可，并在协议书中载明。

在进行司法鉴定过程中需要变更协议书内容的，应当由协议双方协商确定。

第三章　司法鉴定的实施

第十八条　司法鉴定机构受理鉴定委托后，应当指定本机构中具有该鉴定事项执业资格的司法鉴定人进行鉴定。

委托人有特殊要求的，经双方协商一致，也可以从本机构中选择符合条件的司法鉴定人进行鉴定。

第十九条　司法鉴定机构对同一鉴定事项，应当指定或者选择二名司法鉴定人共同进行鉴定；对疑难、复杂或者特殊的鉴定事项，可以指定或者选择多名司法鉴定人进行鉴定。

第二十条　司法鉴定人本人或者其近亲属与委托人、委托的鉴定事项或者鉴定事项涉及的案件有利害关系，可能影响其独立、客观、公正进行鉴定的，应当回避。

司法鉴定人自行提出回避的，由其所属的司法鉴定机构决定；委托人要求司法鉴定人回避的，应当向该鉴定人所属的司法鉴定机构提出，由司法鉴定机构决定。委托人对司法鉴定机构是否实行回避的决定有异议的，可以撤销鉴定委托。

第二十一条　司法鉴定机构应当严格依照有关技术规范保管和使用鉴定材料，严格监控鉴定材料的接收、传递、检验、保存和处置，建立科学、严密的管理制度。

司法鉴定机构和司法鉴定人因严重不负责任造成鉴定材料损毁、遗失的，应当依法承担责任。

第二十二条 司法鉴定人进行鉴定，应当依下列顺序遵守和采信该专业领域的技术标准和技术规范：

（一）国家标准和技术规范；

（二）司法鉴定主管部门、司法鉴定行业组织或者相关行业主管部门制定的行业标准和技术规范；

（三）该专业领域多数专家认可的技术标准和技术规范。

不具备前款规定的技术标准和技术规范的，可以采信所属司法鉴定机构自行制定的有关技术规范。

第二十三条 司法鉴定人进行鉴定，应当对鉴定过程进行实时记录并签名。记录可以采取笔记、录音、录像、拍照等方式。记录的内容应当真实、客观、准确、完整、清晰，记录的文本或者音像载体应当妥善保存。

第二十四条 司法鉴定人在进行鉴定的过程中，需要对女性作妇科检查的，应当由女性司法鉴定人进行；无女性司法鉴定人的，应当有女性工作人员在场。

在鉴定过程中需要对未成年人的身体进行检查的，应当通知其监护人到场。

对被鉴定人进行法医精神病鉴定的，应当通知委托人或者被鉴定人的近亲属或者监护人到场。

对需要到现场提取检材的，应当由不少于二名司法鉴定人提取，并通知委托人到场见证。

对需要进行尸体解剖的，应当通知委托人或者死者的近亲属或者监护人到场见证。

第二十五条 司法鉴定机构在进行鉴定的过程中，遇有特别复杂、疑难、特殊技术问题的，可以向本机构以外的相关专业领域的专家进行咨询，但最终的鉴定意见应当由本机构的司法鉴定人出具。

第二十六条　司法鉴定机构应当在与委托人签订司法鉴定协议书之日起三十个工作日内完成委托事项的鉴定。

鉴定事项涉及复杂、疑难、特殊的技术问题或者检验过程需要较长时间的，经本机构负责人批准，完成鉴定的时间可以延长，延长时间一般不得超过三十个工作日。

司法鉴定机构与委托人对完成鉴定的时限另有约定的，从其约定。

在鉴定过程中补充或者重新提取鉴定材料所需的时间，不计入鉴定时限。

第二十七条　司法鉴定机构在进行鉴定过程中，遇有下列情形之一的，可以终止鉴定：

（一）发现委托鉴定事项的用途不合法或者违背社会公德的；

（二）委托人提供的鉴定材料不真实或者取得方式不合法的；

（三）因鉴定材料不完整、不充分或者因鉴定材料耗尽、损坏，委托人不能或者拒绝补充提供符合要求的鉴定材料的；

（四）委托人的鉴定要求或者完成鉴定所需的技术要求超出本机构技术条件和鉴定能力的；

（五）委托人不履行司法鉴定协议书规定的义务或者被鉴定人不予配合，致使鉴定无法继续进行的；

（六）因不可抗力致使鉴定无法继续进行的；

（七）委托人撤销鉴定委托或者主动要求终止鉴定的；

（八）委托人拒绝支付鉴定费用的；

（九）司法鉴定协议书约定的其他终止鉴定的情形。

终止鉴定的，司法鉴定机构应当书面通知委托人，说明理由，并退还鉴定材料。

终止鉴定的，司法鉴定机构应当根据终止的原因及责任，酌情退还有关鉴定费用。

第二十八条 有下列情形之一的，司法鉴定机构可以根据委托人的请求进行补充鉴定：

（一）委托人增加新的鉴定要求的；

（二）委托人发现委托的鉴定事项有遗漏的；

（三）委托人在鉴定过程中又提供或者补充了新的鉴定材料的；

（四）其他需要补充鉴定的情形。

补充鉴定是原委托鉴定的组成部分。

第二十九条 有下列情形之一的，司法鉴定机构可以接受委托进行重新鉴定：

（一）原司法鉴定人不具有从事原委托事项鉴定执业资格的；

（二）原司法鉴定机构超出登记的业务范围组织鉴定的；

（三）原司法鉴定人按规定应当回避没有回避的；

（四）委托人或者其他诉讼当事人对原鉴定意见有异议，并能提出合法依据和合理理由的；

（五）法律规定或者人民法院认为需要重新鉴定的其他情形。

接受重新鉴定委托的司法鉴定机构的资质条件，一般应当高于原委托的司法鉴定机构。

第三十条 重新鉴定，应当委托原鉴定机构以外的列入司法鉴定机构名册的其他司法鉴定机构进行；委托人同意的，也可以委托原司法鉴定机构，由其指定原司法鉴定人以外的其他符合条件的司法鉴定人进行。

第三十一条 进行重新鉴定，有下列情形之一的，司法鉴定人应当回避：

（一）有本通则第二十条第一款规定情形的；

（二）参加过同一鉴定事项的初次鉴定的；

（三）在同一鉴定事项的初次鉴定过程中作为专家提供过咨询意见的。

第三十二条　委托的鉴定事项完成后，司法鉴定机构可以指定专人对该项鉴定的实施是否符合规定的程序、是否采信符合规定的技术标准和技术规范等情况进行复核，发现有违反本通则规定情形的，司法鉴定机构应当予以纠正。

第三十三条　对于涉及重大案件或者遇有特别复杂、疑难、特殊的技术问题的鉴定事项，根据司法机关的委托或者经其同意，司法鉴定主管部门或者司法鉴定行业组织可以组织多个司法鉴定机构进行鉴定，具体办法另行规定。

第四章　司法鉴定文书的出具

第三十四条　司法鉴定机构和司法鉴定人在完成委托的鉴定事项后，应当向委托人出具司法鉴定文书。

司法鉴定文书包括司法鉴定意见书和司法鉴定检验报告书。

司法鉴定文书的制作应当符合统一规定的司法鉴定文书格式。

第三十五条　司法鉴定文书应当由司法鉴定人签名或者盖章。多人参加司法鉴定，对鉴定意见有不同意见的，应当注明。

司法鉴定文书应当加盖司法鉴定机构的司法鉴定专用章。

司法鉴定机构出具的司法鉴定文书一般应当一式三份，二份交委托人收执，一份由本机构存档。

第三十六条　司法鉴定机构应当按照有关规定或者与委托人约定的方式，向委托人发送司法鉴定文书。

第三十七条　委托人对司法鉴定机构的鉴定过程或者所出具的鉴定意见提出询问的，司法鉴定人应当给予解释和说明。

第三十八条　司法鉴定机构完成委托的鉴定事项后，应当按照规定将司法鉴定文书以及在鉴定过程中形成的有关材料整理立卷，归档保管。

第五章　附则

第三十九条　本通则是司法鉴定机构和司法鉴定人进行司法鉴定活动应当遵守和采信的一般程序规则，不同专业领域的鉴定事项对其程序有特殊要求的，可以另行制定或者从其规定。

第四十条　本通则自 2007 年 10 月 1 日起施行。

后　记

当我把《实用法医鉴定程序》的书稿文字全部校正完毕后，直起腰长长地舒了口气儿，身心亦感十分轻松，拉开窗帘，大街上已是华灯斑斓。

那五光十色处，似乎闪烁着多年来我们为出版此书所经历的一幕一幕，想想真是很辛苦。回眸我等的拙作，从萌芽到聚集成章节，在与有关政法单位、法学院校和律师事务所的交流与沟通过程中，得到很多的鼓舞和关注，汲取了信心和定力，使我们著书的愿望更加坚定。

大家分工负责，按照编写计划有分有合，持之以恒，几经统稿、校正，最终完成全书。

本书由王军教授、王江峰教授负责撰写第一章，并参与全书策划统筹，周晖、任广田、孙立志、郭华军法医负责撰写第二章，谌利华、杜巍、崔永峰、陈浩法医负责撰写第三章，林海弘、郭业明、赵春鹤法医负责撰写第四章，石启强、冬冰、扈龙超、张博法医负责撰写第五章，丁廷华、李楷法医负责撰写第六章，邢树立法医负责统稿工作。

注入我们心血的小书即将付梓之时，要特别感谢深圳大学法学院彭勃教授、厦门大学法学院李兰英教授、澳门大学法学院赵琳琳教授，知识产权出版社齐梓伊主任，是你们的支持和鼓励，给了我们前行的动力和勇气，并最终有了这本《实用法医鉴定程序》的面世。

邢树立

乙未羊年